질문하고/ 격려하고/ 해결하는/

수업코칭
Instructional coaching

김현섭 지음

수업디자인연구소
INSTRUCTION DESIGN INSTITUE

수업코칭

1판 1쇄 발행	2025년 6월 10일
저 자	김현섭
발행인	김성경
편집인	김현섭
교정 및 윤문	김경아
표지디자인	마음선아 인스타 @maeumsuna_calli
디자인	조주영
발행처	수업디자인연구소 www.sooupjump.org
도서문의	031-502-1359 eduhope88@naver.com
주 소	경기도 군포시 대야2로 147, 201호
ISBN	979-11-992923-0-7
값	18,000원

서 문

　교사는 누구나 수업을 잘하고 싶어 한다. 하지만 수업을 잘하고 싶다는 마음만으로 수업을 잘할 수 있는 것은 아니다.
　교사가 수업을 잘하려면 일단 자기 수업 준비를 철저하게 해야 한다. 수업 준비 시간을 충분히 확보하지 않으면 좋은 수업을 기대하기 힘들다. 교과 지식을 심층 연구해 해당 지식을 온전히 자기 것으로 만들어야 한다. 교사는 어려운 내용도 쉽게 설명하고 질문할 수 있어야 한다. 교사가 교육과정 디자인 역량을 갖추어야 한다.
　교사는 학생을 깊이 이해하여 학생 눈높이에 맞는 수업디자인을 할 수 있어야 한다. 수업 시간에는 학생의 배움 리듬에 맞추어 수업을 유연하게 운영할 수 있어야 한다. 교사와 학생 사이에 사회적 상호작용이 잘 이루어져야 한다. 왜냐하면 교실 수업은 일방통행이 아니라 쌍방통행이기 때문이다. 학생들을 구경꾼이 아니라 수업의 주인공으로 만들어야 한다. 학생 주도성 교육이 잘 이루어져야 학력 향상을 넘어 핵심 역량이 길러진다. 그래서 수업은 기본적으로 학생 참여형 수업으로 진행해야 한다. 학생 참여형 수업이 단순한 활동 중심 수업으로 흐르지 않고, 깊이 있는 수업으로 발전해야 한다. 깊이 있는 수업은 질문하고, 생각하고, 표현하고, 실천하는 수업이다. 수업에서 학생의 배움이 풍성하게 이루어졌다고 해도 수업 목표에 도달하지 못했다면 좋은 수업이라고 말하기 힘들다. 수업 목표에 도달할 수 있도록 교사가 학생의 배움을 끌어내야 한다. 좋은 수업이란 수업 목표에 도달하기 위해 학생의 배움과 전인적 성장을 끌어내는 수업이다.

교사의 수업 성장 원동력은 수업 성찰(授業省察)이다. 교사는 자기 수업을 끊임없이 돌아보고 연구하고 실천하면서 성장한다. 교사는 반성적 실천가여야 한다. 그런데 수업 성찰은 자기가 해야지, 다른 교사에게 강요할 수는 없다. 수업코칭은 교사가 수업 성찰을 잘할 수 있도록 유도한다. 이어서 교사가 스스로 자기 수업 문제를 해결할 수 있도록 지원한다. 수업 성찰이 잘 이루어지면 자기 강점을 강화하고, 단점을 보완할 수 있게 된다. 반대로 교사에게 수업 성찰이 이루어지지 않으면 수업 퇴행 현상이 일어난다. 교직 경력과 수업 역량이 늘 비례해서 발전하지는 않는다. 어떤 교사가 작년과 똑같은 방식으로 수업하고 있다면, 수업 역량이 유지되는 것이 아니라 퇴행 상태에 빠졌다고 볼 수 있다. 왜냐하면 작년 학생과 올해 학생은 엄연하게 다르기 때문이다. 학생은 생명력 있는 존재이다. 생명은 개체마다 특성이 다르고, 그대로 존재하는 것이 아니라 성장하거나 퇴행한다. 당연히 학생마다 고유 특성이 다르고, 같은 학생이라도 작년 모습과 올해 모습이 다르다. 게다가 학생 수 감소, 학력 저하, 한 자녀 가정 증가와 같은 사회 현상 속에서는 교사가 학생들에게 수업하기가 예전에 비해 쉽지 않다.

　최근 교육계 흐름을 살펴보면 코로나19 이후 배움 중심 수업이 가르침 중심 수업으로 회귀한 부분이 있다. 그래서 상당수 교사는 아직도 일제 학습과 개별학습 형태로 수업을 진행한다. 저경력 교사는 협동학습에 익숙하지 않고, 중견 교사도 협동학습 실천이 줄어들었다. 한편 생성형 인공지능 서비스가 발달하면서 인공지능 활용 수업에 대한 사회적 관심이 커졌다. 일부 교사를 중심으로 인공지능 활용 수업 실천이 이루어지고, 관련 연수가 활발하게 진행되고 있다. 정부 차원에서 수업 역량 사업도 진행 중이다. 하지만 인공지능 활용 수업은 테크놀로지 기반 수업의 한계를 극복하기 힘들다. 인공지능은 수업 목표에 도달하기 위한 효율적인 도구이지, 목표 자체는 아니다. 인공지능 활용 수업은 인터넷망 구축 및 스마트 기기 보급, 막대한 예산 투자 및 유지 비용, 정보 관리 문제, 교사의 인공지능 활용 역량 강화 등 앞으로 풀어 가야 할 과제가 많다.
　2022 교육과정에 깊이 있는 학습을 제시하면서 최근 교육계에서도 깊이 있는 수업에 관심이 많다. 이에 따라 질문 기반 수업, 개념 기반 탐구학습, 융합 독서 수업, 토의 토론 수업, 논서술형 평가 등에 관심이 커지고 있다. 깊이 있는 수업이 잘 이루어지려면 교사의 수업 역량이 더욱 향상되어야 한다.

　교사의 수업 역량을 키우는 좋은 접근 중 하나가 수업코칭이다. 수업코칭은 수업자의 내면에 초점을 두고, 수업자 스스로 자기 수업 문제를 해결할 수 있도록 도와준다. 수업코칭은 기존의 수업장학, 수업 컨설팅의 문제점을 잘 보완해서 최근 수업코칭에 대한 교육계 관심이 다시 커지고 있다.
　필자는 2012년 교육방송 「선생님이 달라졌어요」 출연을 계기로 이후 10여년 동안 수업코치로 활발하게 활동해 왔다. 유초중고 교사뿐 아니라 특수 교사, 대학 교수에 이르기까지 다양한 수업자를 만나 수업코칭을 했다. 수업코칭을 통해서 많은 선생님의 수업이 성장하는 것을 경험했다. 그리고 수업코칭 연수를 개최해 많은 사람을 수업코치로 양성하는 일도 수행하고 있다. 수업코칭 경험을 바탕으로 이미『수업을 바꾸다(2013)』,『수업 성장(2016)』,『수업공동체(2018)』를 집필했다. 하지만 코로나19 이후 교육계 흐름도 많이 바뀌었고, 필자도 수업코칭 지식과 경험이 다양하게 쌓였기에 다시 한번 수업코칭에 대하여 총정리할 필요를 느꼈다. 이 책에 그동안의 수업코칭 지식과 경험들을 총정리하고자 하였다. 이 책이 교사의 수업 성장에 조금이나마 도움이 되길 바란다. 특히 수업코치가 되고자 하는 분에게 이 책이 좋은 길라잡이 역할을 하리라 기대한다. 배워서 남 주는 과정을 통해 자기도 성장하는 기쁨을 누리길 바란다. 무엇보다 하나님께 감사드리며....

2025년 5월

저자 김 현 섭

목차

서문   005

1장. 왜 수업코칭인가?   011

2장. 수업 성찰   029

3장. 수업 관찰   049

4장. 수업코칭의 단계와 기술   085

5장. 욕구로 바라본 교사의 내면과 행동   119

6장. 욕구 유형별 수업코칭의 전략과 실제   145

7장. 수업 역량 단계 및 교직 생애 주기별 수업코칭 전략   187

8장. 수업 나눔과 공동 수업디자인   223

9장. 학습 동기 유발 전략과 학습코칭   259

10장. 수업 질서 세우기와 금쪽이 지도 방안   291

11장. 수업 기술에 대한 수업코칭   323

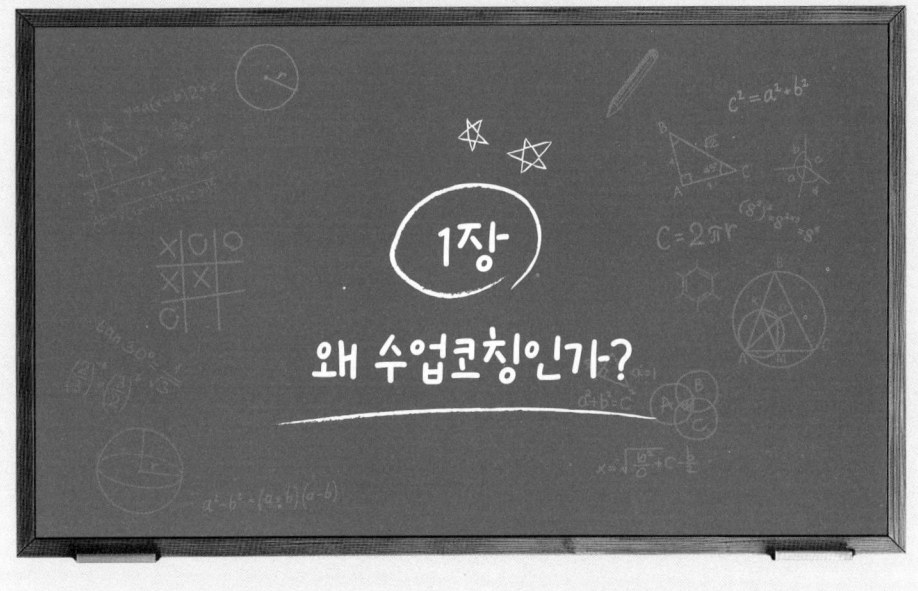

1장
왜 수업코칭인가?

1장.
왜 수업코칭인가?

교사들이 수업 공개를 꺼리는 이유

　모든 교사는 수업을 잘하고 싶어 한다. 하지만 대다수 교사는 자기 수업 공개하기를 부담스러워한다. 그 이유는 몇 가지가 있다.

　일단 자기 수업을 공개하는 것 자체가 심리적인 부담으로 다가오기 때문이다. 누군가가 자기 수업을 바라보는 행위 자체가 부담스럽다. 왜냐하면 수업자는 자기 수업의 장점만 보여 주고, 단점은 숨기고 싶어 하기 때문이다. 마치 친구를 집에 초대했을 때 집을 깔끔하게 청소하고 맛있는 음식을 준비하는 것처럼, 공개수업도 깔끔하게 정리된 교실에서 구조화된 수업으로 진행하려는 경향이 있다. 대개 수업 관찰자가 수업을 평가하는 경향이 있기에 누군가에게 자기 수업을 공개하는 행위 자체가 교사에게 부담일 수밖에 없다.

둘째, 많은 교사가 자기 수업을 개인적인 행위(privacy)로 여기기 때문이다. 그래서 일상 수업 시간에 누가 사전 동의 없이 교실에 들어오는 것을 극도로 꺼리는 경향이 있다. 일부 교사는 교장이라도 사전 동의 없이 자기 교실에 들어오면 교권(敎權)을 침해했다고 생각하기도 한다.

셋째, 교사가 수업 공개의 목적과 맥락에 따라 공개수업을 준비해야 하기 때문이다. 예컨대 학부모 공개수업의 경우, 교사가 열심히 가르치고 학생들이 열심히 배우는 모습을 통해 학교를 향한 신뢰감을 주어야 한다. 연구·선도학교라면 해당 주제에 맞추어 공개수업을 진행해야 한다. 예컨대 디지털 및 인공지능 소양 교육 연구학교라면 디지털 및 인공지능 활용 수업을 교실에서 구현하기 위해 노력해야 한다. 교사가 아무리 일상 수업을 잘 진행하더라도 디지털 및 인공지능 활용 수업 방식을 보여 주지 못한다면 별 의미가 없기 때문이다.

넷째, 교사가 경험했던 수업 공개 및 강평회가 좋지 않았던 경험이 많기 때문이다. 기존 수업 공개 및 강평회 문화는 수업자 입장에서 상당히 부담스러운 경우가 많다. 대개 수업 관찰자들이 수업자의 수업에 대하여 칭찬하고, 비판하고, 해결책을 제시하는 방식으로 이루어지기 때문이다.

칭찬하기 단계에서 수업 관찰자가 수업자의 장점을 칭찬하면 수업자는 기분이 좋을 수 있다. 하지만 과도한 칭찬, 형식적인 칭찬, 선천적인 특성에 근거한 칭찬은 수업자의 수업 성장에 도움이 되지 않는다.

비판하기 단계에서는 수업자가 마음에 상처를 입는 일이 많이 생긴다. 외부의 비판이 사실(fact)일수록 상처는 커진다. 수업자 입장에서는 자기가 원하는 대로 수업이 진행되지 않은 부분이 마음속에서 걸리는데, 같은 부분을 외부자가 직접 지적하면 상처가 커질 수밖에 없다. 이 경우, 대개 수업자는 자기를 보호하기 위해 심리 방어기제를 사용한다.

수업 강평회 시 심리 방어기제(정신분석학) 사용 사례[1]

유형	설명	사례
부정 (denial)	위협적인 현실에 눈을 감아 버림으로써 불안을 방어해 보려는 것	"제가 수업 시간에 그런 표현을 사용한 적이 없어요."
투사 (projection)	자신의 자아에 내재하나 받아들일 수 없는 것들을 다른 사람의 특성으로 돌려 버리는 것	"오늘따라 (내가 긴장했지만) 아이들이 긴장해서인지 발표가 잘 이루어지지 않았어요."
합리화 (making excuses)	실망을 주는 현실에서 도피하기 위해 그럴듯한 구실을 붙이는 것	"오늘 시간 관리가 잘 이루어지지 않은 것은 아이들의 학습 활동 시간이 예상보다 오래 걸렸기 때문이에요. 그런데 아이들의 활동은 교사의 예상을 항상 뛰어넘지 않나요? 시간이 부족하면 다음 시간에 진행하면 되죠."
철회 (undoing)	자신의 욕구와 행동(상상 속의 행동 포함) 때문에 타인에게 피해를 주었다고 느낄 때, 그 피해 행동을 중지하고 원상 복귀시키려는 일종의 속죄 행위	"제가 아이들에게 엄격하게만 지도한 것 같네요. 다음부터는 주의하도록 할게요."

심리 방어기제 자체를 도덕적으로 비난할 필요는 없다. 왜냐하면 자기를 보호하기 위한 행동이기 때문이다. 하지만 일단 방어기제가 작동하면 외부 피드백이 수업자에게 수용되지 못하고 대부분 튕겨 나갈 수밖에 없다. 수업 관찰자(외부자)가 의미 있는 피드백을 했더라도 정작 수업자가 이를 수용하지 못하면 별 의미가 없어진다. 심지어 수업자가 마음에 상처를 입어서, 해당 수업 관찰자가 공개수업을 할 때 자기가 당한 만큼 보복하려는 듯이 공격하는 경우로 이어지기도 한다. 한편, 수업자가 수업 관찰자보다 선배 교사일 때는 부정적인 피드백 때문에 관계가 깨질까 봐 수정 보완할 부분이 보여도 그냥 넘어

---

[1] 위키백과 참고

가고 칭찬만 하는 경우가 생긴다.

해결책 제시하기 단계에서 수업 관찰자는 수업자에게 자기가 생각한 해결 방안을 제시한다. 수업 관찰자가 학교 관리자나 장학사, 선배 교사일수록 공식적인 권위가 있기 때문에 수업자에게 영향을 많이 미친다. 그런데 수업 관찰자(외부자)의 피드백이 수업자의 문제를 해결하는 정답(正答)이 아닐 수 있다. 물론 수업 관찰자는 자신이 비슷한 문제를 경험하고 해결했던 방안이 정답이라고 생각해서 피드백하지만, 수업자에게는 정답이 아닐 수 있다는 뜻이다. '나'와 '너'는 다르기 때문이다. 예컨대, 남교사가 학생을 관리하는 방법과 여교사가 학생을 관리하는 방법이 다르다. 고경력 교사가 학생들과 관계 맺는 방법과 저경력 교사가 학생들과 관계 맺는 방법이 다르다. 생존의 욕구와 힘의 욕구가 높은 교사는 교사와 학생 사이의 경계가 상대적으로 높고, 사랑의 욕구와 자유의 욕구가 높은 교사는 경계가 낮다. 즉, 교직 경력, 성별, 성격, 교수 유형 등에 따라 동일한 문제를 해결하는 방식이 각기 다르다. 그렇다고 해결책을 제시하는 것이 문제라는 말은 아니다. 새내기 교사는 교직 실무 경험이 부족해서 실수하는 경우가 있는데, 이때는 구체적으로 해결책을 제시하는 편이 좋다. 생존의 욕구가 높은 교사는 두루뭉술하게 돌려서 말하기보다 구체적인 해결 방안을 이야기해 주는 것을 선호한다.

동료 교사들 앞에서 수업을 공개하는 목적은 수업을 공개하는 것 자체가 아니라 수업자의 수업 성장을 돕기 위함이다. 교사의 수업 성장은 동료 교사와 교육 전문가의 검증과 피드백으로 완성된다. 더불어 기억할 점이 있다. 수업은 교사의 사적인 행위가 아니라 교사와 학생 간에 가르침과 배움이 이루어지는 공적인 행위이다. 그래서 일상 수업도 늘 공개할 수 있어야 한다. 기존 수업 공개 방식 및 수업 강평회 문화에 문제점이 있다고 이를 없애기보다 새로운 방식으로 전환할 필요가 있다.

수업장학, 수업 컨설팅, 그리고 수업코칭

기존 수업 강평회는 주로 수업장학 맥락에서 진행된다. 수업장학의 단점을 비판하면서 그 대안으로 수업 컨설팅이 등장했다. 이어 수업 컨설팅을 보완한 것이 수업코칭이다.

· **수업장학**

먼저 수업장학의 개념을 살펴보자. 장학(supervision)의 어원은 '높은 곳에서 아래로 내려다보는 것'이다. 메타인지 차원에서 교육 행위를 객관적으로 살피고 교육 개선을 목적으로 영향력을 발휘하는 것이다.

그래서 수업장학(instructional supervision)이란 '교사의 전문적 성장과 발달의 촉진을 위해 교육 목적, 수업자료, 교수학습 방법 등 선택과 개정, 수업 평가 활동 등을 포함하여 수업 개선을 목적으로 교사에게 지도력을 제공하기 위한 교직원들의 계획된 모든 노력'이다. 또한 수업장학은 '학생들의 학습을 촉진하기 위해 교수학습 과정을 재설계하는 방법'이다(해리스, 1975). 수업장학의 핵심 요소를 다음과 같이 정리할 수 있다[2].

- 수업장학은 공식적으로 계획된 활동이다. 조직의 필요와 공식적인 권위에 기초하여 이루어지는 활동이다.
- 수업장학은 직접적으로 교사의 행동에 영향을 미치는 활동이다.
- 수업장학의 궁극적인 목적은 학생들의 학습을 촉진하는 것이다. 교사의 행동 변화를 통해 궁극적으로 학습을 개선하는 것이다.

수업장학의 원리는 다음과 같다.

- 교사는 수업 성장 욕구가 있다.
- 교사의 수업 전문성은 선천적인 것이 아니라 후천적으로 학습된다.
- 교사가 수업장학에 마음이 열렸을 때 효과적이다.
- 수업장학은 교사와 수업장학자가 상호 존중하는 관계에서 이루어져야 한다.
- 교사들에게 각자 수업 결과에 대한 구체적인 자료를 제시하고 강화를 제공해야 한다.

수업장학은 수업 정답의 기준을 제시하고 권위(전문성)에 근거하여 수업자에게 수업 개선을 요구하는 행위라고 볼 수 있다.

---

[2] 변영계·김경현(2005), 『수업장학과 수업분석』, 학지사

• 수업 컨설팅

오랫동안 학교 현장에서는 이러한 수업장학과 수업 평가가 진행되었다. 그런데 외부자의 수업 개선 요구는 수업자에게 심리적인 부담을 줄 뿐 아니라 수업자의 수업 행위를 형식적으로 변화시키는 데 그치는 경우가 많았다. 이러한 문제점을 보완하여 대안으로 등장한 것이 바로 수업 컨설팅(instructional consulting)이다.

컨설팅이란 용어는 원래 기업경영을 돕는 자문 활동을 의미한다. 컨설팅이란 '조직의 목적을 달성할 때 경영, 업무상의 문제점을 해결하고 새로운 기회를 발견하고 포착하여, 학습을 촉진하고 변화를 실현하는 조직 및 관리자를 지원하는 독립적인 자문 서비스'(국제노동기구)이다. 즉, 치열한 기업 경쟁 속에서 살아남아 발전하기 위해서 외부 전문가의 지원을 받아 기업 경쟁력을 강화하는 자문 활동이다. 이 개념을 교육학에 적용한 것이 학교 컨설팅, 수업 컨설팅이다[3].

수업 컨설팅이란 '수업 관련 문제를 해결하기 위해 도움을 요청한 교원에게 교내외의 수업 컨설턴트들이 학교 컨설팅의 방법과 원리에 따라 제공하는 자문 활동'이다. 학교 컨설팅의 원리는 다음과 같다[4].

자발성
의뢰인의 자발적인 요청에 따라 이루어져야 한다.

전문성
전문성을 가진 컨설턴트(전문가)가 담당하는 전문적 지도와 조언 활동이다.

---

[3] 우리나라에 학교 컨설팅과 수업 컨설팅의 개념을 도입해 정리한 사람은 진동섭, 홍창남 교수이다.
[4] 진동섭·홍창남·김도기(2008), 『학교경영컨설팅과 수업 컨설팅』, 교육과학사

자문성

컨설턴트가 의뢰인을 대신하여 교육활동을 하는 것이 아니다. 컨설팅 결과에 대한 최종 책임은 의뢰인에게 있다.

한시성

의뢰한 과제가 해결되면 컨설팅은 종료되어야 한다. 컨설팅의 목적은 컨설턴트의 도움 없이 스스로 문제를 해결할 수 있는 역량을 키우는 것이다.

독립성

컨설턴트와 의뢰인 양자 사이의 관계는 독립적이다. 둘 사이의 관계는 종속적이지 않고 독립성을 지닌다.

학습성

과제의 단편적인 해결이 아니라 의뢰인의 전문성 함양이 중요하다. 컨설팅 과정을 통해 의뢰인뿐 아니라 컨설턴트도 학습이 이루어져야 한다.

　외부자 중심의 피드백 방식인 수업장학에 비해, 수업자의 자발성을 강조한 수업 컨설팅은 수업 개선 효과가 좋았다. 왜냐하면 수업자의 자발성에 기반하여 외부 전문가가 개별 맞춤형 피드백을 제공했기 때문이다. 수업자가 외부 피드백에 긍정적이고 수용적인 태도를 가지게 되었기에 수업 개선에 큰 도움이 되었다.

　다만, 수업 컨설팅을 학교 현장에 적용하는 과정에서 여러 가지 문제점이 발생했다. 일단 수업 컨설팅과 수업장학을 혼동하는 경우가 많았다. 수업장학 문화가 교육청과 학교 문화 속에 깊이 뿌리 내린 상태라 수업 컨설팅 활동이 정착하는 데 많은 어려움이 있었다. 수업장학이나 수업 컨설팅 모두 '수업자의 개선'을 목적으로 한다는 점에서 둘이 큰 차이가 없다고 생각하는 사람이 대다수였다. 수업 컨설팅이라는 이름으로 진행된 활동이 실제로는 수업장학 활동인 경우가 많았다. 그러다 보니 교사 입장에서는 수업 컨설팅과 수업장학의 차이를 잘 느끼지 못했다. 실제 교육청에서 수업 컨설팅을 신청하라고 공문을 보내면 학교에서는 수업 공개에 따르는 부담감 때문에 자발적으로 신청하는 교사가 적었다. 그래서 교육청에서 수업 컨설팅 신청을 의무화하기도 했다. 수업장학 위원들이 수업 컨설팅 요원으로 이름만 바뀐 채 학교 컨설팅과 수업 컨설팅을 하다 보니 학교와 교사는 장학과 컨설팅의 차이를 느끼지 못할 수밖에 없었다. 게다가 MB 정부 시절 교육정책 용어로 '컨설팅장학'이라는 합성어를 만들어 사용하면서 장학과 컨설팅의 경계가 더 모호해졌다. '컨설팅장학' 활동은 실제 컨설팅 활동보다 장학 활동에 가깝게 진행되는 경우가 많았다. 현실적으로 수업 컨설팅 전문성을 가진 수업 컨설턴트(수업 전문가)도 부족했다. 자기가 수업을 잘하는 것과 다른 수업자가 수업을 잘하도록 도와주는 일은 다르다. 스포츠 영역에서 유명 선수가 은퇴 후 코치나 감독 등 지도자로서 빛을 발하지 못한 경우와 같다. 반대로 무명 선수가 은퇴 후 훌륭한 코치나 감독으로서 지도자 역량을 발휘하는 예도 있다. 수업 영역도 마찬가지이다. 좋은 수업 컨설턴트가 되려면 우선 자기가 수업을 잘해야 하지만, 수업을 잘한다고 바로 수업 컨설팅을 잘하지는 않는다. 수업 컨설팅에 전문성을 갖추기 위한 별도의 훈련과 경험이 필요하다. 그런데 전문성과 자격을 갖춘 수업 컨설턴트가 현장에 그리 많지 않았다. 컨설팅 비용이 낮게 책정된 것이 한 가지 이유였다. 기업은 컨설팅에 막대한 비용을 지출하지만, 학교 컨설팅이나 수업 컨설팅 비용은 낮은 수준이다.[5] 또한 컨설팅의 자문성이 가지는 한계 때문에 형식적인 요식 행위로 전락하는 경우가 많았다. 그러다 보니 컨설팅이 학교 경영이나 수업 분야에서 잘 활용되지 못한 부분이 있었다.

---

5) 2025년 현재 교육청 기준 컨설팅비는 시간당 3만 원에 불과하다.

• 수업코칭

  수업 컨설팅의 한계를 보완하여 발전한 개념이 수업코칭(instructional coaching)이다. 코칭은 코치와 피코칭자가 파트너를 이루어, 피코칭자가 스스로 목표를 설정하고 효과적으로 달성하며 성장하도록 지원하는 과정을 말한다. 코칭이라는 단어는 스포츠 용어인 '코치(coach)'에서 유래한다. 티모시 갤웨이(Timothy Gallwey)는 사람들에게 테니스를 가르칠 때 기술적인 방법을 가르치기보다는 그들 안에 잠재된 능력에 의식을 집중하는 방법을 사용하면 사람들이 테니스를 쉽고 재미있게 배운다는 사실을 발견했다. 이를 테니스 종목뿐 아니라 다른 스포츠 종목에도 접목하여 코칭이라는 용어가 보편화되었다[6].

코칭의 정의는 다음과 같다[7].

- 한 개인이나 그룹을 현재 있는 지점에서 그들이 바라는 더 유능하고 만족스러운 지점까지 나아가도록 인도하는 기술이자 행위(게리 콜린스)
- 상대의 자발적인 행동을 촉진하기 위한 의사소통 기술(스즈키 요시유키)
- 성과를 극대화하기 위해 묶여 있는 개인의 잠재 능력을 풀어 주는 것
  (티모시 갤웨이)

  이러한 정의를 종합하면 코칭이란 '자신이 가진 능력을 개발하고 향상하도록 돕는 행위'라고 할 수 있다.

  그런데 코칭은 모든 문제를 손쉽게 해결할 수 있는 만병통치약이 아니다. 코칭이 효과적으로 이루어지기 위해서는 다음 전제 조건을 충족해야 하기 때문이다.

---

6) 추후 코칭이라는 단어가 여러 분야에 접목되면서 현재는 다양한 분야로 영역이 확대되었다. 위키백과
7) 김영수(2009), 『성공하는 당신은 지금, 코칭을 합니다』, 교보문고

- 사람은 누구나 자신의 모습을 성찰할 수 있다.
- 사람은 누구나 자기 스스로 성장, 발전할 능력이 있다.
- 누구나 코치가 필요하다.

그래서 만약 피코칭자가 마음의 상처가 깊고, 자기 문제점을 있는 그대로 인정하지 못하고, 외부 피드백을 수용할 마음이 없으면 코칭 효과를 크게 기대하기 힘들다. 수업코칭 시간을 충분히 확보하지 못하거나 수업 성장 외의 다른 목적으로 접근할 때도 좋은 결과를 기대하기 어렵다.

코칭 개념을 수업 분야에 적용한 것이 수업코칭이다. 수업코칭 개념이 우리 교육 현장에서 뿌리내리게 된 계기는 2011년 교육방송 「선생님이 달라졌어요」 프로그램 방영이다. 2012년에도 해당 프로그램이 이어지고, 2023년에는 교장을 대상으로 유사 프로그램이 방영되었다. 2020년 「다시 학교」 프로그램에서도 수업코칭 활동 내용이 방영되었다. 이후 수업코칭 관련 연구소와 교사연구회가 생기면서 현재까지 수업코칭 활동이 교육청과 학교, 교사 학습 공동체 차원에서 활발하게 진행되고 있다.

수업코칭은 교사의 자발성을 기반으로 진행되기 때문에 교사 입장에서 거부감이 거의 없다. 게다가 교사가 수업코칭 활동을 통해 실제 수업 문제를 해결하는 데 큰 도움을 받기에 수업코칭을 긍정적으로 생각한다. 그래서 최근 많은 사람이 수업코칭에 관심을 가지고 실천하려 노력하고 있다.

수업코칭의 개념을 명확히 할 필요가 있겠다. 수업코칭이란 '교사가 자신의 수업을 통해 자신을 성찰하고 그 결과를 바탕으로 자신의 장점을 극대화하고 단점을 보완할 수 있도록 주변에서 돕는 것'이다. 즉, 수업자가 자기 수업 문제를 스스로 해결할 수 있도록 돕는 행위이다. 수업코칭은 다음 원리에 따라 진행된다[8].

교사 주도성
수업코칭은 수업자의 자발적인 신청에 따라 진행된다. 수업 성장의 주체는 수업자이고, 수업코치는 수업자를 돕는 자이다. 그래서 수업자가 자기 주도성을 가지고 수업 성장을 위해 노력해야 한다.

성찰
수업 성장의 출발점은 수업자의 성찰이다. 수업자가 수업 성찰을 통해 자기 수업을 있는 그대로 바라볼 수 있도록 한다. 수업 성찰을 통해 수업 성장을 추구하도록 하는 것이다.

상호 존중에 기반한 의사소통
수업코칭은 수업자와 수업코치와의 의사소통을 통해 이루어진다. 질문하고, 경청하고, 공감하고, 격려하고, 도전과제를 실행하고, 피드백하는 과정을 통해 수업 성장을 경험할 수 있다. 수업코칭은 상호 존중에 기반한 활발한 의사소통을 통해 이루어진다.

전문성
수업코칭은 전문 코칭을 기반으로 진행된다. 수업자의 수업 성장을 촉진하기 위해서는 코칭 활동에 전문성이 있어야 한다. 수업 전문성뿐 아니라 수업코칭 전문성도 필요하다.

피드백
피드백이란 어떠한 행동이나 행위의 결과가 최초 목적에 부합되는지 확인하고, 부합하지 않는다면 정확하면서 적절한 상태가 되도록 수정하는 것을 의미한다. 수업 성장이라는 목표에 도달하기 위해 행동 상황이나 결과를 점검하고 부족한

---

[8] 김현섭(2013), 『수업을 바꾸다』, 수업디자인연구소

부분을 수정 보완하는 행위이다.

수평성 및 공동체성

수업자와 수업코치는 수평적 관계이다. 개별 수업코칭 활동을 확대하여 수업코칭 맥락에서 수업 나눔 활동이 이루어지면 좋다.

수업코칭과 다른 유사 담론과의 비교

수업코칭의 개념을 유사 담론과 비교하면 명확하게 이해하는 데 도움이 된다.

• 티칭과 코칭

티칭(teaching)이 해결책을 직접 제시한다면, 코칭은 피코칭자가 스스로 문제를 해결할 수 있도록 도와주는 행위이다.

티칭(teaching)	코칭(coaching)
지식을 전달하는 것	피코칭자가 스스로 문제를 해결하는 것
학생이 묻기 전에 정답을 알려 주는 것	코치가 질문하고 피코칭자가 스스로 질문의 해답을 구하는 것
교사가 가르치는 행위나 지식 자체를 중심으로 접근	피코칭자의 배움과 성장 중심 접근
지식 중심 접근	역량 중심 접근

• 수업 컨설팅과 수업코칭

수업 컨설팅과 수업코칭의 공통점은 수업자의 자발성에 기초하여 의뢰하고, 교사 중심으로 진행한다는 것이다. 정답을 제시하고 정답에 도달하기 위한 연역적 접근이 아니라 수업자(의뢰인)의 필요에 따라 문제 해결을 추구하는 귀납적 접근이다. 차이점은 크게 두 가지다. 우선 해결 방안을 말하는 주체가 다르다. 수업 컨설팅은 수업 문제 해결 방안을 컨설턴트(외부 전문가)가 개인 맞춤형으로 제시한다면, 수업코칭은 수업자가 스스로 문제 해결 방안을 모색하고 이를 실행할 수 있도록 수업코치가 돕는다. 그리고 수업 컨설팅은 전문가와 비전문가라는 비대칭적인 관계에서 이루어지는 행위라면, 수업코칭은 동료성을 바탕으로 하는 수평적 관계에서 이루어지는 행위라고 할 수 있다.

구분	공통점	차이점
수업 컨설팅	· 수업자 (의뢰인) 중심 접근 · 귀납적인 문제 해결 추구	· 의뢰인(수업자)의 도움 요청에 초점을 맞추어 수업 컨설턴트가 직접적인 해결책을 제시함 · 외형인 수업 행동에 대한 해결책 제시 · 전문가와 비전문가와의 만남(비대칭성)
수업코칭		· 수업자가 수업 성찰을 통해 스스로 문제 해결 방안을 모색하고 이를 실행할 수 있도록 도와주는 것(수업자가 자기 문제 해결책을 찾아 실행하기) · 수업자의 내면적 수업 성찰 강조 · 수평적, 동료적 관계성 강조

· **수업 멘토링과 수업코칭**

수업 멘토링(instructional mentoring)이란 풍부한 수업 경험과 지혜를 겸비한 신뢰할 수 있는 사람이 일대일로 지도와 조언을 하는 일이다. 멘토(mentor)는 가르치고 도움을 주는 사람을 말한다. 도움받는 사람은 멘티

(mentee)라고 한다. 수업 컨설턴트가 주로 전문성을 강조하는 개념이라면, 수업멘토는 전문성뿐 아니라 인격성까지 요구되는 개념이다. 수업 멘토링 관계에서 멘토는 해당 분야의 전문가이며 선배인 경우가 많다. 멘토는 멘티에게 정보와 조언 등을 많이 전달한다.

수업코칭 관계에서는 수업코치가 반드시 해당 분야의 전문가일 필요는 없다. 수업코치는 피코칭자가 자신의 역량과 자원을 사용해서 스스로 해결책을 찾도록 적절한 경청과 질문을 사용한다.

구분	공통점	차이점
수업 멘토링	수업자의 수업 문제 해결	·권위자이자 전문가인 멘토와 그렇지 않은 멘티와의 만남
수업코칭		·수평적 관계성 강조

·수업상담과 수업코칭

수업상담(instructional counseling)은 먼저 수업자 내면의 정서적인 상처를 치유하는 데 초점을 두어 진행한다. 그에 반해 수업코칭은 우선 수업자의 수업 문제를 해결하는 데 초점을 두고 진행한다. 수업의 문제점은 대개 수업자의 내면과 연결된다. 그래서 교사의 내면 상처를 먼저 해결해야 수업 문제를 합리적으로 해결할 수 있다. 그런데 수업자 내면의 문제를 깊게 다루기는 현실적으로 쉽지 않다. 왜냐하면 내면 문제를 다루려면 고도의 전문적인 상담 역량이 필요하고, 많은 시간과 비용이 필요하기 때문이다. 그래서 수업코칭에서는 수업자 내면의 상처를 발견하면 수업자가 상처받은 것을 알아차리도록 하고, 그 원인을 알아차리거나 직면하게 한다. 알아차림 자체만으로

도 상당한 치유 효과가 있다.

수업상담은 기존 심리상담을 기반으로 접근하기에 심리상담 기법을 많이 활용한다면, 수업코칭은 코칭 관점에서 접근하기에 질문하기, 도전과제 탐색하기, 피드백하기 등의 코칭 기법을 많이 활용한다.

구분	공통점	차이점
수업상담	수업자의 수업 문제 해결	· 수업자의 내면 상처를 치유하는 데 초점 · 심리상담을 기반으로 수업 문제를 다루기에 기존 심리상담 기법을 많이 활용함
수업코칭		· 수업자의 전반적인 문제를 다루는 데 초점 · 코칭을 기반으로 접근하기에 질문, 공감, 도전과제 탐색, 피드백 등 코칭 기법을 많이 활용함

· 상황과 맥락에 따른 접근

수업코칭, 수업 컨설팅, 수업 멘토링, 수업상담은 개념상 명료하게 구분되지만, 실제 수업코칭 활동에서는 수업 컨설팅, 수업 멘토링, 수업상담이 혼재하는 경우가 많다. 그래서 현실적으로 수업코칭 활동에서 이를 명료하게 구분하기는 어렵다. 예컨대, 저경력 교사를 대상으로 수업코칭을 하는 경우에는 수업 컨설팅이나 수업 멘토링처럼 운영할 수 있다. 수업코칭에서 수업자의 문제 원인이 내면 정서의 상처 등 심리적 원인이라면 수업상담적 접근이 필요하기도 하다.

수업장학, 수업 컨설팅, 수업상담, 수업코칭은 모두 의미가 있다. 주로 수업 공개의 목적과 맥락에 따라 적절하게 접근하면 된다.

수업장학은 공식적인 권위에 근거하여 진행되기 때문에 수업 컨설팅이나 수업코칭에 비해 어느 정도 강제성을 가진다. 그래서 일부 교사의 부적절한 수업 행위를 관리해야 할 때는 수업장학이 필요하다. 부정 방향의 교사가 수업 컨설팅이나 수업코칭을 자발적으로 신청할 가능성이 거의 없기 때문이다. 하지만 긍정 방향의 교사는 수업장학이 오히려 부담스러울 수 있다. 수업 성장의 의지가 있는 교사는 수업 컨설팅이나 수업코칭이 더 효과적이다. 수업장학은 교육행정기관이나 학교 관리자가 주도하여 진행하는 것이 좋다면, 수업 컨설팅이나 수업코칭은 민간기관, 수업 전문가, 동료 교사를 중심으로 진행하면 좋다. 수업상담은 수업자의 내면 상처가 깊은 경우, 교사의 자존감이 낮은 경우, 관계 갈등으로 많이 힘들어하는 경우, 많은 업무로 소진하여 무기력한 상태에 빠진 경우 등에 필요하다.

좋은 수업코치가 되려면, 수업코칭 역량을 기반으로 수업상담자, 수업 컨설턴트, 수업멘토의 역량을 함께 지니면 더욱 좋다.

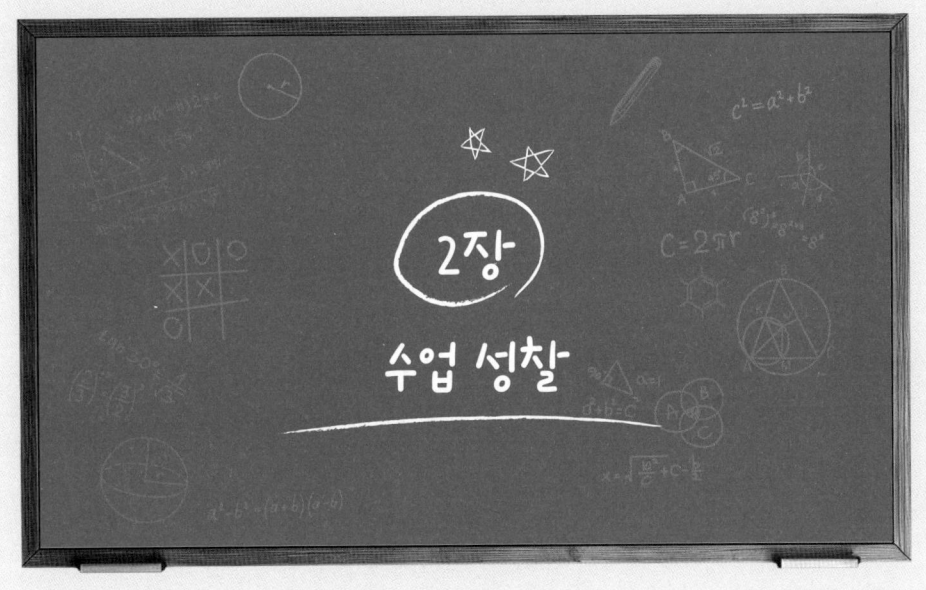

2장
수업 성찰

2장.
수업 성찰

수업 성찰이란?

수업 성장의 원동력은 수업 성찰이다. 수업을 잘하는 교사의 공통점은 수업 성찰 능력(자기 이해 지능)이 뛰어나다는 것이다. 반대로 수업을 못하는 교사의 공통점은 수업 성찰 능력이 떨어진다는 것이다. 수업 성찰이 이루어지면 수업자가 자기 수업 성장을 위해 노력한다. 수업 성찰이 이루어지지 않은 수업자에게 외부에서 가하는 수업 개선 압력은 심리적인 부담을 일으켜 결국 형식주의로 흐르기 쉽다. 한동안은 개선안을 따르겠지만, 외부의 압력이 사라지면 수업자는 원래 수업 상태로 회귀할 가능성이 크다. 기존 수업 방식이 수업자에게 가장 편안한 수업 방식이기 때문이다.

한 가지 중요한 점이 있다. 수업 성찰은 남에게 강요하는 것이 아니라 자기가 자기 수업을 성찰하는 것이다. 수업 성찰을 다른 교사에게 강요하면 해당 교사는 이를 일종의 폭력 행위로 느낄 수 있다. 수업 성찰은 중요한 한편, 매우 어렵다. 그래서 수업코칭은 수업 성찰을 유도하는 데 초점을 두고 진행된다. 교사가 수업 성찰을 하도록 도와주는 일이 수업코칭이다.

성찰(省察)의 사전적인 의미는 '마음속으로 깊이 반성하여 살피는 것'이다. 그러므로 수업 성찰이란 자기 수업을 마음속으로 깊이 반성하고 살핀다는 의미이다. 수업 성찰이 이루어지려면 자기 수업을 '있는 그대로' 바라볼 필요가 있다. 그런데 있는 그대로 바라보기가 그리 쉬운 일은 아니다. 왜냐하면 자기가 자기를 바라볼 때는 주관적으로 보게 되기 때문이다.

교사는 대개 자기 수업을 과대평가한다. 필자는 현재 수업코치뿐 아니라 학교 컨설턴트로도 활동하고 있다. 학교 컨설팅을 할 때마다 학교 운영 전반에 대한 설문조사를 실시한다. 학교 컨설팅에서 교원 대상 설문조사 시 필수 질문 중 하나가 자기 수업에 대한 만족도이다. 대개 70~80퍼센트의 교사가 자기는 수업을 잘한다 내지 중간 이상은 한다고 응답한다. 하지만 학생 대상 설문조사 결과를 살펴보면 학생들의 수업 만족도는 50~60퍼센트에 그치는 경우가 많다. 즉, 교사는 수업을 잘한다고 생각하지만 정작 학생들은 그저 그렇다고 여기는 것이다. 가르침과 배움이 충돌하는 경우, 진실은 배움에 좀 더 가깝다. 교사 자신이 수업을 잘한다고 생각해도, 정작 학생들이 인정하지 않으면 수업을 잘한다고 평가하기가 힘들다. 자기 수업 전문성은 학생과 동료 교사에 의하여 검증된다.

필자는 교원능력개발평가에서 낮은 평가를 받은 교사를 대상으로 한 특별연수 강사로 여러 번 활동한 경험이 있다. 서울 지역 특별연수에 갔더니 중등교사 중에서 총 아홉 명이 연수 대상자였는데, 놀랍게도 20대, 30대 교사는 없었고, 40대 교사가 세 명, 50대 교사가 여섯 명이었다. 그중에서 교무부장이 세 명, 연구부장이 세 명이었다. 학교에서 열심히 일하는 분들이 3분의 2를 차지했다. 해당 교사들은 모두 자기들이 특별연수에 참여한 데 대하여 불만을 넘어 분노의 마음을 가지고 있었다. 교사 개별 인터뷰를 해 보니 대개 자기는 문제가 없고, 학생이나 학교 문화, 사회구조가 문제라고 이야기하였다. 자기 수업의 문제 원인을 자기 자신보다는 학생 문제, 학교 문제, 제도 문제 등으로 여기는 경향이 있었다. 그래서 부정과 분노의 태도로 특별연수에 임했던 것이다.

수업코칭을 하다 보면 반대로 자기 수업을 과소평가하는 교사도 있다. 사실 과대평가보다 과소평가가 더 문제가 될 수 있다.

수업코치 : "선생님은 오늘 자기 수업에 몇 점을 주시겠어요? 그 이유는 무엇입니까?"
수업자 : "20점이요. 오늘 수업은 한마디로 엉망이었어요. 왜냐하면 제가 원래 준비한 대로 수업이 이루어지지 않아 속상했기 때문이에요."

객관적으로 평가하면 최소 80점 이상을 줄 수 있는 수업이었는데도 불구하고, 정작 수업자는 자기 수업을 매우 불만족스럽게 여기는 경우가 있다. 수업이 원만하게 진행되었는데도 불구하고, 교사가 자기 수업에 거는 기대와 기준이 매우 높다 보니 수업이 제대로 이루어지지 않았다고 판단했기 때문이다. 자기 수업에 대한 완벽주의나 강박증에 빠져 있는 경우, 자기 수업에 스스로 만족하지 못한다.

교사의 자존감이 무너진 경우에도 자기 수업을 과소평가한다. 자아존중감(自我尊重感, self-esteem)이란 자신이 사랑받을 만한 가치가 있는 소중한 존재이고 어떤 성과를 이루어 낼 만한 유능한 사람이라고 믿는 마음을 말한다.

자존감은 자기가 자기를 긍정적으로 바라보는 자기 긍정과, 어떤 일을 잘할 수 있다는 믿음인 자기효능감으로 뒷받침된다. 자존감이 낮은 교사는 자기 수업이 잘 이루어져도 자기 수업을 저평가하며 자기를 괴롭히는 경우가 많다.

자기 수업을 있는 그대로 바라보려면 객관적으로 바라볼 수 있어야 한다. 자기 수업을 객관적으로 바라본다는 말은 다른 사람의 시선으로 자기 수업을 바라본다는 뜻이다. 자기 수업을 객관적으로 바라보려면 메타인지 능력이 발달해야 한다.

메타인지(超認知, metacognition) 능력이란 자신의 인지 과정을 객관적으로 관찰하고 통제하는 능력을 뜻한다. 자신의 인지 과정을 한 차원 높은 시각에서 관찰·발견·통제·판단하는 정신 작용으로 '인식에 대한 인식', '생각에 대한 생각', '다른 사람의 의식에 대한 의식', 그리고 고차원의 생각하는 기술(higher-order thinking skills)이다[1].

말 그대로 인지 이상의 것으로 자기를 초월하여 자기 인지 과정을 보는 능력이다. 자신이 무엇을 알고 무엇을 모르는지 아는 데서 출발해 모르는 부분을 보완하기 위한 계획을 세우고 실행하는 전 과정을 말한다. 메타인지 능력이 발달한 사람은 자기 발전이 잘 이루어진다. 예컨대, 메타인지 능력이 발달한 학생은 자기가 수업을 통해 무엇을 알게 되었고 무엇을 모르는지 알기 때문에 시험공부할 때 아는 것은 간단하게 정리하고, 모르는 것을 집중적으로 공부한다. 반대로 메타인지 능력이 부족한 학생은 아는 것도, 모르는 것도 다 열심히 공부하려다가 학습 효율성이 떨어지는 경우가 발생한다. 교사도 마찬가지이다. 메타인지 능력이 발달한 교사는 자기가 교직 업무를 수행할 때 무엇을 잘하고, 무엇이 부족한지를 잘 알기에 자기 강점을 강화하고 약점을 보완할 수 있다.

---

1) 위키백과

알아차림

게슈탈트 심리치료에서는 '알아차림'을 강조한다. 알아차림이란 사람이 자신의 욕구나 감정을 지각하고 게슈탈트를 형성하여 전경(관심사)으로 떠올리는 행위를 말한다. 게슈탈트는 전체, 형태, 모습 등의 뜻을 가진 독일어이지만 우리말로 번역이 쉽지 않아서 그대로 사용하는 경우가 많다. 게슈탈트란 자기가 스스로 지각한 자신의 행동 동기를 말한다. 사람이 자기 욕구나 감정을 하나의 의미 있는 행동 동기로 조직화하여 지각하는 일이다. 전경이란 자기의 관심사를 말하고, 배경(후경)이란 관심 밖에 놓인 부분을 가리킨다[2].

쉽게 말해 사람이 어떤 사물이나 사건을 인식할 때 관심사만 기억하고, 관심사가 아닌 부분은 배경 처리하여 망각하게 된다는 것이다.

알아차림은 자기 신체 감각, 생각, 감정, 욕구, 신념 등을 있는 그대로 지각하는 일이다. 교사가 수업에서 잘 알아차리지 못하는 사례를 아래에 모아 보았다.

- **신체 감각을 알아차림**
  - 감기 몸살 때문에 몸이 아픈데, 정작 수업할 때는 아픈 줄도 모르고 수업을 진행했다.
  - 수업 시간에 일부 아이가 떠들었는데도 불구하고, 정작 교사는 아이들이 떠드는 소리를 제대로 듣지 못했다.

- **생각을 알아차림**
  - 수업 시간에 개념 설명을 하는데 다양한 아이디어가 많이 떠올라서 말이 빨라졌다.

---

[2] 김정규(2025), 『게슈탈트 심리치료(개정판)』, 학지사

- 수업 시간에 설명하다가 자기도 모르게 엉뚱한 이야기가 나와서 말의 방향이 흔들렸다.
- 수업 시간마다 잠자는 학생을 보면서 무기력한 학생의 미래가 걱정되다 보니 잔소리가 나왔다.

• 감정을 알아차림
- 수업 시간에 어떤 학생이 교사에게 욕했지만, 아무런 느낌 없이 그냥 지나쳤다.
- 공개수업에서 크게 긴장한 탓에 수업이 원래 의도대로 자연스럽게 진행되지 않아서 속상했다. 아이들에게 공개수업 때 긴장하지 말라고 이야기했지만 정작 아이들보다 교사가 더 긴장했다.

• 욕구를 알아차림
- 공개수업을 잘하고 싶었지만 자기 뜻대로 이루어지지 않아서 속상했다. 수업 직후 교사가 화장실에 가서 울어 버렸다.
- 다른 학급에 비해 조종례 시간이 긴 편이다. 왜냐하면 자기 학급 학생을 안전하고 세밀하게 챙기고 싶은 욕구가 있기 때문이다.

• 신념을 알아차림
- 어떤 고교 교사는 입시 교육에 문제 풀이식 수업이 가장 효과적이라고 생각한다.
- 어떤 특수학교 교사는 아이들에게 수업보다는 보육(保育)이 필요하다고 생각해서 수업에 별로 신경 쓰지 않고 안전 생활 지도에만 신경을 쓴다.

수업자가 스스로 알아차리지 못한 부분을 수업코치가 거울처럼 보여 주기만 해도, 수업자에게 큰 도움이 된다.

교사가 자기 수업을 잘 알아차리지 못하는 이유

상당수 교사가 자기 수업을 잘 알아차리지 못하는 현실적인 이유들이 있다. 첫째, 교직 경력이 4년 이상이면 자기가 준비한 것 이상으로 수업을 할 수 있기 때문이다. 교직 경력 3~4년 차가 되면 자기만의 일상 수업 루틴이 형성된다. 그동안 겪은 시행착오를 토대로 수업을 안정되게 진행하는 노하우가 생기고, 자기만의 수업 진행 방식이 만들어진다. 일상 수업 루틴이 형성되면 수업 준비를 많이 하지 않아도 수업을 잘 진행할 수 있는 역량이 생긴다. 예컨대, 원래 수업 시간의 절반만 수업 준비를 해도 수업을 잘 운영할 수 있게 된다. 나중에는 일명 '스트리밍 수업'도 가능해진다[3]. 스트리밍 수업이란 미리 수업을 준비하지 않고 실시간으로 준비하면서 동시다발적으로 수업을 진행하는 것이다. 그런데 즉흥적인 수업이 애써 준비한 수업보다 더 잘 진행되는 때도 있다. 교사가 별다른 준비나 기대 없이 수업을 진행했는데 학생들의 반응이 좋으면, 교사 입장에서는 자연스럽게 자기 수업 능력을 높게 평가하기 쉽다.

둘째, 가르치는 행위가 곧 배우는 행위이기 때문이다. 가장 좋은 배움의 방식은 내가 이해한 것을 다른 사람에게 가르치는 것이다. 수업 준비 단계에서 온전히 이해하지 못했던 개념을 학생들에게 가르치는 과정에서 자연스럽게 이해하게 되는 경우가 있다.

셋째, 초등 교과 전담교사나 중등학교 교사의 경우, 동일한 학습 내용을 반복하여 수업하다 보니 자연스럽게 숙달된 수업을 할 수 있기 때문이다. 비록

---

3) 스트리밍(streaming)이란 파일을 다운로드하지 않고 인터넷에 연결된 상태에서 실시간으로 재생하는 일을 말한다.

첫 수업은 매끄럽게 진행되지 못해도, 그다음 수업에서 이를 만회하여 완성도 높은 수업으로 끌어갈 수 있다.

넷째, 수업 시간에 문제가 발생해도 그리 심각하게 생각하지 않는 경향 때문이다. 수업에서는 학생의 돌발 행위가 종종 발생한다. 그러다 보면 문제에 익숙해져서 문제 자체를 그냥 넘기는 경우가 생긴다. 특히 힘, 자유, 즐거움의 욕구가 높은 교사일수록 수업에서 문제가 발생해도 대수롭지 않게 생각하는 경향이 있다. 즉, 교사가 외부 자극에 무뎌지는 것이다.

미해결 과제와 알아차림을 방해하는 요소

사람은 특정 상황에서 감정과 욕구가 해소되지 않으면, 다른 상황에서도 이전에 해결되지 않은 감정과 욕구가 드러나 현재 상황에서 합리적인 판단과 행동을 하지 못하는 경우가 생긴다. 게슈탈트 심리치료에서는 이를 '미해결 과제'라고 한다.[4] 예컨대, 작년 자기 학급에서 어떤 문제 학생을 생활 지도하는 데 어려움이 커서 힘들었다면, 올해 다른 학급에서 담임 교사를 하더라도 작년 문제 학생과 비슷한 학생을 만나면 긴장해서 합리적으로 지도하지 못할 가능성이 크다. 과거의 쓰라린 경험이 현재 행동의 발목을 잡는 것이다.

물론 미해결 과제가 사람을 항상 부정 방향의 행동으로 인도하지는 않는다. 어떤 사람은 자기 미해결 과제를 완성하기 위해 열심히 노력하여 긍정적인 행동 결과를 얻어 낸다. 어떤 교사가 수업 준비가 미진하여 수업이 잘 진행되지 않아 힘들었다면, 다음 수업 준비를 철저하게 해서 이를 만회하고 좀 더 좋은 수업을 진행하는 식이다.

그러므로 교사는 자기의 미해결 과제를 성숙하게 해소해야 한다. 과거는 과

---

4) 김정규(2025), 위의 책

거일 뿐 현재와 다르다는 사실을 인식해야 한다. 자기가 '지금 여기(here and now)'에 있다는 사실을 자각해야 현재에 집중할 수 있다. '지금 여기'를 알아차리는 일이 중요하다. 이를 위해 일종의 한풀이 작업이 필요하다.

게슈탈트 심리치료에서는 알아차림이 잘 이루어지지 않는 원인을 다음과 같이 이야기한다[5].

내사(introjection) : 권위자의 말을 무비판적으로 받아들이기
내사란 사회 가치를 비판 없이 받아들임으로써 내면 갈등을 일으키는 현상을 말한다.

융합(confluence) : 다른 사람과 자기를 잘 구분하지 못함
융합이란 밀접한 관계인 두 사람이 서로 간에 차이점이 없다고 느끼도록 합의함으로써 발생하는 혼란 현상이다.

반전(retroflection) : 다른 사람에게 하고 싶은 행동을 자기에게 하기
반전이란 다른 사람이나 환경에 하고 싶은 행동을 자기 자신에게 한다는 뜻이다.

자의식(egotism) : 지나치게 자기를 의식하고 주변 사람 눈치를 보기
자의식이란 자신을 지나치게 의식하고 관찰하는 현상을 의미한다.

편향(bias) : 적당하게 넘기기
편향이란 감당하기 힘든 환경과의 접촉을 피하거나 약화하는 것이다.

---

5) 김정규(2025), 위의 책

게슈탈트 심리치료의 접촉경계 혼란 행동 사례[6]

유형	설명	사례
내사 (introjection)	사회적 가치를 무비판적으로 받아들임으로써 내면 갈등을 일으키는 현상	"고등학교 수업은 입시 중심으로 가야 한다고 생각해서 수능 중심 수업을 해야 한다고 봐요. 하지만 수능 중심 문제 풀이식 수업은 제 수업 철학과 다른 부분도 있어서 늘 충돌되는 부분이 있어요."
융합 (confluence)	밀접한 관계인 두 사람이 서로 간에 차이점이 없다고 느끼도록 합의함으로써 발생하는 혼란 현상	"아이들의 수업 반응이 좋으면 저도 기분 좋지만, 그렇지 않으면 무능한 교사가 된 것 같아 힘들어요."
반전 (retroflection)	다른 사람이나 환경에 하고 싶은 행동을 자기 자신에게 하는 일	"일부 아이가 수업 시간에 집중하지 않으면 화를 내고 싶지만, 화를 내기 힘들잖아요? 그러다 보니 참는 저 자신에게도 화가 많이 나요."
자의식 (egotism)	자신을 지나치게 의식하고 관찰하는 현상	"제 수업을 어떻게 보셨어요? 부족한 부분도 많죠?"
편향 (bias)	감당하기 힘든 환경과의 접촉을 피하거나 약화하는 것	"아이들이 제 수업 시간에 그렇게 행동하는 이유를 잘 모르겠어요. 대체로 중학생은 공부하는 것을 그리 좋아하지 않아요. 특히 과학은 더 그렇고요."

수업의 네 가지 차원

수업 성찰이란 수업 외형뿐 아니라 수업자의 내면까지 바라보는 일이다.[7]

수업 목표, 수업 내용, 수업 방법, 평가 및 피드백, 학습 동기 유발 및 훈육 방법 등 눈에 보이는 부분에만 초점을 두면 수업을 온전히 이해하는 데 한계가 있다. 기존 수업 관찰의 담론들은 주로 눈으로 식별할 수 있는 부분을 대상

---

6) 김정규(2025), 위의 책
7) 김태현(2012), 『교사, 수업에서 나를 보다』, 좋은교사

으로 이야기한다. 하지만 눈에 보이지 않아도 존재하는 영역이 있다. 놀랍게도 눈에 보이지 않는 것이 눈에 보이는 것을 규정한다. 이 중 하나가 수업자의 내면이다. 수업코치가 수업 과정과 결과 산출물을 논리적으로 분석하는 일은 중요하다. 하지만 수업하는 사람, 바로 수업자를 놓치면 안 된다. 수업자가 수업을 디자인하고 운영한다. 수업자의 행위 속에 감추어진 수업자의 감정, 욕구, 의도, 철학 등 내면을 잘 살펴보아야 비로소 수업 성찰이 이루어진다. 수업을 온전히 바꿀 수 있는 사람은 수업자 자신뿐이다.

수업 전문성을 잘 이해하려면 네 가지 차원의 질문으로 접근해야 한다. 파커 파머(Parker J. Palmer)는 수업에서 '무엇'과 '어떻게'뿐 아니라 '왜'와 '누가'라는 질문까지 접근해야 한다고 강조한다[8].

'무엇'은 교육과정을 말하고, '어떻게'는 교수학습 방법(수업 기술)을 말한다. 지금까지 수업 연구는 주로 교육과정과 교수학습 방법에 초점을 맞추어 이루어졌다. 수업에서 눈으로 관찰할 수 있는 부분이기 때문이다. 반면, '왜'라는 수업 철학과 '누가'라는 존재론과 관계론은 좀처럼 주목하지 않았다. 수업에서 눈으로 관찰하기 힘들고, 이 부분을 다루기도 쉽지 않았기 때문이다. 하지만 네 가지 영역을 고루 이해해야 수업 전문성을 제대로 향상시킬 수 있다.

수업 전문성의 네 가지 영역을 도표로 정리하면 다음과 같다.

---

[8] 파커 파머, 김성환 역(2024), 『가르칠 수 있는 용기』, 한문화

무엇(교육과정)	어떻게(교수학습 방법, 수업 기술)
· 교과내용학(교과목 지식) 이해 · 교육과정 재구성 · 교육과정 개발 등	· 교수 전략과 수업모형의 이해 및 실행 능력 · 학습 동기 유발 방법 및 문제 학생 지도 기술 · 관계와 질서 세우기(훈육) 방법 등
왜(수업 철학)	누가(존재론, 관계론)
· 수업관 · 교사관 · 학생관 · 지식관 · 개인 신념 등	· 교사의 소명 의식과 사명감 · 학생을 향한 교사의 깊이 있는 이해와 사랑 · 교사–학생, 학생–학생, 교사–지식–학생과의 관계 이해 · 관계에 대한 깊이 있는 이해 (사회적 상호작용, 친밀성, 신뢰성) 등

교사의 수업 전문성을 키우려면 '무엇(교육과정)'과 '어떻게(교수학습 방법)'뿐 아니라 '왜(수업 철학)'와 '누가(존재론과 관계론)'에 접근해야 한다. 왜냐하면 무엇과 어떻게는 왜와 누가의 영향을 받기 때문이다. 눈에 보이는 것(무엇, 어떻게)은 눈에 보이지 않는 것(누가, 왜)에 의해 규정된다.

예컨대, 지식관(왜)에 따라 교육과정 재구성 방식(무엇)이 달라진다. 교사가 학문 중심 지식관을 가지고 있다면 교과서대로 수업하려고 할 것이다. 교과서가 학문 체계에 따라 잘 정리되어 있기 때문이다. 하지만 구성주의 지식관을 가지고 있다면 학생의 흥미와 경험, 사회적 상호작용에 따라 교과서를 유연하게 재구조화하여 수업을 진행할 것이다. 역량 중심 지식관을 가지고 있다면 우리 사회가 요구하는 미래 핵심 역량에 따라 교과서를 재구조화하여 수업을 진행할 것이다.

교사의 교수 유형(누가)에 따라 교수학습 방법(어떻게)이 달라질 수 있다. 다중지능이론 입장에서 살펴보면 교사의 교수 유형에 따라 선호하는 교수학습 방법이 다르다[9].

교수 유형별로 선호하는 교수 전략

언어 지능	논리수학 지능
· 이야기를 통하여 가르치기 · 강의 · 토론 · 이야기하기 · 읽기, 쓰기, 듣기, 말하기 · 브레인스토밍, 낱말 게임 등	· 소크라테스식 문답법 · 수학 문제 풀기 · 문답 토의, 토의 토론 학습 · 논리적 문제 해결 학습 · 분류와 범주화 · 과학적 사고 등
공간 지능	신체운동감각 지능
· 그림 그리기 · 마인드맵, 표, 그래프, 다이어그램 · 지도, 그림, 비디오 및 영화, 매체 활용 수업 · 생각 묘사하기, 비주얼싱킹 · 작품 감상하기 등	· 몸 동작 · 현장 체험 활동 · 운동 및 신체 이완 훈련 · 역할극, 무용 등
음악 지능	대인 지능
· 음악 활동 · 노래, 음악 감상 · 악기 연주 및 리듬 활용 · 노래 가사 바꾸어 부르기 등	· 교사와 학생, 학생과 학생과의 역동적인 사회적 상호작용 · 협동학습 및 동료 교수법 · 갈등 중재하기 · 학습 동아리 활동 등
자성 지능	자연 이해 지능
· 자기 자신을 뒤돌아보며 개인의 감정을 고려하는 것(메타인지 활동) · 1분 반성의 시간 · 과제 선택 · 개별 만남 및 상담 · 일지나 일기 쓰기 등	· 자연 관찰 및 이해 활동 · 동식물 관찰 · 동식물 키우기 · 야외 체험 학습 활동 등

9) 토마스 암스트롱, 전윤식·강영심 역(1997), 『복합지능과 교육』, 중앙적성출판사

수업 성찰을 위한 다양한 실천 방법

수업 성찰을 돕는 방법이 다양하다. 이를 잘 실천하면 수업 성찰을 통한 자기 수업코칭(셀프 수업코칭)도 가능하다.

· 수업 일기 쓰기

일기 쓰듯이 자기 수업에 대한 성찰 내용을 쓴다. 수업 일기에는 수업 목표와 내용, 과정을 있는 그대로 진술하는 것도 필요하지만, 이를 통해 자기 수업 고민을 정리해 보는 것이 중요하다. 자기 수업에서 학생들이 어떤 반응을 보이고, 교사가 그것에 어떻게 피드백하는지 수업자의 내면에 숨은 이야기를 글로 정리해 보도록 한다.

수업 일기 사례

왜 이렇게 정신이 없지? 학기 초 수업부터 정신이 없다. 나는 체계적이지도 않고, 부지런하지도 않고, 일하는 속도가 빠르지도 않은데 거기다가 실수 연발이니, 기도가 절로 나온다.

아마 올해 모든 수업계획서를 바꿔서 더 정신이 없나 보다. 수업계획서는 매년 업그레이드했었는데, 항상 마음에 들지 않았다. 지식 위주에 수행을 조금 넣은 형태였기 때문이다. 바꿔 보려 해도 엄두가 나지 않았는데, 올해 다른 선생님의 수업계획서를 본떠 내 수업을 다 뒤집어엎었다. 평가 중심 교육과정에 입각해 학생 활동이 많다. 계획하면서 마음이 설렜다.

수업 첫날, 오리엔테이션을 하며 아이들에게 이야기했다. 수업을 싹 바꿨다고. 예전에는 수업계획서대로 진도도 못 나가고, 평가도 시간 없으면 한두 개 뺐는데, 평가표를 나눠 준다는 건 이렇게 해 내겠다는 교사로서의 선포라고. 그런데 사실 많이 긴장되고 망하진 않을까 걱정된다고. 학생 활동이 많아 너희가 적극적으로 참여해 주지 않으면 다시 예전처럼 지식 위주의 수업이 될 거라고. 선생님도 노력할 테니, 같이 잘해 보자고. 아이들은 기대의 눈빛으로 잘 들어 줬다.

> 그런데 막상 수업이 시작되니 허둥대고 있다. 수업계획은 머릿속에 들어오지 않고, 수업 자료와 수업 진도, 학생 활동이 뒤섞여 뭐부터 해야 할지 몰랐다. 하루에도 몇 번씩이나 각 학년 수업계획서를 들여다본다. 학생 활동을 할 게 있으면 덜컥 겁이 난다. 하긴 난 항상 수업이 긴장된다. 수업을 더 준비해야 하는데, 학기 초 담임 업무에, 행사 업무에 수업 준비 시간이 제일 부족하다. 준비한다 해도 긴장감은 사라지지 않을 것 같다. 그래도 이제는 긴장감을 반기고 사용할 줄 알게 되었다. 내가 이렇게까지 하는 건 수업에 긴장하지 않는 내 모습이 싫어서였으니까.
> ……
> 수업 일기를 쓰는 게 좋다.
> 바쁜 와중에도 내 수업에 대한 내 생각을 붙들고 갈 수 있을 것 같아 나에게 도움이 될 것 같다.

• 자기 수업 영상 촬영 및 분석문 쓰기

자기 수업 영상을 촬영하고 분석하여 글로 정리한다. 수업자가 수업할 때 미처 생각하지 못하고 배경 처리했던 부분이 영상 분석 과정에서 새롭게 다가오고 전경으로 바뀌게 된다. 자기 수업 영상을 촬영할 때는 전문 촬영 장비가 없어도 괜찮다. 개인 스마트폰으로 간단하게 촬영하여 사용해도 좋다. 자기 수업을 영상으로 보는 일만으로 수업 성찰에 큰 도움이 된다.

• 학생들의 배움일지

학생들이 수업자의 수업을 통한 배움 상태를 글로 쓴다. 오늘 수업에서 무엇을 배웠고, 무엇이 잘 이해되지 않았는지, 무엇을 더 알고 싶었고, 무엇을 느꼈는지를 기록한다. 배움일지는 교사가 수업을 성찰하는 기초 자료인 동시에 학생들의 학습 향상을 위한 기초 자료가 되므로 배움일지 쓰는 훈련을 하면 좋다. 배움일지를 확인하며 학생 눈에 비친 자기 수업을 바라볼 수 있다.

• **학생 학습관찰일지 쓰기**

학습관찰일지는 교사가 학생의 학습 상태를 관찰하여 작성한 기록물이다. 배움일지는 학생이 쓰고, 학습관찰일지는 교사가 적는다. 자기 수업에 열심히 참여하는 학생과 그렇지 않은 학생을 있는 그대로 기록한다. 다중지능 관찰일지의 경우, 여덟 가지 다중지능 관점에서 학생들을 꾸준하게 관찰하여 사실 중심으로 기록하고, 나중에 이를 해석한다. 욕구코칭 관찰일지의 경우, 문제 학생의 행동을 다섯 가지 욕구 관점에서 관찰하고 분석하여 정리한다. 특히 문제 학생을 욕구코칭 관점에서 관찰하고 분석하는 방법은 학생 내면을 이해하는 데 큰 도움이 된다. 교사는 학생들을 잘 안다고 생각하지만, 실상은 그렇지 못할 때가 많다. 막상 학습관찰일지를 써 보면 학생들의 다양한 모습이 입체적으로 보이기 시작한다.

• **수업 관련 독서 활동**

수업과 연계된 책을 읽고 독후감을 쓰면 도움이 된다. 동료 교사들과 함께 책 나눔을 하면 더욱 좋다. 혼자서 책을 읽다 보면 특정 분야의 책이나 부드러운 책만 읽기 쉬운데, 함께 읽으면 편독을 방지할 수 있기 때문이다. 사실 독서는 연수보다 더 수업 성장에 효과적이다. 저자의 생각을 그대로 수용하는 것을 넘어 자기 생각에 기초해 비판적으로 해석하며 책에 담긴 내용을 나답게 소화하는 과정에서 자연스럽게 성장이 이루어진다. 학생들에게만 독서 활동을 강조하지 말고 교사가 자기 성장을 위한 독서 활동에 관심을 가져야 한다. 책을 구입할 때는 가급적 학교 예산보다는 개인 비용을 내고 구입하도록 한다. 그래야 책을 아끼고 열심히 읽기 때문이다.

『질문이 살아 있는 수업』(김현섭, 2015)을 읽고

나는 살아가면서 어떠한 질문을 던지는 자였을까?

 20○○년이 되었다. 앞으로 살아갈 날보다 이제까지 살아온 날이 더 많은 나이가 되었다. 그래서 그런지 종종 지난날을 생각하면서 때로는 미소를 짓고 때로는 눈물이 찔끔 나온다. 미소를 지을 만큼 기뻤던 일도 눈물이 날 만큼 아팠던 일도 다 하나님의 인도하심 가운데 겪었던 일임을 고백하게 되니 감사하다. 동시에 그 많은 일은 내가 던지는 질문 속에서 나에게 다가왔음을 보게 된다.

내가 수업에서 질문하는 목적은 무엇이었을까?

나 자신에게 그리고 만나는 타인에게 질문하기를 좋아하는 나는 수업에서도 질문을 많이 하는 편이다. 후배 교사들에게도 이런 말을 종종 하곤 했다. "교육의 중요한 점 가운데 하나는 우리 제자들에게 생각하는 힘을 키우게 하는 것인데, 그것은 책과 질문을 통해서 할 때 효과적이다." 질문의 중요성을 알고는 있었지만, '정작 어떻게 질문하는 것이 좋은지(책 제목을 빌자면 살아 있는 질문인지)에 대한 고민이나 연구는 참 부족하였구나' 하고 깨닫게 되었다. 좀 더 살아 있는 질문을 하기 위해서는, 준비되지 않은 질문을 던지는 대신 교사인 내가 먼저 어떤 질문이 학생들에게 생각을 끌어내는 질문이며 배움이 일어나는 질문인지를 진지하게 고민하면서 많이 배우고 연구해야 함을 생각하게 되었다. 이 책이 질문 관련 공부에 동기 부여가 되었기에 앞으로 질문과 관련된 책을 좀 더 읽으면서 상대방(학습자 또는 수업코칭에서 수업자)이 배움에서 성장하도록 이끄는 질문에 대해 더 깊이 생각하고 고민해야겠다는 생각을 해 본다.

 질문의 내용도 중요하지만 질문할 때와 들을 때의 태도가 더욱 중요하다는 점을 또 생각해 본다. 나에게 부족한 부분은 어쩌면 내용보다 태도일 수 있겠다는 생각도 해 본다. 상대방 중심의 질문이 아니라 나 중심의 질문이 더 많았음을 부인할 수 없고, 듣기 좋은 대답은 경청하다가도 나와 다른 생각에는 무시하는 태도를 보인 적도 있음을 반성하였다. "따뜻함이 묻어나는 경청과 공감!"

우리 삶의 성장, 우리 학생들의 배움의 성장, 우리 교사들의 수업 성장이 일어나지 않거나 더디 일어나는 이유는 질문이 없어서라기보다는 어쩌면 경청과 공감이 부족하기 때문은 아닐까? 질문을 많이 하고 많이 들으면서도 상처를 주고받는 우리 모습을 보면서 제각기 자기 소리에 경청과 공감을 해 달라고 주장하는 아우성만 있는 것은 아닐지 반성해 본다.

지금도 이 세상 나그넷길에서 끊임없이 질문하고 있다. 걸을수록 나타나는 여러 갈림길 중에 내가 선택해야 하는 길은 무엇인가? "난 그 길을 왜 선택해야 하고 어떻게 걸어야 하는가?" 때로는 두렵고 떨릴 때도 있지만 감사한 것은 나 혼자 결정하고 선택하는 것이 아니고 늘 나와 함께 걷는 이가 있다는 사실이다.

• **수업 나눔 활동 참여**

교사가 교사 학습공동체에 참여하여 수업 나눔 활동을 함께하면 좋다. 수업 나눔을 통해 자기 수업을 공개하고 자기 수업 고민을 동료 교사들과 나누며 집단 지성으로 해결 방안을 모색하면 좋다. 공동 수업디자인 모임을 통해 일상 수업 루틴에서 벗어나 창의적인 수업에 도전할 수 있다.

3장.
수업 관찰

수업 관찰의 다양한 관점

　수업 관찰 담론은 다양하다. 수업장학, 수업 평가, 수업 컨설팅, 수업코칭, 수업 비평, 배움의 공동체, 아이 눈으로 수업 바라보기 등이 있다. 수업장학과 수업 평가는 외부자 중심으로 수업을 관찰하고 정량평가 요소를 상대적으로 강조한다. 수업 컨설팅과 수업코칭은 수업자(의뢰인) 중심으로 수업을 바라본다. 양적 실행 연구와 질적 실행 연구를 결합한 수업 비평은 수업 관찰자의 지식과 경험을 기반으로 수업에 대한 주관적 해석을 강조한다. 배움의 공동체와 아이 눈으로 수업 바라보기는 학생의 배움에 초점을 두어 수업을 바라본다. 다만, 배움을 서로 다르게 해석한다. 배움의 공동체는 배움 유형 중에서 활동적 배움, 협동적 배움, 표현적 배움, 배움의 도약 등을 강조한다. 아이 눈으로 수업 바라보기는 벼리 아이[1]를 중심으로 배움의 생태계를 분석하는 질적 접근을 강조한다.

다양한 수업 관찰 담론의 특징을 간단하게 비교·정리하면 다음과 같다[2].

구분	수업장학	수업 평가	수업 컨설팅	수업 비평	배움의 공동체	수업코칭
주된 관찰 목적	교사의 교수 행위 개선	교사의 수업 능력 측정과 평가	교사의 고민이나 문제 해결	수업 현상의 이해와 해석	학생의 배움	교사의 성찰을 통한 수업 성장과 문제 해결
실천가와 관찰자의 관계	교사-장학사	평가자-피평가자	의뢰인-컨설턴트	예술가-비평가	동료-동료 (전문가)	선수-코치
주된 관찰 방법	양적, 질적 방법	양적 방법	양적, 질적 방법	질적 방법	질적 방법	양적, 질적 방법
산출물 형태	수업 관찰 협의록	양적, 질적 평가지	컨설팅 결과 보고서	질적 비평문	수업 관찰일지 등	수업 성찰일지, 배움일지, 수업코칭 보고서 등
관찰 정보의 공유자	관련 당사자	관련 당사자	관련 당사자	잠재 독자	관련 당사자	관련 당사자
관찰 결과의 활용	교사의 수업 전문성 향상에 관한 정보 제공	교사의 수업 설계 및 실행 능력 평가	원칙적으로 의뢰인의 판단에 의존함	수업 현상에 대한 감식안과 비평 능력 제고	학생의 배움 피드백	교사의 성찰 및 도전과제 수행 결과
참여의 강제성 여부	의무적 참여	의무적 참여	자발적 참여	자발적 참여	의무적 참여	자발적 참여

---

1) 원래 벼리란 '그물의 위쪽 코를 꿰어 오므렸다 폈다 하는 줄'을 의미한다. 벼리 아이란 수업을 이해하는 데 중심적 역할을 하는 학생을 말한다.
2) 이혁규(2007), 『수업, 비평을 만나다』, 우리교육
이혁규 외(2014), 『수업 비평의 이론과 실제』, 교육공동체벗

수업 관찰 시 담론마다 강조하는 관점이 다르다. 수업장학과 수업 평가 등은 교사의 가르침 행동(수업장학, 수업 평가)에 초점을 두고, 배움의 공동체와 아이 눈으로 수업 바라보기 등은 학생의 배움에 초점을 둔다. 수업 비평은 수업 관찰자의 주관적인 해석을 강조한다. 수업 컨설팅은 수업자가 의뢰한 수업 문제 해결에 주목한다. 수업코칭은 수업자의 내면 성찰을 강조한다. 각 담론에서 강조하는 다양한 관점은 수업을 바라보는 데 큰 도움이 되고, 상호 보완적인 측면이 있다. 다만 수업 나눔 활동에서는 참여자가 자신이 어떤 관점에서 수업을 바라보고 이야기하는지 먼저 이야기하면 더욱 좋을 것이다.

여기에서는 수업코칭 차원에서 배움, 관계, 수업자의 내면과 마음, 철학과 개인 신념, 교수 유형 등을 중심으로 수업 관찰의 핵심 키워드를 다루고자 한다.

배움

배움이란 순수 우리말로서 '배다'에서 비롯되었다. '배다'는 명사 '배'에서 나온 말로서 배에 무엇인가를 품는 일을 말한다. 예컨대, '어미가 새끼를 배다', '옷에 물이 배다', '습관이 배다'처럼 외부에서 무엇인가가 자기에게 들어오는 상태이다. 그래서 배움이란 외부의 가르침과 자극을 통해서 자기 안이 채워지는 상태를 의미한다[3]. 배움은 가르침을 통해 나타나는 현상이다. 좋은 배움은 좋은 가르침에서 비롯한다. 하지만 배움과 가르침이 충돌할 때는 배움이 가르침보다 우선이다. 가르침이 있지만 배움이 없었다면 실패한 수업이라고 평가하나, 반대로 가르침은 별로 없었어도 배움이 충만했다면 성공한 수업이라고 평가할 수 있기 때문이다.

배움은 배운 것을 익히는 과정을 통해 완성된다. 학생에게 의미 있는 배움

---

3) 서근원(2013), 『수업, 어떻게 볼까?』, 교육과학사

이 일어났어도 시간이 지나면 자연스럽게 잊힌다. 배운 것을 망각하지 않고 단기 기억에서 장기 기억으로 전환하려면 자기 것으로 숙달하는 익힘의 과정이 필요하다. 이러한 맥락에서 옛날 사람들은 '학(學)'만 이야기하지 않고, '학습(學習)'이라는 단어를 사용하였다.

익힘을 넘어서 깨침의 단계까지 나아가야 한다. 현재는 깨침을 강조하는 시대이다. 깨침이란 일상에서 갑작스럽게 찾아오는 인식의 전환을 의미한다. 내면 깊숙이 자리한 진리를 순간적으로 깨닫는 경험으로, 새로운 통찰을 얻는 일을 말한다. 자기 스스로 '도(道)'를 깨닫게 되면 다른 사람을 통하지 않고도 진리를 알 수 있고, 스스로 학습할 수 있는 능력이 생긴다.

수업 혁신의 방향은 가르침에서 배움으로, 배움에서 익힘으로, 익힘에서 깨침으로 나아가고 있다.

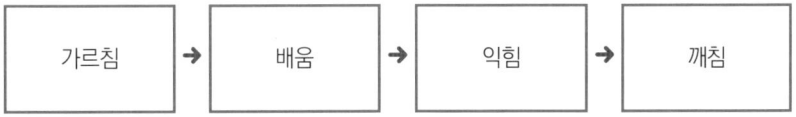

교사의 가르침을 강조한 수업 관련 담론은 일제 학습, 강의식 설명법, 교과 및 학문 중심 교육과정, 수업장학, 수업 평가, 정량 평가, 객관식 선다형 평가 등이다. 짧은 시간 안에 지식을 배우고자 할 때 도움이 되는 수업 방식이다.

학생의 배움을 강조한 수업 관련 담론은 배움 중심 수업, 배움의 공동체, 아이 눈으로 수업 바라보기, 구성주의 교육과정, 정성 평가, 수행 평가 등이다.

익힘을 강조한 수업 관련 담론은 거꾸로 수업, 암기 중심 수업, 문제 풀이식 수업, 완전 학습, 객관식 선다형 평가, 서술형 평가(응답 제한형), 수업 컨설팅 등이다.

깨침을 강조한 수업 관련 담론은 코칭 기반 수업(학습코칭), 구조화된 프로젝트 수업, 개념 기반 탐구학습, 역량 중심 교육과정, 정성 평가, 논서술형 평가(응답 비제한형), 수행 평가, 학생 주도성(행위 주체성), 수업코칭 등이다.

배움의 상태는 교육학을 전공하지 않아도 누구나 쉽게 알 수 있다. 배움의 상태를 묘사하면 다음과 같다.

배움이 잘 이루어진 상태	배움이 잘 이루어지지 않은 상태
· 교사의 설명에 집중하여 경청한다. · 교사의 설명에 적극 반응한다. · 초롱초롱한 눈빛으로 교사를 바라본다. · 교사의 지도에 따라 학습 활동에 열심히 참여한다. · 수업 내용을 일목요연하게 노트 필기한다. · 수업 내용과 연결된 질문을 한다. · 수업에서 배운 내용을 삶에서 실천한다. · 지적 호기심이 발동하고, 심화 지식으로 나아간다.	· 딴짓을 한다. · 잠을 잔다. · 떠든다. · 멍한 눈빛으로 초점이 흐리다. · 노트에 낙서한다. · 공상에 빠져 있다. · 산만하게 행동한다. · 수업 시간에 배운 내용을 자기 말로 설명하지 못한다. · 수업 내용에 관심이 없다.

배움의 상태는 대체로 한눈에 알 수 있다. 학생의 배움이 잘 일어난 수업에 대해서는 수업코치가 교사를 칭찬하면 좋다. 배움이 잘 일어난 이유와 교사의 노력에 대하여 이야기하면 풍성한 수업 대화를 할 수 있다.

배움이 잘 이루어지지 않은 상태도 한눈에 알아볼 수 있지만, 배움이 일어나지 않은 이유를 분석하기는 쉽지 않다. 교직이 전문직인 이유, 수업코칭에게 전문성이 필요한 이유가 여기에 있다. 배움이 잘 일어나지 않은 근본 원인이 무엇인지 분석하고 그에 맞는 해결 방안을 제시해야 하기 때문이다.

배움이 잘 일어나지 않는 원인 유형과 사례를 다음과 같이 분석할 수 있다[4].

---

[4] 김현섭(2016), 『수업 성장』, 수업디자인연구소

- **교사 원인**
  - 교사의 수업 준비가 미진함
  - 교사가 수업 내용을 숙지하지 못하거나 오개념을 가지고 있음
  - 교사의 신체 및 건강 상태가 좋지 않음
  - 긴장을 많이 하여 수업을 준비한 만큼 잘 진행하지 못함
  - 교사의 발화가 잘 이루어지지 않음(억양, 속도, 발음, 심한 사투리 등)
  - 수업 방법이 단조롭거나 일방적임
  - 학생의 문제행동을 효과적으로 지도하지 못함(훈육 미비) 등

- **학생 원인**
  - 기초 학력이 부진하거나 학습 의욕이 없음
  - 학습 주제에 관심이 없음
  - 공부의 목적과 이유를 상실함
  - 무기력한 상태에 빠짐
  - 동료 학생들과 관계가 깨졌거나 학교폭력 때문에 마음에 상처가 있음
  - 학생의 신체 및 건강 상태가 좋지 않음 등

- **관계 원인**
  - 교사와 학생과의 관계가 잘 형성되지 않았고, 신뢰가 무너짐
  - 교사가 교실을 불안과 공포로 장악하여 평화롭고 안전한 교실 분위기가 형성되어 있지 못함
  - 교사와 학생과의 관계가 또래처럼 너무 친밀하게 형성되어서 학생이 교사의 권위를 인정하지 않음
  - 교사와 학생 사이에 상호작용이 거의 일어나지 않음

- 교사가 학생을 사랑하지 않고 통제하려고만 함 등

• **지식 원인**
 - 학습 주제와 내용이 학생의 필요와 연결되지 않음
 - 학생 입장에서 수업 시간에 배우는 지식이 너무 많거나 어려움
 - 학습 내용이 너무 쉽거나 뻔해서 학생의 흥미 유발이 잘 이루어지지 않음
 - 경쟁학습과 상대평가가 심하고 성적 결과만 강조함 등

• **기타 원인**
 - 디지털 및 인공지능 수업 시 인터넷이 연결되지 않거나 태블릿 등 스마트 기기가 준비되지 않음
 - 교실 냉난방 시설이 잘 갖추어지지 않아 교실 온도가 너무 낮거나 높음
 - 교실 환경이 너무 지저분하거나 무질서함 등

수업에서 배움이 일어나지 않은 원인을 분석해 보면, 대개 여러 가지 원인이 복합적으로 작용하는 경우가 많다. 그러므로 배움이 일어나지 않은 원인이 구체적으로 무엇인지 분석하는 작업이 필요하다. 수업코치는 배움의 상태만 바라보고 수업자를 도덕적으로 판단하는 대신, 배움의 상태 속에 숨은 원인을 분석하고 이를 수업자에게 확인해야 한다.

문제 행위만 바라보고 즉각적인 해결책을 제시하는 것보다 문제 행위 속에 감추어진 원인을 찾는 일이 더 중요하다. 왜냐하면 문제 원인에 따라 해결 방안이 다르기 때문이다. 예컨대, 어떤 고등학생이 수업 시간에 잠을 잔다고 하자. 이때 학생이 잠자는 이유를 분석해 보면 다양한 원인이 존재한다.

- 학생 입장에서 수업 내용이 재미가 없고, 흥미 유발이 이루어지지 않음
- 수행 평가를 전날 밤늦게까지 하다가 잠을 제대로 자지 못함
- 전날 밤늦게까지 아르바이트를 하거나 컴퓨터 게임을 함
- 해당 과목을 왜 배워야 하는지 공부의 목적과 이유를 상실함
- 공부해도 성적이 오르지 않는다고 느낌
- 교사의 수업 방식이 단순하고 대부분의 수업 시간을 강의식 설명법으로 진행함
- 학생의 기초 학력이 떨어져서 수업 내용이 전혀 이해되지 않음
- 학생이 미래 희망과 꿈이 없음
- 짝꿍이 잠을 자다 보니 전염됨
- 오후 식곤증 때문에 졸음을 이기지 못함
- 몸이 아파서 컨디션이 좋지 않음 등

여러 가지 원인이 있을 수 있는데, 원인에 따라 해결 방법이 달라진다. 단순하게 졸린 경우에는 교사가 간단히 주의를 주면 해결되겠지만, 좀 더 근본적인 원인이 있거나 여러 가지 원인이 복합적으로 얽혔다면 잠자는 학생 문제를 교사의 주의 경고만으로 손쉽게 해결하기 힘들 것이다.

관계

관계의 사전적 정의는 '둘 이상의 사람, 사물, 현상 따위가 서로 관련을 맺고 있거나 관련이 있음'이다[5].

관계가 깨지면 수업이 잘 이루어질 수 없다. 학생이 교사의 전문성과 도덕성, 권위를 인정하지 않으면 배움이 일어날 수 없다. 교사가 학생을 신뢰하지 못하고

---

5) 네이버 국어사전

불신 속에서 통제하거나 학생에게 관심이 없으면 가르침이 잘 일어날 수 없다.

수업 속 관계란 교사와 학생, 지식 사이의 관련 맺음을 말한다. 일반적 관계 맺음과 다른 점은 지식을 매개로 상호작용이 일어난다는 것이다. 수업 속 관계를 도식화하면 교사-학생 차원, 학생-학생 차원, 교사-지식-학생 차원으로 구분할 수 있다.

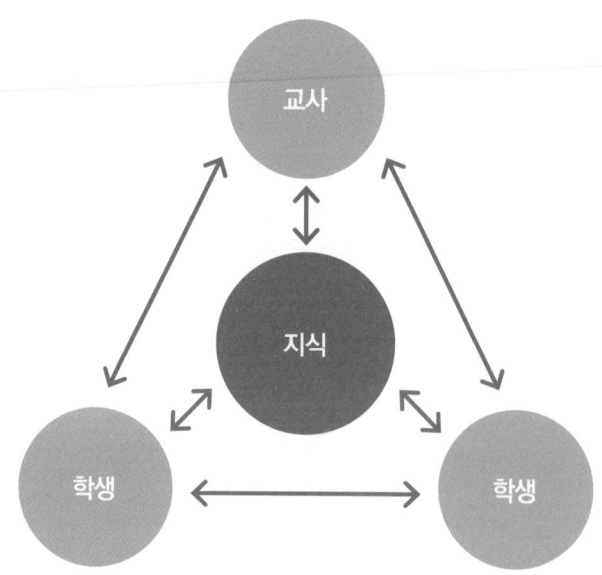

[교사와 학생과의 관계]

수업 속 교사와 학생 관계는 사회적 상호작용, 친밀성, 신뢰성 등을 포함한다[6].

· 사회적 상호작용

교사와 학생 사이의 언어 및 행동 작용을 말한다. 즉, 교사와 학생이 언어, 기호, 몸짓 등과 같은 상징 체계를 사용하여 서로 생각과 행동을 주고받는 일

---
6) 김현섭(2016), 위의 책

이다. 사회적 상호작용은 언어와 행동 반응의 양적 교류 차원에서 이해할 수 있다. 사회적 상호작용은 일방통행과 쌍방통행으로 구분된다. 일방통행의 상호작용은 일제 학습이라고 한다.

교사 : "이번 시간에는 소설의 특징과 구조를 살펴보도록 할게요. 소설이란...."
"소설의 특징과 구조에 대하여 살펴보았는데, 혹시 궁금한 점이 있나요?"
학생들 : "……."
교사 : "좋아요, 그렇다면 다음 단원으로 넘어가도록 하죠."

쌍방통행의 상호작용은 상호 이익과 실패의 관계에 따라 긍정적인 상호 의존 관계와 부정적인 상호 의존 관계로 구분할 수 있다. 쌍방통행의 상호작용에서는 서로를 존중하고 의미 있는 교류가 이루어지는 긍정적인 언어적 상호작용이 활발하게 일어날 수 있다.

교사 : "오늘 수업 내용과 관련하여 궁금한 점이 있나요?"
학생1 : "선생님, 오늘 사회 정의를 공부했지만, 사실 응보적 정의와 회복적 정의의 차이점이 잘 이해가 가지 않아요. 다시 한번 이야기해 주실 수 있을까요?"
교사 : "좋은 질문이네요. 이 둘을 구분하는 것은 매우 의미가 있어요. 응보적 정의란 잘못된 행동에 대해 가해자에게 처벌을 내리는 것을 목표로 하는 반면, 회복적 정의는 피해자의 회복에 초점을 맞추는 정의라고 말할 수 있어요. 응보적 정의 관점에서 사형제도 존속 문제를 살펴본다면 어떤 입장을 더 지지할 것 같나요?"
학생1 : "아무래도 응보적 정의 입장에서는 사형제도 폐지를 주장할 수 있다고 생각해요."
교사 : "그래요? 그렇다면 그 이유는 무엇일까요?"
학생1 : "그냥요."

교사 : "그렇다면 다른 친구들은 이 문제를 어떻게 생각하나요?"
학생2 : "제가 생각하기에는 응보적 정의 입장에서는 사형제도 존속을 주장할 것 같습니다. 왜냐하면 흉악범이 자기 죄의 대가를 죽음으로 치러야 한다고 생각하기 때문입니다. 회복적 정의 입장에서는 사형제도 폐지를 주장하고요. 그 이유는…."

하지만 서로를 인정하지 않고 마음에 상처를 주는 부정적인 언어적 상호작용이 활발하게 일어날 수도 있다.

교사 : "오늘 수업 내용과 관련하여 궁금한 점이 있나요?"
학생1 : "선생님, 오늘 사회 정의를 공부했지만, 사실 응보적 정의와 회복적 정의의 차이점이 잘 이해가 가지 않아요. 다시 한번 이야기해 주실 수 있을까요?"
교사 : "아까 선생님이 설명했는데, 그때 잘 집중하지 못했나 보네? 여기에서 시험문제가 많이 출제되니까 잘 기억해요. 응보적 정의란 잘못된 행동에 대해 가해자에게 처벌을 내리는 것을 목표로 하는 반면, 회복적 정의는 피해자의 회복에 초점을 맞추는 정의라고 말할 수 있어요. 응보적 정의 관점에서 사형제도 존속 문제를 살펴본다면 어떤 입장을 더 지지할 것 같나요?"
학생2 : "아무래도 응보적 정의 입장에서는 사형제도 폐지를 주장할 수 있다고 생각해요."
교사 : "틀렸어요. 응보적 정의 입장에서는 사형제도 존속을 주장한다고 볼 수 있죠. 내가 다시 설명해야 하나요?"

· **친밀성**
교사와 학생이 서로 긍정적인 호감을 공유한 상태를 말한다. 친밀성은 서로 정서적인 유대감을 형성한 관계로서 마음속 깊은 고민을 나눌 기반이 된다. 서로가 편안하게 사적인 대화를 나눌 수도 있고, 친밀함의 표현으로 가벼운 농담을 하거나 장난을 칠 수도 있다.

교사 : "요즘 표정이 어두워 보이네. 무슨 고민이라도 있니?"
학생 : "사실 제가 한 가지 고민이 있어요. 진로 문제 고민이 있는데, 선생님에게 조언을 듣고 싶어요."
교사 : "그래, 좋아. 구체적으로 말해 보렴."

· 신뢰성

대개 관계라는 단어를 떠올리면 친밀성을 생각하는 경향이 있다. 하지만 진정한 관계는 친밀성을 넘어 신뢰성까지 가야 한다. 친밀하다고 해서 항상 신뢰 관계로 이어지는 것은 아니다. 신뢰성이란, 교사는 학생을 사랑하고 존중하며, 학생은 교사의 권위에 순종하고 따르는 것을 말한다. 학생이 교사의 권위를 인정하지 않으면 수업이 진행될 수 없다. 교사가 학생을 사랑하고 존중하지 않으면 학생도 교사를 믿을 수 없다. 그러므로 신뢰 관계 안에 질서가 포함된다고 볼 수 있다.

[학생과 학생 사이의 사회적 상호작용]

수업 속에서 학생과 학생 관계는 사회적 상호작용 방식에 따라 개별학습, 경쟁학습, 협동학습 세 가지 방식이 있다. 개별학습은 학생 간 상호작용이 없는 관계이다. 경쟁학습은 학생 간 상호작용이 부정적인 상호 의존 관계 속에서 이루어진다. 경쟁학습은 '너의 성공이 나의 실패'로서 퀴즈 게임, 상대평가 등에서 나타난다. 협동학습은 학생 간 상호작용이 긍정적인 상호 의존 관계 속에서 이루어진다. 협동학습은 '너의 성공이 나의 성공'으로 연결되며 모둠 활동이나 모둠 평가 형태로 진행된다.

[교사 – 지식 – 학생과의 관계]

  수업 속 교사-지식-학생 관계는 객관론적 인식론 모델과 학습공동체 모델로 구분할 수 있다. 객관론적 인식론 모델은 교사가 일방적으로 학생들에게 지식을 전달하는 관계이다. 여기에서 교사는 가르치는 사람(교수자), 학생은 배우는 사람(학습자)으로 명확하게 구분된다. 반면 학습공동체 모델은 교사가 학생들에게 지식을 가르치는 동시에 학생들과의 상호작용을 통해 배울 수도 있다. 교사는 지식을 통해 학생들이 자기 삶에 반응하도록 유도하고, 학생은 주도성을 가지고 수업에 적극적으로 참여할 수 있다. 학생들은 교사뿐 아니라 학생들 간 상호작용을 통해서도 배움을 경험한다. 동양의 개념으로 설명하면 교학상장(教學相長), 물아일체(物我一體)의 단계라고 할 수 있다. 교학상장이란 가르치고 배우면서 서로가 성장한다는 의미로서 교사도 학생과 함께 성장하는 것이다. 물아일체란 일체 대상과 그것을 마주한 주체 사이에 어떠한 구별도 없는 상태다. 어떤 대상을 연구할 때 자기와 대상과의 구분이 사라지면서 융합되어 깊은 깨달음을 얻을 수 있는 상태가 된다는 의미이다. 좋은 수업은 객관론적 인식론 모델을 넘어 학습공동체 모델로 발전해야 가능하다.[7]

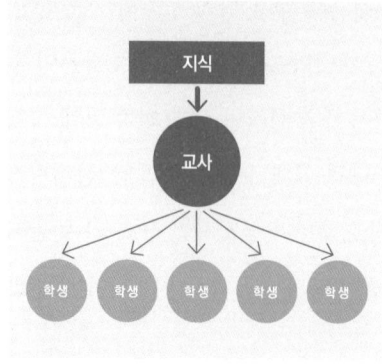

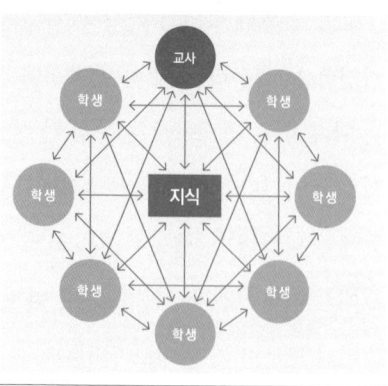

7) 파커 파머, 김성환 역(2024), 『가르칠 수 있는 용기』, 한문화

객관론적 인식론 모델과 학습공동체 모델은 교사의 발문 및 반응 방식, 학생들과의 수업 대화 방식에서 그 차이가 분명하게 드러난다.

- **객관론적 인식론 모델 수업 대화 사례**

    교사 : "시(詩)의 3요소는 운율, 심상, 주제입니다. 운율이란 시의 리듬과 울림을 말합니다. 심상이란 다양한 이미지와 비유를 통해 의미를 전달하는 것입니다. 주제는 시가 다루는 내용과 주요한 아이디어를 말합니다. 시인은 주제를 통해 자신의 생각과 감정을 표현합니다. 시의 3요소가 무엇이라고 했죠?"

    학생들 : "운율, 심상, 주제입니다."

    교사 : "정답입니다. 시의 3요소를 꼭 기억해 주세요."

- **학습공동체 모델 수업 대화 사례**

    교사 : "시(詩)의 3요소는 운율, 심상, 주제입니다. 운율이란 시의 리듬과 울림을 말합니다. 심상이란 다양한 이미지와 비유를 통해 의미를 전달하는 것입니다. 주제는 시가 다루는 내용과 주요한 아이디어를 말합니다. 시인은 주제를 통해 자신의 생각과 감정을 표현합니다. 시의 3요소가 무엇이라고 했죠?"

    학생들 : "운율, 심상, 주제입니다."

    교사 : "좋아요. 그렇다면 지난 시간에 여러분이 직접 쓴 시를 운율, 심상, 주제로 분석하여 이야기해 볼까요? 민석이가 먼저 발표해 볼래요?"

    학생1 : "제 시의 주제는 미래 진로에 대한 불안감입니다. 그리고...."

    교사 : "민석이의 자작시를 소연이는 어떻게 감상했어요?"

    학생2 : "민석이 시에 대한 제 감상은 한마디로...."

    교사 : "흥미로운 소감이에요. 민석이의 시를 다르게 해석했네요. 독자가 시인의 의도와 다르게 해석할 수 있다고 생각해요. 다른 친구는 민석이 시를 어떻게 바라보았나요?"

학생3 : "저는 소연이 해석과는 정반대로 해석했어요. 왜냐하면…."
교사 : "그래요? 민석이는 두 친구의 해석을 어떻게 생각해요?"

내면(마음)

수업자의 내면이 무너지면 수업 문제를 온전하게 해결할 수 없다. 외형적인 수업 문제행동을 수정하려면 먼저 수업자의 내면 상태를 깊이 살펴보아야 한다. 수업자의 내면이 불안정하고 미성숙한 상태라면 우선 그에 맞는 해결 방안을 모색해야 한다. 수업자의 내면에 문제가 생긴 근본 원인을 살펴보면 다음과 같은 것들이 있다[8].

• 관계 갈등 및 상처

수업코치 : "오늘 수업에서 선생님은 ○○ 학생이 모둠 활동에 참여하지 않고 친구들과 장난치는 장면을 보았을 때 특별하게 제지하거나 피드백을 하지 않으셨어요. 모둠 활동 시 순회할 때 해당 모둠을 피해서 이동하셨는데, 이에 대하여 어떻게 생각하나요?"

수업자 : "저도 ○○ 학생에게 늘 관심을 기울여요. 그런데 ○○ 학생이 말썽꾸러기 수준을 넘어 선을 넘는 문제행동을 할 때가 많아요. 처음에는 야단도 치고, 개별 상담도 했지만 별로 소용이 없었어요. 그러다 보니 저도 모르게 해당 학생이 있는 모둠으로 발길이 가지 않더라고요."

수업코치 : "일종의 회피 행동으로 이해해도 되나요?"

수업자 : "그럴 수 있죠. 솔직히 말하면 해당 학급 수업이 있는 날이면 출근하는 것도 부담스럽더라고요. 다른 학교로 전학 가면 좋겠는데…. 해당 학생 문제로 학부모와 상담한 적이 있어요. 그런데 ○○ 학생 엄마는 한마디로 말이 통하지

---

[8] 김현수(2024), 『교사 상처(개정판)』, 미류책방
김현섭(2016), 위의 책

않는 사람이었어요. 오히려 제게 문제가 있다고 말씀하시더라고요."

　교사가 교직 생활에서 가장 힘든 문제는 업무 자체보다 관계에서 오는 갈등이다. 업무는 늦게까지 남아서 처리하거나 다른 교사의 도움을 받아 해결할 수 있지만, 관계 갈등 문제는 한쪽이 열심히 노력한다고 해서 해결되지 않기 때문이다. 교사가 교직 생활 중 경험하는 관계 갈등에는 학생과의 갈등, 학부모와의 갈등, 동료 교사와의 갈등, 학교 관리자와의 갈등이 있다. 이 중 수업에서 경험하는 갈등은 학생 및 학부모와의 갈등 문제이다. 교사는 수업 시간에 생활 지도하는 과정에서 학생들과 감정적으로 부딪칠 수 있다. 교사도 감정이 있기에 교사에게 반항하거나 교사를 무시하는 학생을 만날 때 불편한 감정을 느낀다. 힘든 학생이 있는 교실에서 수업할 때는 교사도 불편한 마음으로 수업에 임하기 쉽다. 학생과의 갈등 문제는 대개 학부모 갈등으로 이어지는 경우가 많다. 학생과의 사소한 갈등도 학부모가 개입하면 큰 문제로 비화한다. 학생의 비속어나 거친 행동, 학부모의 비합리적인 항의나 고소를 겪으면 교사는 심리적으로 많이 위축될 수밖에 없다.

• 지식에 대한 두려움

　수업코치 : "선생님 수업 태도를 관찰하니까 아이들과 눈 맞추는 시간이 적고, 말도 상대적으로 빠르네요."
　수업자 : "제가 중학교에서 오랫동안 근무하다가 올해 고등학교로 전근해 왔어요. 그런데 중학교에 비해 고등학교 교육과정상 가르쳐야 할 내용도 많고, 대학 입시 지도 대비도 해야 하다 보니 심리적인 부담이 커요. 특히 이번에 담당한 과목은 제 전공과목도 아닌데, 고교 학점제 이후 다교과 체제에서 어쩔 수 없이 담당해야 하는 과목이었어요. 그러다 보니 수업할 때 부담이 돼요. 혹시나 아이들이 날카로운 질문을 할 때 제가 답변을 하지 못하면 낭패가 되잖아요?"

수업코치 : "고등학교가 중학교에 비해 가르쳐야 할 내용도 많고 그에 따른 수업 준비 부담도 크죠. 심리적으로 많은 부담이 되겠네요."

수업자 : "지난번 수업에서는 공부를 제일 잘하는 학생이 갑자기 질문을 했어요. 질문 내용은 참 좋았는데, 제가 어떻게 답변해야 할지 모르겠더군요. 제가 우물쭈물하니까 다른 학생들도 저에게 시선을 모으는 것을 느꼈어요. 머리가 하얗게 된 느낌이었어요. 그때 마침 수업 마침종이 울려서 나중에 해당 질문에 대하여 답변해 주겠다고 말하면서 가까스로 위기를 탈출했는데…. 그때를 생각하면 지금도 긴장돼요."

초등학교 교사는 거의 모든 교과를 담당한다. 초등학생의 질문은 다양하고 엉뚱한 내용도 많다. 학생의 모든 질문에 막힘없이 답변하기란 그리 쉬운 일이 아니다. 초등학교 수업 문화 특성상 일과시간 안에 수업 준비할 수 있는 시간이 많지 않다 보니 실시간 스트리밍 형태로 수업을 진행하는 경우도 있다. 중등학교 교사는 자유학기제와 고교 학점제가 적용되면서 다과목을 넘어 다교과, 융합 수업을 진행해야 하는 경우가 생긴다. 교사가 자기 전공과목이 아니더라도 관심 있는 주제라면 공부하면서 가르칠 수 있는데, 여러 사정상 관심 없는 주제도 가르쳐야 할 상황이 생긴다. 고등학교 수업에서는 입시 대비를 위해 EBS 문제집을 가지고 수업하는 경우가 많다. 그런데 문제집이 교과서보다 내용이 많고 어려운 편이다. 게다가 수능 대비 문제는 변별력 향상을 위해 난도가 높은 편이다. 그래서 교사도 쉽게 풀기 힘든 문제들이 있다. 이 경우, 교사는 심리적인 부담감을 상당히 느끼게 된다.

• 과로로 인한 소진 현상

수업코치 : "선생님 수업 태도를 보니까 표정의 변화도 별로 없고, 무표정한 모습이네요. 신체적으로도 힘들어 보여요."

수업자 : "사실 요즘 몸이 그리 좋지 않고, 학생들을 만나도 예전만큼 예뻐 보이지가 않네요."

수업코치 : "무슨 이유가 있을까요?"

수업자 : "제가 교직 경력이 15년쯤 되었는데, 교직을 향한 열정이 식은 느낌이에요. 예전에는 학생들과 대화하는 것이 즐거웠는데, 이제는 귀찮다는 생각도 들어요. 게다가 학교에서 부장 교사를 담당하고 있는데, 저희 부서 행정 업무가 많고, 담당 교사들이 적어서 제가 해야 할 일이 너무 많아요. 어제도 늦게까지 남아서 교육청에 보고할 공문을 작성했어요. 업무도 많고, 몸도 좋지 않다 보니 제 표정에서도 그것이 드러났나 보네요."

교사는 학교에서 수많은 업무를 수행한다. 수업뿐 아니라 생활 지도와 행정 업무를 수행한다. 일이 많으면 과로해서 피곤한 상태가 된다. 수업 준비 및 수행에서 오는 수업 피로, 학생 생활 지도 과정에서 느끼는 공감 피로, 수많은 공문 처리와 학교 행사 추진 등에서 오는 조직 피로를 경험한다. 과로하여 피로가 누적되면 교사는 자연스럽게 '소진(burn out)[9]' 현상을 경험하게 된다. 교사가 소진 상태인지 확인하고자 할 때 다음의 교사 소진 자기 진단 체크리스트를 활용해 보면 좋다.

---

9) 소진(번 아웃) 현상이란 어떤 직무를 맡는 도중 극심한 육체적, 정신적 피로를 느끼고 직무에서 오는 열정과 성취감을 잃어버리는 증상을 말한다.

체크 문항	해당 여부
내 수업이 별로 재미없다.	
내 수업이 별로 기대되지 않는다.	
표정의 변화가 거의 없고 무표정하다.	
그냥 쉬고 싶다. 쉬어도 피로가 잘 풀리지 않는다.	
때로는 아이들을 만나는 것도 부담스럽다.	
교실 소음 등 외부 자극에 별로 느낌이 없다.	
학교에서 일과 시간이 마치면 바로 집으로 가고 싶다.	
아이들이 없는 빈 교실에 혼자 있을 때가 제일 행복하다.	
방금 학교로 출근했는데, 벌써 퇴근하고 싶다.	
개학했는데, 벌써 방학이 기다려진다.	
새로운 업무를 담당하기가 꺼려진다.	
아무것도 하기 싫다.	

교사는 교직 생활에서 에너지를 얻기도 하고 쓰기도 한다. 교사가 소진 현상에 빠지는 이유는 에너지를 쓰기만 할 뿐, 에너지를 얻는 통로를 상실했기 때문이다. 일반적으로 삶의 에너지를 얻는 경우는 다음과 같다.

- 하고 싶은 일을 할 때
- 필요에 맞는 배움이 있을 때
- 칭찬받고 인정받을 때
- 격려받을 때
- 쉴 때 등

교사가 교직 생활에서 에너지를 얻는 경우도 비슷하다.

- 수업에서 학생의 반응이 좋음

- 생활 지도를 통해 학생의 삶이 변화됨
- 담당 업무에서 좋은 성과가 드러나고 그에 따른 인센티브를 받음
- 연수를 통해 교직 업무 지식을 얻고 실천함
- 동료 교사에게 격려를 받음
- 교사 학습공동체 활동을 통해 연구하고 실천함
- 방학에 쉬면서 재충전함 등

• **수업자의 과거 실패 경험에서 발생한 미해결 과제**

수업코치 : "선생님, 수업 시간에 ○○이 장난을 치는데도 불구하고 말로만 간단히 주의를 줄 뿐 그 이상의 조치를 취하지 않는 것 같았어요. 그 이유는 무엇일까요? 제가 보아도 ○○은 생활 지도하기 어려워 보였는데, 참 힘들지 않나요?"

수업자 : "맞아요. 사실 ○○을 지도하기가 너무 힘들어요. 학기 초부터 관심을 기울여 지도했지만 별로 나아지지 않았어요. 최근 ○○을 수업 시간에 만나기가 두렵게 느껴지기도 해요. 왜냐하면 ○○이 생활 지도 문제로 엄마와 통화도 하고 직접 상담도 했는데, 말이 통하지 않는 막무가내 엄마였기 때문이에요."

수업코치 : "저도 수업 관찰을 하면서 선생님이 ○○을 지도할 때 눈빛을 보았는데, 많이 흔들리더라고요. 학생 페이스에 선생님이 말려 들어가는 것처럼 보였어요."

수업자 : "잘 보셨어요. 아이도 아이지만 사실 그 엄마가 더 힘들어요. 해당 아이에게 생활 지도를 하면 아이는 집에 가서 엄마에게 자기에게 유리한 정보만 이야기하고, 불리한 정보는 절대 이야기하지 않아요. 그래서 엄마는 자기 아이 말만 믿고 저를 신뢰하지 않고, 마치 제가 문제인 것처럼 이야기할 때도 있어요."

수업코치 : "무척 힘드시겠어요."

수업자 : "사실 더 힘든 이유는 작년 우리 반에서 저를 힘들게 했던 아이와 엄마 모습이 그 아이와 엄마에게서도 보이기 때문이에요. 솔직히 말하자면 작년 2학기에 그 문제 때문에 휴직했어요."

수업코치 : "휴직까지요? 초등학교에서 담임 교사가 휴직하기가 쉽지 않았을텐데...."

수업자 : "맞아요. 그 아이와 엄마 때문에 나머지 아이들을 중간에 포기한 것 같아 나머지 아이들에게 미안함이 크고 죄책감까지 느껴져요. 현재 ○○을 볼 때마다 작년 그 아이가 떠올라 어떻게 해야 할지 모르겠어요."

수업자가 과거 좌절과 실패 경험 때문에 마음속에 상처가 깊이 남은 경우, 현재 학생을 지도하는 데 좋지 않은 영향을 미친다. 과거의 부정적인 감정과 미충족된 욕구가 그대로 남아서, 상황과 대상이 바뀌었는데도 불구하고 성숙한 행동을 보이지 못하는 것이다. 수업자의 내면이 무너지면 수업자가 자존감이 낮아지거나 냉소주의적 태도를 보이는 경우가 발생한다.

• **학습된 무기력**

수업코치 : "선생님, 수업 시간이 총 50분인데 실제 수업은 20분만 운영하고, 나머지는 쉬는 시간으로 돌리시네요."

수업자 : "우리 학교가 직업계 특성화 고교인데, 아이들 평균 성적도 하위권이 대부분이에요. 전문 교과가 아닌 일반 교과 수업 시간에는 아이들이 잘 집중하지 못하는 경우가 많아요. 50분 내내 정상적으로 수업하면, 다음 수업 시간 운영이 잘되지 않아요. 그래서 20분만 수업하고 나머지는 쉬는 시간을 가져요. 저만 이렇게 수업하는 것은 아니고요. 다른 일반 교과 선생님도 암묵적으로 이렇게 수업을 진행하는 경우가 많아요. 물론 전문 교과 수업은 실습 중심 수업이고, 취업과 관련되기 때문에 정상적으로 운영되고 있어요."

학생만 학습된 무기력에 빠지는 것이 아니다. 교사도 학습된 무기력에 빠질 수 있다. 특히 일부 전문계 고교 일반 교과 교사나 일부 특수학교 교사에게서 종종 발견된다. 교사가 열심히 수업 준비를 하든 그렇지 않든 학생 반응과 배움이 비슷하면 교사도 수업을 대충 준비하는 경향이 있다. 수업 외 업무가 과중하면 교사가 수업 준비할 여력이 부족해져서 학습된 무기력 현상이 나타나기도 한다. 교사 개인의 노력도 필요하지만, 학교 및 제도적 차원에서 교사 업무를 합리적으로 효율화하여 교사가 수업에 보다 집중할 수 있는 여건을 만들 필요가 있다.

학습된 무기력은, 선천적인 욕구는 원래 높지만 자기 욕구가 일상생활에서 온전히 채워지지 못한 경우에 후천적으로 자기 욕구를 포기하면서 나타나는 현상이다. 이러한 측면에서 학습된 무기력은 자기 욕구를 채울 수 있는 환경이 갖추어지면 극복할 수 있다는 점에서 선천적인 무기력과 구별된다.

• **낮은 자존감**

학습된 무기력이 지속되면 교사는 결국 낮은 자존감 상태로 빠지기 쉽다. 자존감이란 자아존중감(自我尊重感, self-esteem)의 약자이다. 자존감이란 자신이 사랑받을 만한 가치가 있는 소중한 존재이고 어떤 성과를 이루어 낼 만한 유능한 사람이라고 믿는 마음이다. 자존감은 자기 긍정과 자기효능감으로 뒷받침된다. 자기 긍정은 자기를 긍정적인 존재로 바라보는 것이다. 자기효능감은 자기가 무엇엔가 도전했을 때 성취할 수 있을 것이라는 기대감을 말한다.

자존감이 낮은 교사는 다음과 같은 특징을 보인다[10].

- 교사가 학생의 눈치를 본다. (다른 사람 시각으로 자기를 평가하기)

---

10) 김현섭(2016), 위의 책

- 교사가 학생의 강점보다 약점에 주목한다. (자기 평가 방식으로 학생도 평가하기)
- 교사가 학생의 잘못 야단치기를 주저한다. (학생의 평가 시선에 대한 두려움)
- 일 중독증에 쉽게 빠진다. (업무 성취로 자기 가치를 증명하려 함)
- 자존심만 세고, 자기 자랑을 잘한다. (다른 사람의 평가 의식, 허세)
- 일이 잘못되면 남 탓으로 돌리고 매사에 불만이 있다. (자기 문제도 외부 탓으로 돌리는 경향)

- **냉소주의**

일부 중견 교사가 냉소주의에 빠지는 경우가 있다. 교직을 시작할 때는 열정적으로 교직 생활을 하던 교사였다. 교직 생활을 하면서 여러 가지 도전에 실패해 좌절감에 빠지고, 그 결과로 학습된 무기력 상태에 빠졌다. 이후 학습된 무기력이 지속되면서 나중에는 냉소주의 태도를 가지게 되었다. 냉소주의에 빠진 교사는 열심히 노력하는 긍정 방향의 교사를 뒷담화해서 그들에게 상처를 주고, 학교 관리자의 행동이나 학교 운영 전반에 대하여 불평불만을 터뜨리고는 한다. 이들이 열심히 노력하는 긍정 방향의 교사들을 공격하는 이유는 주변 교사들도 함께 가만히 있어야 자기의 소극적인 태도가 잘 드러나지 않기 때문이다. 냉소주의에 빠진 교사는 공개수업을 회피하고, 교사 연수에 비판적이며, 수업뿐 아니라 담임교사 업무나 행정 업무도 소홀히 하는 경우가 많다.

수업자의 내면이 건강한 경우, 수업자 내면에 선순환 고리가 형성되어 있다.

수업 문제 발생 ⇒ 수업 성찰(알아차림) ⇒ 근본 원인 분석 성공 ⇒ 합리적인 해결 방안 모색 및 실행 ⇒ 수업 문제 해결 ⇒ 성공 경험 ⇒ 높은 자존감 ⇒ 좋은 교수 습관 형성 ⇒ 수업 연구 및 새로운 수업 도전 ⇒ 합리적 신념 형성 및 열정적 태도

하지만 수업자의 내면이 건강하지 못한 경우, 악순환 고리가 형성된다. 따라서 수업 문제가 발생하면 쉽게 해결되지 않고, 문제가 반복되며, 오히려 시간

이 갈수록 악화된다.

> 수업 문제 발생 ⇒ 방어기제 내지 병리 현상 (자기합리화, 투사 등) ⇒ 근본 원인 분석 실패 ⇒ 잘못된 해결 방안 실행 ⇒ 동일한 수업 문제 발생 ⇒ 학습된 무기력 ⇒ 낮은 자존감 ⇒ 잘못된 교수 습관 형성 ⇒ 비합리적 신념 형성 및 냉소적 태도

악순환 고리를 분석하고 악순환 고리 중 가장 약한 부분을 찾아 깨뜨려야 한다. 그래야 수업자의 수업 성장을 기대할 수 있다. 수업코치는 수업자 내면에 존재하는 악순환 고리를 명료하게 찾아 수업자 스스로 악순환 고리를 깨뜨리도록 격려하고 도전하게 해야 한다.

철학과 개인 신념

수업 철학이란 수업 행위의 방향과 선택 기준을 말한다. 수업 철학은 교육관, 수업관, 교사관, 학생관, 지식관, 가치관, 개인 신념 등이 있다.

• 교육관(教育觀)

교육관이란 교육에 대한 관점을 말한다. 우리나라 교육 이념은 '홍익인간(弘益人間)'이다. '인간을 널리 이롭게 할 수 있는 이타적인 인간을 기르자'라는 뜻이다. 교육기본법에서는 '전인교육'과 '민주시민 양성'을 제시한다. 그런데 실제 교육 현실에서는 '입신양명(立身揚名)'이라는 유교적인 교육관에서 영향받거나 사회적 성공 수단으로 교육을 바라보는 실용적 관점을 취하는 경우가 많다. 교사가 교육을 어떠한 관점으로 바라보느냐는 자기의 교육활동에 큰 영향을 미친다.

• **수업관(授業觀)**

　수업관이란 수업에 대한 관점이다. 수업을 바라보는 세 가지 관점이 있는데, 과학, 예술, 기예의 관점이다. 대다수 기존 수업은 과학적 접근을 시도한다. 과학적인 수업은 수업목표 설정부터 평가에 이르기까지 합리적인 절차에 따라서 수업디자인을 한다. 그에 반해 발도르프 수업, 교육연극 수업 등은 예술적 접근을 취한다. 예술적인 수업은 직관적으로 주제에 접근하고 예술적인 도구를 적극적으로 활용한다. 과학과 예술의 두 가지 관점을 통합한 관점이 기예(技藝, craft)이다. 수업관에 따라 교사의 역할 모델도 과학자(과학), 예술가(예술), 장인(기예)으로 달라진다.[11] 과학적 요소와 예술적 요소가 적절하게 융합될 때 좋은 수업이라고 할 수 있다.

• **교사관(敎師觀)**

　교사관은 교사의 역할에 대한 관점이다. 교사마다 서로 다른 역할 모델로 행동한다. 예컨대, 경찰관, 양치기, 학원 강사, 엄마, 친구, 학습코치, 과학자, 예술가, 장인 역할 모델 등으로 비유할 수 있다. 경찰관 모델은 학생을 통제하고 관리하는 데 초점을 두고 수업하는 교사 유형을 말한다. 학생을 인격적인 존재로 이해하기보다는 보상과 처벌이라는 행동주의적 방법으로 통제하려고 한다. 엄격하며 질서 세우기에 초점을 맞추어 접근한다.

　양치기 모델은 학생 통제를 최소화하고, 학생들이 스스로 공부하도록 유도한다. 일부 학생이 문제행동을 해도 대충 넘어가는 경우가 있어서 수업에서 질서 세우기가 다소 힘들다. 상대적으로 학생들에게 관심이 낮은 편이다.

　학원 강사 모델은 일부 일반계 고교 교사 중에 많은데, 소위 일타강사를 흉내 내서 수업하는 경우이다. 학원 강사의 독특한 억양, 튀는 언행, 일사천리 방

---

11) 존 반 다이크, 김성수 역(2003), 『가르침은 예술이다』, IVP

식의 막힘없는 설명, 명쾌한 문제 풀이식 수업 등을 따라 하는 것이다. 하지만 학원 수업과 학교 수업은 다르다. 학원 수업은 학습할 의지가 있는 학생을 대상으로 하지만, 학교 수업은 학습 의지가 낮은 학생도 포함하여 진행해야 한다. 학원 수업은 일방통행 형태로 진행할 수 있지만, 학교 수업은 쌍방통행 형태로 진행해야 한다. 학원 수업과 학교 수업의 차이점을 이해해야 좋은 수업을 할 수 있다.

엄마 모델 교사는 엄마처럼 진심으로 학생들을 사랑하지만 때로는 너무 친절하거나 과잉보호하는 형태로 행동한다. 학생이 문제행동을 해도 얼마든지 그럴 수 있다고 생각해서 별로 야단치지 않고 품으려고 한다. 초등학생은 좋아하는 교사 유형이지만, 중고등학생은 과잉 친절을 부담스러워하거나 교사에게 너무 의존하는 태도로 변질될 수 있다.

친구 모델은 교사가 또래 친구처럼 행동하는 유형이다. 아이들에게 친밀하게 다가가려고 하고, 아이들이 주로 쓰는 용어(줄임말, 비속어 등)를 의도적으로 사용한다. 덕분에 아이들과 친하기는 하지만, 아이들이 교사의 지도를 또래 친구의 조언 정도로만 받아들이고, 교사의 권위를 잘 인정하지 않기도 한다. 교사는 또래 친구가 아님을 기억해야 한다.

학습코치 모델은 교사가 수업을 기획하되 학생 주도성을 세우는 수업을 하려고 노력하는 모습을 보인다. 운동선수의 경기 능력 향상을 위해 코치가 도와주듯이 학생의 전인적 성장과 역량 신장을 위해 교사가 학생의 잠재가능성을 발견하고 최대한 끌어내려고 노력한다.

위에서 살펴보았듯이 교사 역할 모델에 따라 수업 양상이 전혀 다르게 나타난다.

• 학생관(學生觀)

학생을 어떤 존재로 바라보는가에 따라 교사가 학생을 대하는 태도가 달라진다. 교사가 학생을 미숙한 존재라고 단정하면 학생을 통제하는 경향을 보인다. 보상과 처벌이라는 행동주의적 태도를 가질 수 있다. 반대로 교사가 학생을 성숙한 존재, 인격적 존재로 단정하면 사회적 상호작용, 대화와 소통을 강조하는 구성주의적 태도를 가질 수 있다. 강요된 배움은 폭력이라 여겨서 자칫 학생을 방임할 수 있다. 현실적으로 학생은 학습 의지가 있을 수도 있고, 없을 수도 있다. 학습의지는 고정적이 아니라 가변적이다. 그러므로 교사가 학생의 학습 의지 상태에 따라서 다르게 접근하는 것이 필요하다.

• 지식관(知識觀)

지식을 어떤 관점으로 바라보느냐에 따라 교육과정 재구성 방식이 달라진다. 학문 중심 지식관을 가지고 있으면 교과서대로 수업하는 것을 선호한다. 구성주의 지식관을 가지고 있으면 학생의 흥미와 경험에 따라 유연하게 수업하기를 선호한다. 역량주의 지식관을 가지고 있으면 미래 핵심 역량에 따라 지식을 재구조화하여 운영하는 것을 선호한다. 교사가 지식에 어떤 관점을 가졌는지 알아차리는 일은 교육과정 재구성 방식을 이해하는 데 큰 도움이 된다.

• 가치관(價値觀)

교사마다 각자 추구하는 가치가 다르다. 친밀성, 성적 향상, 관계, 질서, 재미 등 다양한 가치가 있다. 어떤 가치를 추구하는가에 따라 수업을 운영하는 방식이 달라진다. 각 가치는 다 의미가 있다. 예컨대, 질서 속에서 성적이 향상되는 수업도 좋은 수업이고, 좋은 관계 속에서 인격적인 배움이 일어나는 수업도 좋은 수업이라고 할 수 있다. 다만, 어떤 교사가 질서라는 가치를 강조한 나머지 관계라는 가치를 놓치거나 반대의 경우가 되면 문제가 발생할 수 있다. 질서와 관계는 둘 다 소중한 가치이므로 이 둘의 조화를 이루는 것이 중요하다. 대개 교사가 특정 가치를 절대화하고, 다른 가치를 등한시 여기면 문제가 생긴다.

· **개인 신념(信念) – 합리적인 신념과 비합리적인 신념**

수업 신념은 '수업 행동의 밑바탕이 되는 믿음'을 말한다. 초임 교사 시절에는 수업 신념이라고 할 만한 것이 별로 없지만, 교직 생활을 하면서 차츰 수업 신념이 형성된다. 신념은 시행착오 경험을 통해 형성되기 때문에 한 번 형성된 수업 신념은 잘 바뀌지 않는다.

수업 신념은 합리적인 신념과 비합리적인 신념으로 구분된다. 합리적 신념이 많으면 소위 좋은 교사로서의 삶을 살아가겠지만, 비합리적인 신념이 많으면 그렇지 않은 교사의 삶을 살아가기 쉽다. 비합리적인 신념의 사례로는 다음과 같은 것들이 있다.

> **비합리적 수업 신념 사례**
>
> · 교사가 모든 학생을 만족시키는 수업을 할 수 없다. 그러므로 학습 의지가 없는 학생을 수업에서 포기하는 것은 불가피하다.
> · 학생들이 교사의 스타일과 기준에 따라 수업에 참여해야 한다.
> · 학기 초 아이들을 확 휘어잡아야 1년이 편하다.
> · 학생들은 학습할 의지가 전혀 없다.
> · 학생들은 전적으로 학습할 의지가 있다.

교수 유형

수업자의 교수 유형을 심리 도구를 활용하여 분석하면 좋다. MBTI, 다중지능이론, 에니어그램, 도형심리학, 욕구코칭 등 다양한 도구를 활용하여 수업자의 교수 유형을 분석하면 수업자의 특성을 직관적으로 이해하는 데 도움이 된다. 다만 심리 도구는 교사의 개인 특성을 파악하기 위한 참고 도구로 사용해야지, 맹목적으로 과도하게 활용하면 오히려 역효과가 난다는 점을 유의해야 한다. 이 책에서는 욕구코칭 관점에서 교수 유형을 5장과 6장에서 자세하게 다루고자 한다.

수업 관찰 방법

수업 관찰 방법에는 체크리스트 관찰법, 선별적 관찰법, 관찰자 관점 질적 관찰법, 학생 관점 질적 관찰법 등 다양한 방법이 있다[12].

다양한 수업 관찰 방법

구분	수업 관찰 방법	해당 방법	특징
양적 관찰	체크리스트 관찰법	체크리스트 관찰법 (평정척도법)	· 체크리스트를 활용하여 체크 · 객관적 관찰, 정량 평가 가능, 단순화하여 분석적 관찰, 종합적 관찰, 실용성
	선별적 관찰법	필터식 수업 관찰	· 학생 발문, 교사 발문, 학생 행동, 학습자료, 판서 등 특정 요소를 중심으로 관찰
		좌석표 수업 관찰	· 과업 집중, 언어 흐름, 이동양식, 행동 관찰
		언어 상호작용 관찰	· 질의응답, 플랜더스 언어 상호작용 관찰
		수업 분위기 관찰	· 창의성, 활기성, 치밀성, 온화성 관찰

12) 서근원(2013), 『수업, 어떻게 볼까?』, 교육과학사

질적 관찰	관찰자 관점 질적 관찰법	일화 관찰법	· 사실과 해석을 구분하여 관찰 · 수집, 분석, 해석
		과학적 수업 연구	· 종합 필터법 : 교사의 말·판서·자료, 학생의 말과 행동 등을 모두 기록한 다음 하나의 기록으로 종합
			· 비교 연구법 : 모든 수업에서 일반적으로 사용할 수 있는 완성된 수업안을 만들기 위한 관찰법. 사전 연구-수업 연구-사후 연구-비교 연구-개선안 도출
		문화인류학적 수업 연구	· 서술적 수업 관찰 : 수업 속 사건이나 장면을 시간과 함께 서술 · 과정 분석 : 수업 과정을 시간 흐름에 따라서 분석, 학습 수준별 학생들 태도 비교 분석
		수업 비평	· 수업에 대한 다양한 해석 중심 관찰 · 수업을 세밀하게 관찰한 후 수업 관찰자의 지식과 경험, 관점에 따라 다양하게 수업 비평문 작성
	학생 관점 질적 관찰법	배움의 공동체	· 표현적 배움, 활동적 배움, 협동적 배움, 배움의 도약 강조 · 수업 관찰자들이 역할을 나누어 개별 학생과 모둠 활동을 자세하게 관찰하기
		아이 눈으로 수업 보기	· 벼리 학생 중심의 배움 생태계 분석 · 수업 맥락 파악, 수업 관찰, 과정 분석, 상황 구분, 경험 추론, 구조 파악, 의미 해석, 문제 원인 분석, 대안 제시 등. 학술적인 접근, 실용성 낮음

이 중 수업코칭에서 자주 활용하는 방법은 일화 관찰법이다. 일화 관찰법은 다른 수업 관찰 방법에 비해 간단하고, 활용하기 편리하다. 수업 관찰자의 주관적 해석이 어느 정도 타당한가는 수업자와의 수업코칭 대화를 통해 확인하면 된다.

수업 관찰지 기록 사례

대상 및 과목 : 4학년 수학과
교실 : 4학년 ○반 교실
학습 주제 : 수의 배열에서 규칙 찾기

사실(수업 진행)	해석(수업 분석)

· 교사가 학습 목표를 제시함.
· 수의 배열 학습지를 학생들과 개별 대화를 나누며 풀이함.
· 개별학습, 한 줄 대형으로 자리 배치함.
· 실물화상기로 교과서를 보여 주면서 설명함.
· 3줄 1열 학생(A), 2열 3줄 학생(B), 1열 4줄 학생(C), 5줄 1열 학생(D)이 수업 내용과 상관없이 떠듦.
  - 교사가 이를 제지해도 일부 남학생은 계속해서 엉뚱한 행동을 함.
  - 3열 1줄 학생(E)이 떠들어서 결국 타임아웃을 시킴.
  - 타임아웃 이후에도 일부 남학생은 계속해서 떠듦.
  - 수업 20분경 3줄 1열 남학생과 5줄 1열 남학생이 장난처럼 티격태격하지만, 교사는 이를 제지하지 않고 그대로 수업을 진행함.
  - 핸드폰을 사용해도 되지만 계산기만 사용하라고 이야기함. 학생들은 이에 대하여 여러 가지 이야기를 함. 교사는 별다른 반응을 보이지 않음.
  - 계산기를 활용하여 학습지 문제를 풀도록 함.
  - 아이가 스마트폰으로 계산기 어플을 다운받으려고 하자 교사가 계산기로 대체하라고 이야기함. 하지만 학생이 이를 무시하고, 스마트폰을 사용하겠다고 하자 교사가 그냥 허용함.
  - 교과서 문제를 풀도록 과제를 제시함
  - 교사가 돌아다니며 순회 지도를 함
  - 일부 학생은 학습지 문제를 풀지 않고 떠듦(일부 여학생도 떠들기 시작함)
  - 집중 신호(4학년? ○반!)를 사용했지만, 학생들이 집중하지 않아도 그대로 진행함.
  - B 학생이 소리를 지르자 교사가 야단침. 하지만 시간이 지나자 비슷한 행동을 반복함.
  - 결국 다섯 남학생에게 타임아웃을 시킴. 아이들은 타임아웃을 싫어하기는커녕 오히려 서로 장난치면서 타임아웃 시간을 재미있게 보냄.
  - 아이들은 자신이 잘못했다고 전혀 생각하지 않음.
	- 교사의 표정이 경직되어 보이고 마음의 여유가 별로 없어 보임.
	- 교사가 한 줄 대형으로 배치한 이유는 학생끼리 떠드는 일을 줄이려는 방안으로 보임.
	
	- 산만한 세 명의 남학생이 수업 분위기를 흔들고 있음. 해당 학생들은 정서 위기 학생이라기보다는 산만한 장난꾸러기 학생으로 보임.
	
	- 타임아웃은 일시적인 효과만 있어 보임. 타임아웃 당한 학생은 타임아웃을 일종의 놀이처럼 여기는 것 같음.
	- 스마트폰의 전자계산기 어플을 사용하지 않도록 한 이유는 학생들이 계산 대신 딴짓을 할까 봐 우려되기 때문으로 추측.
	- 교사의 집중 신호가 학생들의 주의를 끄는 데 별로 도움이 되지 않으므로 집중 신호 방식을 수정할 필요가 있다고 생각함.
	- 타임아웃 활동이 학생들의 문제행동 수정에 별로 도움이 되지 않음. 타임아웃 이상의 페널티가 없고, 교사도 해당 학생들을 포기한 것처럼 행동함.

· 교과서 다음 문제를 풀도록 시간을 줌(개별학습) - 타임아웃 당한 학생들이 장난치는 시간으로 이해함. - 교사는 교과서 문제를 푼 학생들을 개별 점검함. - 세 명의 남학생은 타임아웃이 해제되었지만, 나머지 두 명은 계속해서 장난침.	- 효과적인 훈육법이 필요하다고 생각함. 부드러움은 있지만 단호함이 부족해 보임. - 교사와 보조교사와의 협업 체제가 잘 이루어지지 않는 것 같음.

장점 칭찬하기
· 교사의 수업 준비가 잘 이루어짐. 구조화되고 안정된 수업 방향을 추구함.
· 수업 개선의 의지가 있음. 수업코칭을 자발적으로 신청함.
· 아이들을 사랑하는 마음이 크고, 최선을 다해 문제 학생을 지도하려고 노력함.

수업 질문
· 오늘 수업의 주안점은 무엇이었나요?
· 선생님이 오늘 자기 수업에 점수를 매긴다면 몇 점을 줄 수 있고, 그 이유는 무엇인가요?
· 오늘 수업과 일상 수업과의 싱크로율은 어느 정도인가요? 혹시 많이 다르다면 구체적으로 무엇이 다를까요?
· 학기 초에 수업 규칙을 어떻게 만들었나요? 수업 규칙을 어기는 경우, 페널티는 구체적으로 무엇인가요?
· A, B, C, D, E 학생은 어떤 학생인가요? 특히 B 학생이 유독 눈에 띄었는데, 이러한 행동을 하는 이유는 무엇이라고 생각하나요?
· 타임아웃 당한 학생끼리 교실 뒤편에서 장난치는 장면을 보셨나요?
· 집중 신호에 반응하지 않은 아이들이 있었는데, 해당 아이들이 교사의 집중 신호에 반응을 보이지 않는 이유는 무엇일까요?
· 스마트폰 활용을 금지하고 계산기만 사용하도록 한 이유는?
· 선생님의 수업 고민은 구체적으로 무엇인가요?

수업 관찰 시 유의 사항

· **수업 관찰 시 수업자를 평가하지 않고, '있는 그대로' 사실 중심으로 기록하기**

    수업 관찰자는 수업자에 대한 가치 판단을 내리지 않고, 수업 행위의 객관적 사실을 중심으로 기록하는 것이 좋다. 왜냐하면 수업자에 대한 가치 판단을 내리고 수업을 바라보면 수업을 있는 그대로 보지 못하고, 왜곡된 시각으로 바라보기가 쉽기 때문이다.

- **'꼼꼼하게' 기록하기**

    수업을 세밀하게 관찰하여 기록해야 한다. 수업자의 연령, 성별, 행동 특성, 발화 습관, 교수 유형, 학생의 배움 상태와 그 이유 분석, 교육과정 재구성 방법, 교수학습 방법, 발문법, 학습 동기 유발 방법, 훈육 방법, 교실 정리 정돈 상태, 학생 노트 필기 내용, 학습지 기록 내용 등을 꼼꼼하게 살펴서 기록한다. 필자는 수업 관찰 시 개인 노트북을 활용하여 기록하는데, 한 시간 수업 관찰 시 A4 용지로 글자 크기 10포인트 기준 약 3쪽 분량을 기록한다.

- **사실(수업 진행), 해석(수업 분석), 질문(수업코칭)으로 구분하여 기록하기**

    수업 관찰 시 사실과 해당 사실에 대한 수업 관찰자의 해석을 기록하되, 사실과 해석, 질문이 섞이지 않도록 구분해서 기록한다. 함께 기록하면 나중에 사실과 해석을 섞어서 이야기할 가능성이 높기 때문이다. 수업 행위의 원인을 직관적으로 해석하고, 나중에 질문을 통해 사실 여부를 확인하면 좋다. 사실에 기초한 여러 질문을 기록했다가 나중에 수업코칭 대화에서 활용하도록 한다.

사실	교사의 표정 변화가 거의 없다. 목소리가 작은 편이고, 차분하게 이야기한다.

해석	교사가 긴장을 많이 한 것 같다. 아무래도 오늘 수업이 공개수업 형태이다 보니 심리적인 부담을 느낀 것 같다. 차분하게 이야기하는 모습으로 보아 평상시에도 목소리가 작고, 내성적인 성격으로 보인다.

질문	"선생님, 오늘 수업에서 느낀 대표 감정은 무엇이었나요? 오늘 수업에서 많이 긴장하셨나요? 긴장했다면 그 이유는 무엇일까요?" "선생님은 평상시 성격이 어떠한가요? MBTI 유형 검사를 했다면 어느 유형에 해당하나요?"

· **수업 행위를 방해하는 행동을 하지 않기**

당연한 이야기지만, 수업 관찰 시 수업 관찰자는 교사의 가르침과 학생의 배움 등 수업 행위를 절대로 방해해서는 안 된다. 교사 동선을 방해하거나 학생에게 너무 밀접하게 다가가서 배움을 관찰하면 학생들은 부담스럽게 느낄 수 있다.

· **수업 영상 촬영하기**

수업을 영상으로 촬영하고, 교사와 학생의 담화를 인공지능 도구로 전사하면 좋다. 수업 영상과 전사 자료는 수업코칭의 기초 자료로 활용할 수 있다. 수업 영상 촬영 시 교사와 학생이 모두 카메라에 담기도록 카메라 촬영 각도를 조절한다. 마이크를 활용하면 교사와 학생 사이의 언어 상호작용을 잘 녹음할 수 있다. 수업코칭 시에 수업 영상을 함께 보면서 이야기하면 도움이 된다. 교사와 학생의 동의를 받은 후에 수업 영상과 수업코칭(수업 나눔) 장면을 촬영하면, 나중에 수업코치가 자기 역량 향상을 위한 도구로 해당 영상을 활용할 수 있다.

4장
수업코칭의 단계와 기술

4장.
수업코칭의 단계와 기술

수업코칭 유형

　수업코칭 유형은 셀프 코칭, 개별 수업코칭, 집단 수업코칭(수업 나눔) 등이 있다. 셀프 코칭은 자기 수업을 동영상으로 촬영하여 분석하고 글로 정리하면서 자기 성찰을 하는 것이다.

　개별 수업코칭은 수업자와 수업코치가 일대일로 만나서 진행하는 활동이다. 일대일로 진행되기에 수업자의 깊은 수업 고민을 진솔하게 나눌 수 있다는 장점이 있다. 대개 1회차보다는 다회차(多會次)로 운영하면서 수업 문제를 해결하기 위한 심층 접근을 한다. 다만 학교 차원에서는 전체 교사와 그 성과를 나누지 못하는 한계가 있다. 이 경우, 피코칭 교사가 수업코칭 소감을 전체 교사에게 이야기하는 등 간접적으로 나눌 수 있다. 자연스럽게 토크쇼 형태로 나누면 더욱 좋다.

집단 수업코칭은 수업 나눔이라고 볼 수 있다. 수업자가 수업 공개를 하면 여러 교사가 수업을 참관하고 나서 수업자의 수업에 대하여 이야기하고, 수업자의 수업 문제를 집단 지성으로 함께 풀어 가는 방식이다. 대개 긍정 방향의 교사들이 집단 수업코칭(수업 나눔) 활동에 수업자로 나서서 참여하는 경우가 많다.

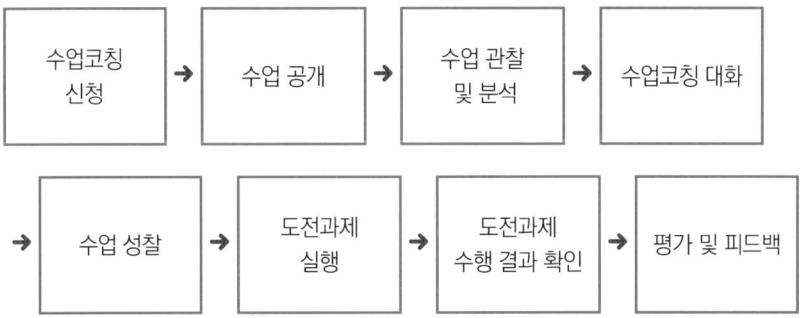

・**수업코칭 신청 및 사전 준비**

수업자가 수업코칭을 자발적으로 신청한다. 이때 수업자가 수업코칭 신청서를 미리 작성해서 제출하면 좋다. 수업코치가 수업자의 마음을 미리 알면 수업코칭 준비에 도움이 되기 때문이다. 사전에 학생들에게 설문조사를 실시하면 수업코칭의 기초 자료로 활용할 수 있다. 수업자의 교수 유형 검사는 사전에 혹은 수업코칭 대화 단계에서 실시하면 좋다.

수업코칭 신청서 및 학생 배움 설문지

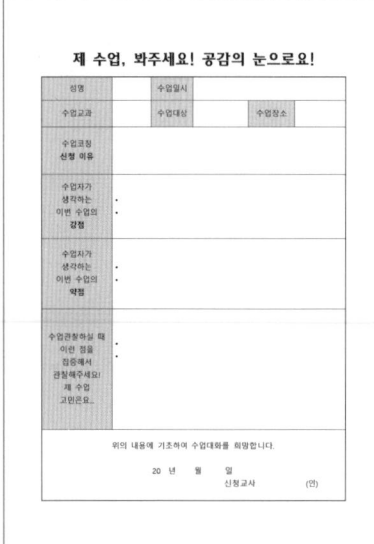
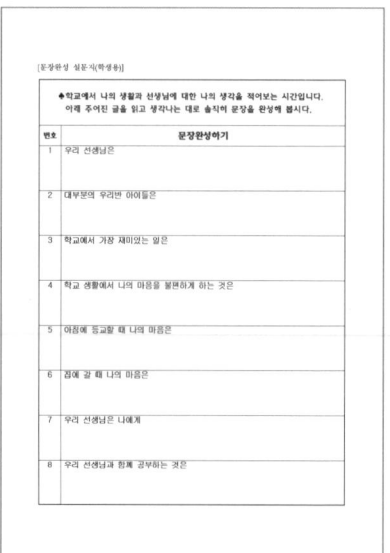

• 수업 공개

　수업 공개는 가급적 일상 수업을 있는 그대로 공개하면 좋다. 수업코칭의 목적은 구조화된 공개수업을 만들어 가는 것이 아니라 일상 수업을 성찰하여 수업 성장을 추구하는 데 있기 때문이다. 보여 주기용 수업은 이벤트성 수업이지만, 일상 수업은 있는 그대로의 진짜 자기 수업이다. 수업자의 부담을 줄이기 위해 수업지도안 작성은 요구하지 않도록 한다. 만약 수업자가 사전에 수업지도안을 제출하는 경우, 수업지도안 약안으로 해서 1쪽 이내로 만들면 좋다.

· **수업 관찰 및 기록**

수업코치는 수업 관찰 시 전반적인 수업 활동을 꼼꼼하게 기록해야 한다. 사실과 해석을 분리하여 기록하고, 다양한 관점에서 수업을 해석하도록 한다. 특히 수업코치가 해당 수업에 대한 도덕적 판단을 하지 않도록 한다. 수업 관찰 시 수업자의 수업 행위에 방해되지 않도록 주의해야 한다.

수업관찰 일지

- 수업자 :   선생님   ■ 기록자 :
- 학습 주제 :
- 대상 :
- 교실 :

사실(수업진행)	해석(수업분석)

[장점 칭찬하기]
-
-
-

[수업 질문]
-
-
-

· **수업코칭 대화**

　수업코칭 대화는 수업자 관점에서 수업을 바라보며 이해하는 질문으로 시작하면 좋다. 먼저 수업자의 장점을 구체적으로 칭찬하면서 심리적인 유대감을 형성해야 한다. 수업코칭 대화가 이루어지는 공간이 안전하고 평화롭다는 것을 심리적으로 충분히 느끼게 하는 일이 무엇보다 중요하기 때문이다. 그리고 학생 배움의 입장에서 수업을 바라보고, 질문하면서 대화해야 한다. 수업자가 자기의 수업 고민을 이야기하면, 수업코치가 수업자 스스로 해답을 찾아갈 수 있도록 유도한다. 초임 교사이거나 정서적으로 힘든 교사에게는 수업코치가 해결 방안을 제시할 수도 있다. 정서적인 고통을 가진 수업자에게는 도전과제를 바로 제시하지 않고, 문제를 명료화하고, 문제 속에 숨은 원인을 알아차리는 데 초점을 두어 대화한다. 다회차 수업코칭의 경우, 충분한 경청과 공감, 격려를 통해 수업자가 심리적인 안정감을 경험하도록 하고, 차기 수업코칭 대화에서 문제 해결을 위한 도전과제를 이야기한다.

　집단 코칭(수업 나눔)의 경우에는 수업 참관자(수업 나눔 참여자)들이 집단 지성을 발휘하여 공동 해결 방안을 모색하면 좋다. 수업자가 스스로 자기 수업 문제를 해결할 방안(도전과제)을 선택하게 하면 좋다.

교육방송「다시, 학교 – 잠자는 교실」편(2020) 수업코칭 장면

• 수업 성찰

　수업코칭 대화 이후 수업자가 개인적으로 자기 수업을 성찰하는 기회를 가진다. 수업코칭 소감문을 작성하거나 수업 일기를 쓰면 좋다. 자기 수업 영상을 보고 수업 영상 분석 일지를 기록해도 좋다.

• 도전과제 실행

　수업 성장을 위한 구체적인 도전과제를 교실에서 실천한다. 도전과제의 유형에는 수업 성찰을 위한 도전과제(수업 일기, 자기 수업 영상 분석문, 수업 성찰 관련 독서 등), 학생들과의 관계 및 질서 세우기 과제(학생 이름 외우기, 수업 규칙 세우기 등), 수업디자인 과제(공동 수업지도안 작성 등) 등이 있다. 도전과제가 많으면 수업자가 부담스러우므로 적절한 과제를 단계별로 수행하는 편이 좋다.

• 도전과제 수행 결과 확인

　어느 정도 시간이 지난 후, 수업자의 도전과제 수행 결과를 확인한다. 수업자와 수업코치가 만나 도전과제 수행 과정과 결과를 이야기한다.

• 평가 및 피드백

　수업자가 도전과제를 성공적으로 수행하여 실질적인 수업 성장이 이루어졌다면, 수업코치가 칭찬과 격려를 통해 용기를 북돋아 준다. 만약 도전과제를 잘 수행하지 못했거나 수행 결과가 좋지 않으면, 그 원인을 이야기하면서 다음 도전과제를 수행하도록 권한다. 피드백 활동 시에는 목표 참조 피드백, 비계식 피드백, 자기 참조 피드백의 방법을 활용한다. 체계적인 수업코칭 프로그램을 운영하는 경우, 수업코치가 직접 수업코칭 보고서를 작성하면 좋다.

수업코칭 보고서 사례

일시	2024.05.14.(화) 13:50~16:30	장소	○○초등학교 6-2 교실 및 학생회실
참석자	○○초 이○○ ○○초 곽○○ ○○초 오○○ ○○초 조○○ ○○초 김○○	수업코칭 방법	수업 참관 및 수업코칭

수업 개요 및 흐름

수업자	김○○ (○○초)	장소	6학년	교과	국어

수업 주제 (학습 목표)	말이나 행동에서 드러나지 않은 내용을 짐작할 수 있다.		
수업 흐름	**단계별 지도 내용**		**자료(*) 및 유의점(※)**
	(전시 학습 상기) 질문하기 약속		
	(활동 1) 영상을 보고 내용 파악하기 - 교사의 질문(사실적 질문, 추론적 질문)에 답하기 - 단서와 추론의 의미 이해하기		* 소녀는 왜 울었을까? (틱톡 영상, gif 파일)
	(활동 2) 그림을 보고 추론할 수 있는 내용 말하기 - 학생끼리 묻고 답하기(사실적 질문, 추론적 질문)		* 김득신「야묘도추」
	(활동 3) 다양한 그림을 보고 근거를 들어 추론해 보기 - 각각 모둠별로 주어진 그림을 보고 추론해 보기		* 여러 그림(3장) / 마주온(퀴즈앤)-담벼락 / QR코드 제공 ※ 추론한 내용과 근거를 함께 작성하도록 안내
	(마무리) 추론의 좋은 점 알아보기, 다음 차시 예고		

수업코칭 내용

구분	내 용
진단 및 원인 분석	· 학생의 삶과 연결 지을 수 있는 수업이 의미 있고, 배움이 일어나며 감동이 있는 유의미한 수업이라고 생각하신다. 동시에 그러한 수업을 하고 싶다는 욕구가 있다. · 교과서보다는 학생의 특성에 맞는 수업이 필요하다고 생각하신다. 그러나 과거 어느 교장 선생님의 영향으로 교과서에 충실한 수업이 옳은지 고민이 있다.

지원 내용	· 수업 참관 및 수업코칭을 통한 수업 고민 나누기, 공동의 해결 방법 모색
결론 및 향후 방향	· '교과서를 내려놓는 수업' 시도 : 학생들과 소통하며 함께 교육과정을 재구성하여 프로젝트 수업을 계획하고, 이를 실천해 본다.
수업코칭 소감	· 수업코칭은 나(수업자)를 입체적으로 바라보는 의미 있는 시간이다. · 수업에 대해 깊이 있는 고민을 나누는 시간이었고, 한 팀이라는 마음으로 수업코칭을 한 것 같다. · 수업을 나누는 일만으로도 의미가 있다. 앞으로 유의미한 수업코칭이 이루어지겠다는 기대를 해 본다.

수업 관찰 내용

사실 관찰	
교사	학생
(전시 학습 상기) 질문하기 약속	
사실 질문과 추론 질문의 개념을 묻는데 학생들이 대답하지 않자, "그래. 모를 수도 있지."라고 말씀하심.	학생들이 발표에 소극적인 모습을 보이고, 수업 분위기가 차분함.
학생의 대답에서 '단서'라는 이번 수업 핵심 단어를 찾아 피드백을 주심.	사실 질문과 추론 질문의 개념을 발표함.
교과서를 보면서 '단서', '추론'과 같은 이번 차시 주요 학습 개념을 설명하심.	
(활동 1) 영상 보고 내용 파악하기	
교과서에 제시된 영상이 아닌 숏츠 영상을 준비하여 보여 주심.	
학생의 발표 내용을 적으시고, 학생의 대답을 되풀이하며 피드백을 주심.	숏츠 영상을 보고, 사실 질문과 추론 질문을 만드는 활동 참여도가 점점 높아짐.
"불닭볶음면이 어떤 맛일지 나중에 먹어 보고 알려 주세요."라고 말씀하심.	'불닭볶음면' 등장으로 학생들이 말이 많아지면서 수업 분위기가 활기를 띠기 시작함.
"기뻐서 울고 있는 것이 맞습니까?"와 같이 질문형 말을 많이 하심.	숏츠 영상 관련 사실 질문과 추론 질문을 만들어 발표함.
학생이 발표한 질문에 대해 다른 학생들에게 이 질문이 사실 질문인지 추론 질문인지 물어보심.	

(활동 2) 그림을 보고 추론할 수 있는 내용 말하기	
학생이 발표한 질문에 대해 다른 학생들에게 이 질문이 사실 질문인지 추론 질문인지 물어보심.	「야모도추」 그림을 보면서 사실 질문과 추론 질문을 만들어 발표함.
"혹시 경험에서 나온 말입니까?"와 같은 농담을 하시고, 웃는 표정을 지으심.	
학생들에게 어느 계절인지 맞힐 수 있는 단서를 말해 보라고 하는 상황에서 선생님이 궁금한 표정을 지으며 말씀하심.	그림을 보고, 학생이 "어느 계절입니까?"라는 추론 질문을 만들어 발표함.
(활동 3) 다양한 그림을 보고 근거를 들어 추론해 보기	
아이들의 댓글을 읽어 주면서 환하게 웃으심.	퀴즈엔에 접속하여 모둠별로 주어진 사진을 보고, 사실 질문인지 추론 질문인지 댓글로 작성하여 올림.
선생님이 의도하지는 않았으나 때마침 "다른 모둠의 사진에도 댓글을 달아도 됩니다."라고 말씀하심.	홍○ 학생이 자기 모둠 사진이 아닌 다른 모둠 사진에 댓글을 작성하고 있는 학생에게 너희 모둠 사진에 댓글을 올리라는 말을 함.
자기 모둠의 사진에 댓글을 다 올린 학생들은 친구들의 질문을 살펴보거나 다른 모둠의 사진에 댓글을 달라고 하심.	학생들이 사진과 관련된 사실 질문과 추론 질문 댓글을 매우 적극적으로 작성하여 올림.
댓글 올리기가 끝나고, 학생들이 작성한 댓글을 읽어 주시면서 사실 질문과 추론 질문에 대해 알아보고, "복장 때문에 그렇게 생각했나요?", "왜 그렇게 생각합니까?"와 같은 질문을 하심.	학생들이 수업에 집중하고, 호응도 잘함. 사진 상황을 분석하여 재치 있는 사실 질문이나 추론 질문 등을 작성함. 예) 콘서트 티켓 예매에 성공한 것 같다.
다른 모둠의 사진을 보면서 "여기에도 웃긴 것들이 있더라고요.", "여기에도 재미있는 댓글들이 있네요."와 같은 말씀을 하심.	
(마무리) 추론의 좋은 점 알아보기, 다음 차시 예고	
"추론하면 좋은 점이 무엇일까요?"라는 핵심 질문을 하심.	학생들이 "상황을 더 잘 이해할 수 있다."와 같이 대답을 잘함.
수업의 마지막 말로 선생님이 "오늘 수업이 혹시 도움이 되셨습니까?"라고 말씀하시고 수업을 끝내심.	

수업코칭 질문 내용

단계(유의점)	활동
① 수업자의 시선 이해하기 (활동을 통해 수업자가 의미 두는 지점을 추리)	· 수업자의 소감, 수업코칭에 참여한 동기 · 간단한 수업 소개(교과, 제재, 목표 등) · 이번 수업의 주안점과 의도 · 수업 자평과 그 이유는? · 수업과 관련해 평소에 고민했던 부분은? · 교사와 학생과의 관계? 학급 성향? 특별한 학생? · 수업 철학? 신념?(지식/역량, 재미/질서, 학생 통제/배움의 주체)

A: 수업자, C1~C3: 수업코치 1~3, Ob: 관찰자

Q. 수업자의 소감을 말씀해 주세요.
A. 외부인이 와서 우리 반 아이들이 위축된 것 같아 아쉬운 부분이 있었지만, 모든 아이가 한 번씩 발표해서 좋았고, 학생들이 공부한 결과물을 남기게 되어서 좋았다. 또, 과제 수행에 어려움이 있는 학생이 자발적으로 발표를 해서 좋았다.

Q. 수업 코칭에 참여하게 된 동기는 무엇입니까?
A. 작년에 한 학기 정도를 제대로 수업하지 못해 올해는 교육의 기본인 수업을 잘해 보고 싶다는 생각이 들었고, 교사로서의 나를 알아보는 시간을 갖고 싶었다. 또, 수업코칭을 하는 경험 자체가 재미있고 유익할 것 같았다.

Q. 수업 내용을 간단히 소개해 주세요.
A. 6학년 국어 6단원은 문맥상에 제시되지 않은 내용을 추론해서 알아보고, 마지막에는 영상을 만드는 활동을 한다. 영상, 그림, 글 순으로 추론하는 과정을 알아보는데, 교과서에 있는 영상은 재미가 없어서 재구성하였다. 그림은 교과서에 제시된 그림도 좋아 보여서 사용하였다. 관찰-이해-적용 패턴으로 교육과정이 구성되어 있어서 그 순서로 수업을 진행하였다. 다른 영상을 사용한 이유는 짧은 영상에 익숙해진 아이들에게 숏츠가 좋을 것 같았고, 의미가 있을 것 같았다.

Q. 내 수업에 점수를 준다면 몇 점을 주실 수 있을까요?
A. '아이들에게 감동을 주는 수업이었는가? 형식적인 수업은 아니었는가?' 하는 반성도 하게 되어 보통보다는 낮은 점수를 주고 싶다. 나 혼자 심취한 수업이었지 않을까 하는 고민이 있다. 평소 학생들의 일상과 관련된 내용을 수업으로 하고 싶은데 이 수업에서 그러지 못했다. 그래서 작위적인 부분이 있지 않았을까 하는 생각이 든다.

Q. 선생님께서 사전에 말씀하신 관심 학생에 대한 소개 부탁드립니다.
A. 홍○ 학생은 엄청나게 주목받기를 원한다. 오늘도 열심히 발표하려고 노력하였다. 그런데 평소에는 수업에 몰입하고 있는지 의문이 든다. 설정된 상황(예: 공개수업)에서 강점을 나타내는 학생으로 오늘은 평소와 다른 모습을 보여 주었다고 생각한다.
구○○ 학생은 자주 지각한다. 오늘도 수업 시작종이 울린 후에 등교하였다. 늘 피곤해 보이고 무기력하며 과제 완성도가 부족하다. 그런데 오늘 수업에서 구○○ 학생을 제대로 관찰하지 못한 것 같다.

Q. 구○○ 학생과 홍○ 학생은 이번 수업에서 어떠했나요?
C1. 구○○ 학생은 2시부터 졸았고, 선생님이 과제를 주면 깨서 하고는 다시 졸았다. 구○○ 학생은 한 번도 발표를 안 했다.
A. 홍○ 학생은 제가 사전에 특정 학생을 열심히 관찰할 수도 있다고 했더니 이번 수업은 열심히 참여한 것 같다.
C2. 이번 수업은 열심히 참여하였으나 평소 모습과 다를 수도 있겠다. 홍○ 학생이 발표도 열심히 하고, 수업에 전체적으로 잘 참여하였으나 [활동3]에서 다른 학생에게 자기 모둠의 사진에만 댓글을 쓰라고 말하는 모습을 보면서 수업자 선생님이 사전에 "자기 뜻을 관철하려는 성향이 있다."라고 하신 의미를 이해할 수 있었다.

Q. 선생님이 "모든 학생이 발표해야 한다."라고 말씀하셨습니다. 평소 선생님의 수업 신념은 무엇인가요?
A. 아이들과 몇 번이나 눈을 마주치고, 몇 번이나 아이들을 보면서 이야기하는지, 아이들이 말한 내용 가운데 내가 기억해서 하는 말이 몇 개나 되는지 등을 생각한다. 수업 시간에 아이들과 다 함께 이야기하며 일상을 나누려고 노력한다. 아이들에게 '잘했다.'라고 말해 주면 아이한테도 위안이 되고, 저도 위안이 된다. 또, 해마다 서너 번 정도 수업을 녹화해서 학생들과 같이 녹화된 영상을 보면서 서로 자기 성찰하는 시간을 가지려고 노력한다. 그러면서 저의 좋지 않은 수업 습관을 고치려고 노력한다.

Q. 선생님 말씀을 들으니 사랑의 욕구가 높은 편인 것 같네요.
A. 사랑의 욕구가 높다고 생각하지 못했는데 욕구 검사를 하면서 사랑의 욕구가 조금 더 높다는 것을 알게 되었다. 그동안은 제가 교사로서 사명감에 그런다고 생각했다. 그런데 지난 연수에서 수업코칭을 받을 때, 소장님도 사랑의 욕구가 있어 그런 것이라고 말씀해 주셨다.

② 칭찬하기 (구체적인 예를 들어 칭찬하면 수업의 의미를 찾아 주게 된다.)	· 수업자 철학, 신념, 의도가 크게 드러난 장면 · 학생 배움이 크게 드러난 장면 · 수업자가 들은 칭찬 중 어떤 칭찬이 제일 와닿았는지 확인하기 (수업자가 의미 두는 지점에 초점)

Q. 이번 수업에서 배움이 크게 일어난 장면이나 좋았던 점이 있으면 구체적인 예를 들어서 말씀해 주시면 좋겠습니다.
C1. 저도 교과서에 제공된 영상이 좋지 않다고 생각했는데, 선생님이 숏츠를 제시하셔서 학생들이 수업에 집중했다. 아이들이 관심 가질 만한 영상을 잘 준비해 주셨다고 생각한다. 불닭볶음면이 등장한 부분에서 학생들이 활발하게 수업에 참여하는 모습이었다.
Ob. 아이가 발표할 때, 각 학생이 몇 번이나 발표하는지 기억하시고, 농담도 하시는 모습을 보이셨다. 이번 수업은 교사의 발문이 중요하다고 생각하였는데 발문도 열심히 하시는 모습이 보기 좋았고, 대단하시다는 생각이 들었다.
C3. 선생님 목소리가 또렷하여 전달력이 좋았고, 표정도 수업 상황이나 말씀하시는 내용에 맞게 다양하게 변화를 주셔서 학생들이 수업에 집중하게 해 주신 것 같다. 예를 들어, 그림이 어느 계절인지 단서를 말해 보라는 상황에서 선생님도 궁금한 표정을 지으셨다. 그리고 "혹시 경험에서 나온 말입니까?"처럼 농담도 하시고, "여기에도 재미있는 댓글들이 있네요."와 같은 말씀을 하시는 모습을 보면서 즐거움의 욕구가 높으실 것 같다는 생각이 들었다.

C2. 선생님이 유연하신 것 같다. 초반에 아이들이 발표를 잘하지 못했을 때, "그럴 수도 있지." 하고 넘어가시기도 하고, 학생들이 발표한 내용을 잘 받아 주시면서 편안하게 수업하시는 모습이 보였다.

Ob. 즐겁게 수업하기 어려운 주제라고 생각했는데 활기차고, 즐겁게 수업하는 모습이었다.

C1. 저는 학생들이 발표하면 그냥 듣고 있는데 학생들의 발표 내용에서 '단서'라는 중요 단어를 캐치해서 말씀해 주시기도 하셨다.

A. 저는 평소에 아이들과 미러링을 많이 한다. 아이들이 말한 내용을 다시 새기면서 수업하는데 제 의도에 맞게 발표를 잘하는 학생이 있다. 그러면 그 학생의 발표 내용을 제가 다시 말하면서 다른 학생들을 주목시키고, 학습 내용을 환기하게 한다.

Q. 다른 선생님들의 칭찬을 들으셨는데 특별히 와닿았던 칭찬이 있을까요?

A. 저의 모습을 좋게 말씀해 주셔서 좋았다. 제가 이런 사람이었나 곱씹어 볼 수 있어 좋았다.

③ 질문하기 (질문을 통해 수업자 고민 초점화. 수업 장면을 구체적이고 사실적으로 제시하고, 성찰적 질문으로 깨닫게 한다.)	· 자유질문(고민에서 벗어나는 것은 지양) · 초점화된 고민과 관련된 성찰적 질문하기

C3. 이번 수업에서 선생님은 대부분의 말씀을 질문형으로 끝맺으셨다. 예를 들어, "사실 질문입니까? 추론 질문입니까?", "복장 때문인 것 같습니까?", "왜 그렇게 생각합니까?" 등의 말씀을 하셨는데 평소에도 이렇게 질문형으로 많이 말씀하시는지 궁금하고, 그러시는 이유가 있는지 알고 싶다.

A. 평소에도 학생들에게 질문을 많이 한다. 배움 자체를 학생들은 지식으로 받아들이고, 저는 제 경험에서 우러나온 말을 한다고 생각하는데, 아이들이 얼마나 공감할까 궁금하다.

④ 고민 해결 방안 모색 (성찰로 해결되지 않은 고민은 수업자가 답답해할 수 있다. 수업자가 도움을 요청하는 고민은 공동 해결 방안을 직접 제시한다.)	· 선생님들과 함께 해결하고 싶은 고민은? · 이번 수업 나눔을 통해 해결되었으면 하는 부분은? · 초점화된 고민에 대한 공동 해결 방안 모색, 제공

Q. 수업에서 고민되는 부분을 말씀해 주세요.

A. 수업이 학생들의 삶과 연관되어야 더욱 수업에 집중할 수 있다고 생각하는데 학생의 삶과 연관 지어 수업하는 방법이 궁금하다. 어떻게 하면 학생들에게 배움이 일어날 수 있을지 알아보고 싶다. 또, 보편적인 수업이 독이 될 수 있다고 생각한다.

C1. 이 수업은 추론을 배우는 것이기 때문에 아이들의 삶과 연관 짓기에는 어려운 부분이 있다. 학생들이 사실 질문뿐만 아니라 추론 질문도 많이 하여 학습 목표에는 잘 도달한 수업이라고 생각한다.

Ob. 학생들의 발표 내용에서 본인의 경험을 바탕으로 한 대답도 많았다고 생각된다.

C3. 이 수업은 추론을 공부하는 수업이다. 그런 만큼 선생님이 수업의 [마무리 활동]에서 하신 "추론하면 좋은 점이 무엇일까요?"라는 질문이 매우 중요한 이 수업의 핵심 질문이라고 생각한다. 이 질문에 학생들이 "상황을 더 잘 이해할 수 있다."와 같이 잘 대답하였으니 수업 목표에 잘 도달한 수업이라고 생각한다. 또 [활동3]에서 학생들이 댓글 달기를 열심히 했는데 학생들에게 추론하기 활동을 해 보니까 어떠했는지 소감을 말하게 했으면 학생들의 삶과 연계하거나 배움이 일어나는 데 조금 더 효과적이지 않았을까 하는 생각이 든다.

C2. 교과서의 영상이 아닌 다른 영상을 활용하여 재구성한 점도 선생님이 삶과 연관 지어 수업하기 위하여 시도하신 노력이라고 생각한다.

Q. 선생님이 말씀하신 보통의(보편적인) 수업이란 어떤 수업인가요?

A. 예전에 어느 교장 선생님께서 보통의(보편적인) 것이 좋은 것이라고 말씀하셨다. 지금도 정확히 그 의미가 무엇인지 모르겠으나 저는 그 말이 충격적이었다. 그러시면서 수업에서 가장 기본은 교과서라고 말씀하셨는데 교과서를 가지고 하는 수업이 효율적이라고 하시는 것 같았고, 평범하게 수업할 수 있다는 듯이 말씀하셨는데 저는 이 말에 동의하지 않는다. 학생들의 특성이 다 다르기 때문에 수업 상황을 바꾸거나 재구성할 수도 있다고 생각한다. 또한 학생들이 공부한 흔적을 남기고 싶다.

C1. 저는 교과서가 문제라고 생각한다. 교사도 교과서에 있는 내용을 왜 가르쳐야 하는지 고민하는데, 아이들이 교과서에 나온 내용을 공감할 수 있을까 하는 의문이 든다. 교과서가 너무 단계적으로 나뉘어 있다는 생각이 들기도 한다. 저는 같은 학년 선생님과 프로젝트 수업을 계획하여 진행한 적이 있는데 큰 도움이 되었다.

Q. 선생님은 프로젝트 수업을 해 보신 경험이 있나요?

A. 예산을 확보하여 사회과 관련 프로젝트 수업을 하려고 하고 있다. 같은 학년 선생님과 의견을 공유하면서 프로젝트 수업을 할 수 있다는 것에 대해서는 생경한 느낌이다.

⑤ 도전과제 제시 (④에서 제시된 고민 해결 방안 및 스스로 알아차린 해결책을 도전과제로 제시)	도전과제 분야 • 수업디자인 : 수업 기법(짝/모둠 활동, 하브루타, 토의 토론, 놀이 등) 교구 활용, 활동지, 관련 연수 참여, 교육과정 재구성, 공동 지도안 작성 및 피드백 등 • 관계: 욕구 이론 관련 • 질서: 수업 규칙 세우기, 체계화하기, 부드럽고 단호한 생활 지도 등 • 성찰: 성찰 일기 쓰기, 수업 영상 찍고 분석하기 등

Q. 교과서를 내려놓는 수업을 해 보면 어떨까요? 교과서와 상관없이 수업 주제와 관련된 자료를 아이들과 마련하여 수업하는 방법입니다.

C1. 이번 국어 수업과 관련지어 팁을 드리면 영상을 먼저 만들어 보고, 그 자료를 활용하여 역으로 추론하는 과정을 배우는 수업으로 재구성해도 좋을 것 같다. 그리고 교육과정 재구성은 세 가지 범주로 생각해 볼 수 있는데, 그중에 교과 간 교육과정 재구성이 있다. 국어 수업 시간에 관련된 다른 교과와 연계하여 재구성하는 시도를 해 보셔도 좋을 것 같다.

도전과제: '교과서를 내려놓는 수업' 해 보기
: 학생들과 소통하며 함께 교육과정을 재구성하여 프로젝트 수업을 계획하고, 이를 실천해 본다.

수업코칭 후 소감

수업자. 수업코칭은 다른 분들이 계셔서 내가 보고 싶은 것만 보지 않고, 내가 의미 없게 여긴 것까지도 볼 수 있게 해 주어서 좋다. 다른 내가 몇 명 더 생겨서 나를 입체적으로 바라보게 해 주는 것 같다. 불편하지 않은 수업 나눔이라 너무 좋았다.
COACH ①. 직접 아이들을 보고 싶었는데 실제로 아이들이 열심히 수업하는 모습을 볼 수 있어 좋았다. 앞으로의 수업코칭으로 아이들과도 자연스러워지지 않을까 생각한다.
COACH ②. 도전과제가 부담되었는데 수업코칭을 하면서 한 팀이 되어 수업 고민을 나누었던 것 같아 좋았다. 앞으로 의미 있는 수업코칭이 되었으면 좋겠다.
COACH ③. 깊이 있는 수업 고민을 들어서 좋았다.
OBSERVER. 경상도 사투리의 매력을 느꼈다. 수업코칭 할 때도 선생님들 말씀이 만담 같이 느껴질 정도로 재미있었고, 수업자 선생님과도 친밀감이 느껴지는 시간이었다. 저도 비슷한 고민이 있어 도움이 되었다.

수업코칭 기술

수업코칭 기술은 칭찬하기, 질문하기, 경청하기, 공감하기, 격려하기, 도전과제 탐색하기 및 실행하기, 피드백 등이 있다.

수업코칭의 기술

칭찬하기	질문하기	경청하기
공감하고 격려하기	도전과제 탐색하기	피드백

이 중에서 수업자의 강점을 강화하는 기술은 칭찬하기, 격려하기 등이다. 수업자의 약점을 보완하는 기술은 질문하기, 도전과제 탐색하고 실행하기, 격려하기, 피드백하기 등이다.

수업 성장을 위한 수업코칭의 핵심 기술

- 장점 극대화 → • 칭찬하기
 • 격려하기 등

- 단점 보완 → • 질문하기
 • 도전과제 탐색 및 실행 등

칭찬하기

　수업코칭 활동에서 첫 번째 기술은 칭찬하기이다. 수업코칭에서는 칭찬하기가 중요하다. 칭찬에는 단순히 수업자의 기분을 좋게 하는 행위 이상의 의미가 있다.

　칭찬을 통해 수업자의 강점을 찾아 강화할 수 있다. 예컨대, 수업자가 비주얼싱킹을 통해 학습단원을 잘 정리하였다면, 이를 칭찬한다. 수업자는 비주얼싱킹이 자주 하는 행동이라서 자신의 강점이라고 생각하지 못할 가능성이 크다. 그런데 수업코치가 이를 언급하며 칭찬하면 자기 강점을 다시 한번 확인하고, 교사 자존감도 함께 올라갈 수 있다.

　칭찬을 통해 수업자와 수업코치 간에 심리적 유대감(라포, rapport)을 형성할 수 있다. 서로에게 호감과 신뢰심이 생기고, 깊은 마음속 이야기를 나눌 수 있다. 상대방의 발언이나 행동에 동요하거나 화를 내는 경향이 줄어들고, 서로를 더욱 존중하고 배려하며 더 자주 도움을 주고받을 수 있다.

　칭찬이란 상대방을 인정하고 존중하며 상대에게 관심이 있다는 것을 말과 행동, 표정으로 진실하게 표현하는 행위이다[1]. 칭찬이란 기분 좋은 말, 관심을 보

---

1) 데일 카네기, 김병민 역(2012), 『칭찬의 기술』, 해피앤북스

이는 것, 인정해 주는 것, 긍정적인 점을 찾는 것, 높이 평가하는 것이다[2]. 그래서 일반적인 칭찬은 딱 그 순간에 진심을 담아 구체적으로 칭찬하도록 한다. 하지만 수업코칭 대화에서는 피해야 할 칭찬 방법이 있다. 아래에 사례를 제시한다.

- **선천적인 특성에 근거하여 칭찬하기**

  "선생님의 외모가 뛰어나서 학생들이 좋아하겠네요."

  "선생님은 타고난 장점이 많네요. 어쩜 이렇게 유창하게 말씀을 잘하세요."

- **단순하게 칭찬하기**

  "선생님, 수업을 잘하시네요."

  "말발이 좋으시네요."

- **결과에만 초점 맞추어 칭찬하기**

  "아이들의 성적이 그렇게 많이 올랐다니, 참 대단해요."

  "수업 시간에 보여 준 영상이 인상적이었어요."

- **과도한 칭찬**

  "선생님은 평상시 수업을 향한 열정이 많고, 오늘 수업도 깔끔하게 진행하시고, 학생들도 선생님을 아주 좋아하네요. 정말 훌륭한 선생님이라고 생각해요."

- **형식적인 칭찬 및 획일적인 칭찬**

  "오늘 공개수업 하시느라 수고가 많으셨어요."

  "수업을 잘 풀어 가시네요."

  "수업에 관심이 있으시네요."

---

2) 김현섭 외(2021), 『관계수업』, 수업디자인연구소

수업코칭 대화에서 사용하는 칭찬 방법은 다음과 같다.

- **구체적인 사실에 근거하여 칭찬하기**

"수업 10분경 영철이가 장난치면서 수업 내용과 상관없는 이야기로 수업 분위기를 흔들었는데, 선생님께서 여기에 흔들리지 않고 좋은 질문으로 자연스럽게 다음 학습 내용으로 연결하시는 모습을 보았어요. 이러한 행동이 인상적이었어요. 학생 페이스에 말려들지 않고, 교사가 안정적으로 수업을 진행하는 모습이 보기 좋았어요."

"수업 시간 내내 잠자거나 떠드는 학생이 한 명도 없이 집중하는 모습을 보았어요. 선생님께서 재미를 넘어 흥미 유발에 초점을 맞춘 학습 동기 유발 방법으로 수업을 디자인하여 운영하신 점이 참 좋았습니다."

- **결과만이 아니라 과정도 의미 있게 칭찬하기(역지사지 易地思之)**

"오늘 수업 시간에 보여 주신 영상을 보니까 보건 선생님 특별 인터뷰도 포함되어 있네요. 기존 유튜브 영상을 다운받아 보여 준 것이 아니라 오늘 수업을 위해 기획, 촬영, 편집한 영상으로 보였어요. 영상 준비하는 데 시간과 에너지가 많이 들었을 텐데, 참 수고가 많으셨겠어요."

"오늘 선생님이 이야기하실 때 학생들의 눈빛을 보았는데, 선생님 이야기에 집중하는 눈빛이 따뜻하다는 느낌을 받았어요. 수업 20분경 선생님의 사소한 실수도 학생들이 오히려 좋은 반응으로 넘기는 모습을 보면서 평상시 선생님과 학생들과의 관계가 매우 좋다고 느꼈어요. 특히 지금이 기말고사 이후라서 수업하기 가장 힘든 시기인데도 불구하고 학생들이 높은 집중도를 발휘한 것은 평소 선생님께서 수업에 대한 고민과 실천을 꾸준히 해 오신 결과라고 생각합니다."

- 교사의 교수 유형에 맞게 칭찬하기
  - 생존의 욕구가 높은 교사 : 구체적인 사실에 근거하여 담백하게 칭찬하기
  - 사랑의 욕구가 높은 교사 : 수업에 대해 공감과 격려하기, 표정과 행동으로도 칭찬하기, 관계 중심으로 칭찬하기
  - 힘의 욕구가 높은 교사 : 성과 중심으로 약간 과하게 칭찬하기, 중요한 존재임을 부각하여 칭찬하기
  - 자유의 욕구가 높은 교사 : 칭찬도 부담스러워할 수 있음을 고려하기, 있는 그대로의 모습을 인정하고 칭찬하기, 과도한 칭찬 피하기
  - 즐거움의 욕구가 높은 교사 : 감동과 감탄사를 넣어 칭찬하기, 약간 과하게 칭찬하기

- 교사의 존재 자체를 인정하고 칭찬하기

"우리 선생님은 존재 자체만으로 우리 학교에 힘이 되는 선생님이세요. 수업 속 교사의 존재감만으로도 아이들에게 큰 힘이 되는 선생님이십니다."

"육아 휴직하다가 최근에 복직하셔서 학교생활에 적응하기도 쉽지 않으셨을 텐데, 공개수업을 자원해 잘 진행해 주셔서 감사합니다."

질문하기

수업코칭에서 핵심 기술은 질문하기이다. 왜냐하면 수업자의 약점을 보완하고 수업자가 자기 수업을 성찰하도록 유도하는 최적의 방법이 질문이기 때문이다. 수업코칭에서 질문하기가 중요한 이유는 다음과 같다.

- 모든 정보와 정답은 수업자(피코칭자)에게 있다.
- 질문은 수업자가 자기 자신을 객관적으로 성찰하도록 도와준다.

· 수업자 속에 숨은 해답을 스스로 찾아 나가도록 한다.
· 질문을 통해 수업자의 참여를 최대한 끌어낼 수 있다.

질문하기를 통해 수업자가 자기 마음과 행동을 성찰할 수 있다. 좋은 수업 코칭 질문은 수업자의 행동 변화로 이어진다. 우선 수업코칭 대화에서 피해야 할 질문 방법을 제시하면 다음과 같다.

- **가치 판단을 전제하고 질문하기**

  "저도 그러한 방법으로 학생을 지도해 봐서 아는데, 별로 소용이 없을 거예요. 그런데도 해당 방법을 고집하는 이유는 무엇인가요?"

  "오늘 수업에서 핵심 개념도 잘 모른 채 수업하지는 않았나요?"

- **공격적으로 질문하기**

  "수업 시간이 부족했다는 말은 일종의 핑계가 아닌가요?"

  "선생님, 수업 내용과 관련 없는 질문을 던진 학생에게 아무런 반응을 보이지 않다가 갑자기 화를 내는 것은 교사로서 기본 자질이 부족한 행위가 아닌가요?"

- **추상적이고 모호하게 질문하기**

  "오늘 수업은 어땠어요?"

- **닫힌 질문을 주로 사용하기**

  "선생님은 수업 시간에 보통 강의식으로 수업하세요?"

  "그 학생은 평상시에도 문제가 많은 학생이지요?"

- **수업자가 대답하기 힘든 질문을 하기**

"평상시 일상 수업도 이런 방식으로 진행하나요?"

"수업 시간에 딴짓하는 학생들을 어떻게 지도하는 것이 가장 바람직하다고 생각하나요?"

수업코칭 대화에서 꼭 필요한 질문 방법 열 가지를 소개하면 다음과 같다[3].

1. 객관적인 사실을 관찰하여 질문하기

"오늘 수업 시간에 활용한 학습지의 내용을 살펴보니까 충분히 다 나가지 못한 것 같은데, 실제로도 그러했나요?"

"선생님의 수업 규칙은 구체적으로 무엇인가요? 그 규칙에 어긋난 행동을 할 때는 어떻게 지도하나요?"

"오늘 수업에서는 30분경 1분단 맨 뒷자리에 앉은 학생 두 명이 잠을 자고 있었는데, 이를 알고 계셨나요?"

2. 수업 참관자 입장이 아니라 수업자 입장에서 질문하기

"오늘 수업의 주안점은 구체적으로 무엇이었나요?"

"수업 도입 단계에서 영상을 보여 주셨는데, 그 의도는 무엇일까요?"

"선생님, 지난 수업을 성찰해 보고 다시 수업한다고 하면 그 학생을 어떻게 지도하는 것이 좋았을까요?"

"제가 선생님이라면 아까 상황에서 그 학생에게 화를 냈을 것 같아요. 그런데 선생님은 오히려 미소를 지으며 부드럽게 다음 질문을 하셨는데, 그 이유는 무엇일까요?"

---

3) 토니 스톨츠푸스, 김환영·송관배·김주희 역(2010), 『코칭 퀘스천』, 동쪽나라
김현섭(2013), 『수업을 바꾸다』, 수업디자인연구소
김현섭 외(2024), 『에듀코칭』, 수업디자인연구소

3. 수업자가 말한 핵심 단어를 실마리로 삼아 질문하기

"선생님이 수업 시간에 전체 학생뿐 아니라 각 학생과 개인적인 대화를 할 때에도 경어를 사용하신 이유가 일종의 '거리 두기'라고 말씀하셨는데, 그 '거리 두기'의 의미는 무엇일까요?"

"선생님이 일부 학생이 수업 시간에 참여하지 않아도 별다른 지도를 하지 않은 이유를 일종의 기다림이라고 말씀하셨는데, 그 기다림이란 구체적으로 어떤 의미인가요? 그렇다면 기다림과 방치의 차이점은 무엇이라고 생각하세요?"

4. 가급적 열린 질문을 사용하기

"교육과정 재구성 시 선생님이 강조하는 방향과 기준은 구체적으로 무엇인가요?"

"오늘 수업 주제를 강의식이 아닌 다른 방법을 활용하여 수업디자인을 한다면 어떻게 진행되었을까요?"

5. 두서없이 질문하지 말고 전략적으로 질문하기

· 누가(존재론과 관계론) ⇒ 왜(수업 철학) ⇒ 무엇(교육과정) ⇒ 어떻게(수업 기술) 순서로 질문하기

· 수업 나눔 활동에서 여러 가지 토의 주제가 나왔더라도 그중 가장 중요하다고 생각하는 한 가지 주제를 찾아 집중해서 질문하기

"선생님, 삼총사 학생들 때문에 수업 진행이 쉽지 않다고 하셨는데, 그 이유는요?"

"삼총사 아이들에게 어떠한 지도 방법을 사용했나요? 그때 삼총사 아이들의 반응은 어땠어요?"

"삼총사 아이들로만 모둠을 구성했을 때, 모둠 활동 시 문제는 발생하지 않았나요?"

6. 소극적이거나 논점을 흐리는 답변을 명료화하고 반영하기

- 소극적인 답변(질문에 단답형으로 짧게 대답하는 경우)
  "그냥 그랬어요."
  ⇒ "그냥 그랬다는 말은 별다른 감정이 없었다는 뜻이죠? 그 이유는 학생들에게 관심과 기대가 적어서일까요? 아니면 학생들에게 실망감이 컸기 때문일까요?"
  "잘 모르겠어요."
  ⇒ "잘 모르겠다고 말한 이유는 현재 상황이 잘 파악되지 않아서일까요? 해당 문제에 접근하는 일 자체가 심리적으로 부담되어서일까요?"

- 논점을 흐리는 답변
  "선생님이 말씀하신 내용이 수업 철학이 중요하다는 뜻일까요? 교육과정 재구성 방식이 중요하다는 뜻일까요?" (논점을 명료하게 정리한 선택지를 다양하게 제공하여 수업자가 선택할 수 있도록 함)

- 논점을 되돌리는 질문
  "네, 그렇군요. 선생님이 말씀하신 내용을 저는 이렇다고 이해했는데, 맞나요? 맞다면 죄송하지만 다시 한번 제 질문의 요지를 말씀드리겠습니다. 선생님이 수업 준비에 많은 시간을 사용하지 못하는 이유는 무엇인가요? 간략하게 정리해서 다시 한번 말씀해 주세요."

7. '왜' 대신에 '어떻게'라고 질문하기

- 왜 질문 : "선생님은 아까 상황에서 왜 그 학생을 내버려두셨어요?"
- 어떻게 질문 : "선생님은 아까 상황에서 그 학생을 어떻게 지도하는 것이 좋았을까요?"

8. 수업자의 문제점을 다룰 때는 직접 지적하기보다는 학생 입장에서 질문하기

- 지적하기 : "선생님이 비슷한 상황에서 남학생과 여학생을 대하는 태도가 다르다고 느꼈는데, 요즘처럼 성 인지 감수성이 중요한 시대에 조심해서 행동해야 하지 않나요?"
- 학생 입장에서 질문하기 : "선생님, 수업 10분경에 민철이는 딴짓하다가 경고받고 교실 뒤쪽에 나가 5분 동안 서서 타임아웃 되었는데, 수업 20분경 소연이는 더 큰 문제행동을 했는데도 불구하고 간단하게 구두로만 주의를 받았어요. 제가 민철이라면 약간 억울하겠다는 생각이 드는데, 선생님은 어떻게 생각하세요?"

9. '너 전달법'보다 '나 전달법'으로 질문하기

- 너 전달법 : "선생님이 소연이의 문제행동을 방관하는 모습은 문제가 있다고 생각해요. 문제행동의 원인을 찾아 지도해야 하지 않나요?"
- 나 전달법 : "제가 보기에는 선생님이 소연이 행동을 방관하는 것 같았는데요, 선생님은 이에 대하여 어떻게 생각하세요?"

10. 감정 관련 질문도 하기

"선생님, 아까 선생님이 조용히 하라고 이야기했는데도 불구하고 일부 아이가 계속 떠들었을 때 어떠한 감정을 느끼셨나요?"

"오늘 수업 때 표정을 보니 공개수업이라서인지 많이 긴장하신 것처럼 보였는데, 실제로도 많이 긴장하셨나요?"

경청하기

수업자 마음의 문을 열고, 수업자의 내면을 들여다보게 하는 기술은 경청하기이다. 수업코칭 이전에는 질문을 만드는 일이 중요하지만, 실제 수업코칭 활동이 진행되면 수업자의 이야기를 경청하는 데 집중해야 한다. 이야기 자체도 중요하나 이야기 속에 숨은 감정, 욕구, 이해관계 등을 잘 파악할 수 있어야 한다. 수업자가 질문에 명료하게 답변하지 못하고 장황하게 이야기한다면 수업코치는 그 이유를 생각해야 한다.

경청(敬聽)은 '주의를 기울여 열심히 듣는 일'이다. 경청하려면 말하는 사람을 존중하며, 그의 욕구를 인정하고 양보하는 여유가 필요하다. 잘못된 경청의 사례는 다음과 같다.

- 딴짓하기
- 한술 더 뜨기(상대방 이야기 주제에 대하여 상대방보다 자기 이야기를 더 길게 말하기)
- 형식적으로 가볍게 반응하기
- 충분히 듣지 않고, 어설픈 조언을 하거나 해결책 제시하기
- 듣는 척 연기하기
- 선택적 듣기(내가 듣고 싶은 것만 듣고, 나머지는 흘려버리기)
- 조금만 듣고 쉽게 단정하기(성급한 일반화의 오류) 등

경청은 4단계로 이루어진다. 소극적 듣기, 인정 반응, 말문 열기, 적극적 듣기(공감적 경청)이다.[4]

---

4) 토마스 고든, 김홍옥 역(2003), 『교사 역할 훈련』, 양철북

• 소극적 듣기

　- 상대방의 이야기를 중간에 끊지 않고, 침묵하면서 듣기

　예) "……"

• 인정 반응

　- 상대방의 이야기에 맞장구를 치는 것

　예) "그렇군요.", "진짜요?", "참 힘들었겠네요.", 고개 끄덕이기, 미소 짓기 등

• 말문 열기

　- 상대방이 좀 더 자기 이야기를 하도록 격려하기

　예) "참 흥미로운 이야기네요. 그래서 그다음은 어떻게 되었나요?" 등

• 적극적 듣기(공감적 경청)

　- 상대방의 이야기 속에 숨은 감정과 욕구를 읽어서 반응 보이기

　- 사실 인정 + 상대방 마음 알아주기 + 내 마음 전하기

　예) 수업자 : "오늘 공개수업은 망쳤네요. 제 의도대로 수업이 진행되지 않아 많이 당황했어요."

　　사실 인정 : "오늘 수업이 선생님이 원래 의도한 대로 진행되지 않았군요."

　　상대방 마음 알아주기 : "그래서 선생님이 많이 당황하셨네요."

　　내 마음 전하기 : "저도 이번 수업이 선생님이 준비한 만큼 진행되지 않은 것 같아 안타까웠어요."

생존의 욕구가 높은 사람은 대개 경청을 잘한다. 사랑의 욕구가 높은 사람은 공감적 경청을 잘한다. 힘의 욕구가 높은 사람은 직관력이 발달했기에 경청이 쉽지 않은 편이다. 자유의 욕구가 높은 사람은 경청을 잘하기가 어렵다. 특히 이야기가 길어지면 더욱 경청하기 힘들어한다. 즐거움의 욕구가 높은 사람은

즐거운 분위기를 즐기기에 무겁거나 부정적인 이야기는 회피하기 쉽다[5]. 수업코치는 경청 훈련이 필요하다. 좋은 수업코치는 특히 공감적 경청을 잘할 수 있어야 한다.

공감하기

공감(共感)의 글자 의미를 풀면 '함께 느낀다'이다. 공감은 행동을 따라 하는 것에서부터 그 사람의 깊은 속마음과 연결되는 것까지를 말한다. 상상력을 발휘해 다른 사람의 처지에 서 보고, 다른 사람의 느낌과 시각을 이해하며, 그렇게 이해한 내용을 활용해 자기 행동 지침으로 삼는 일이다. 공감은 그저 함께 있고, 어떤 감정이든 수용하며, 잘 모른다는 마음으로 듣고, 상대방에게 호기심을 가지며, 욕구를 파악하는 일이다. 공감하는 방법은 다음과 같다[6].

- **상대방이 쓰는 말의 의미를 물어보기**

  예) "선생님이 말한 '진정한 실력'이란 무엇일까요?"

- **감정과 욕구에 이름 붙이기**

  예) "많이 긴장하셨나 봐요.", "선생님이 진짜 원하는 것은 뭐예요?"

- **몸에서 어떤 반응이 드러나는지 파악하기**

  예) "얼굴이 빨개졌네요.", "손에 힘이 많이 들어가 보여요."

- **상대방의 말을 내 말로 바꾸기(반영하기, 미러링 대화)**

  수업자 : "우리 반 아이들은 제가 무슨 말을 해도 잘 듣지 않아요. 어떻게 해 볼 수가 없네요."

---

5) 김현섭 외(2021), 『관계수업』, 수업디자인연구소
6) 김현섭 외(2021), 위의 책

수업코치 : "선생님이 지금 너무 힘드셔서 선생님 반 아이들과 연결될 방법을 찾고 싶은 마음이 간절하시네요."

수업코치가 수업자의 마음에 공감해야 수업자가 마음의 문을 열 수 있다. 마음의 문을 열어야 진솔한 대화가 가능하고 이를 통해 수업자의 행동이 변화될 수 있다.

격려하기

격려란 '용기나 의욕이 솟아나도록 북돋아 주는 말'이다. 격려는 상대방의 기(氣)를 살려 주고, 하고 싶거나 해야 할 일을 추진하는 원동력이 된다. 칭찬과 격려는 비슷하지만, 차이점이 있다. 칭찬과 격려는 상대방의 용기와 의욕을 북돋아 준다는 점에서 동일하다. 하지만 칭찬이 상대방의 행동 결과나 성과에 초점을 맞춘 피드백이라면, 격려는 상대방의 과정에 초점을 맞추고, 행동 결과가 실패여도 줄 수 있는 피드백이다. 격려하는 자세는 긍정적으로 보는 마음, 이해하려는 마음, 믿어 주기, 격려하는 습관이다. 격려의 방법은 다음과 같다[7].

- **격려하는 몸짓**
  - 눈빛을 바라보며 인사하기, 미소 짓기, 어깨 토닥이기, 하이 파이브 하기, 포옹 등

- **감동과 감탄**
  예) "와우!", "대단해!", "진짜?", "놀라워!" 등
  - 과정을 바라보기

---

7) 김현섭 외(2021), 위의 책

예) "이번 수업을 준비하는 데 어느 정도 노력을 기울이셨나요? 시간은 어느 정도 들었나요?"

- **작은 발전에 주목하기**

  예) "지난번 수업과 비교할 때 선생님이 더 자신 있어 보였어요. 아이들도 조금씩 변화하고 있다고 느꼈어요."

- **실패를 배움의 기회로 삼도록 돕기**

  예) "선생님이 인공지능 활용 수업에 처음 도전한 것 자체가 의미 있다고 생각해요."

  "선생님이 정한 수업 규칙에 일부 학생이 반발해서 당황하셨죠. 아이들이 반발한 이유는 무엇이라고 생각하세요? 수업 규칙 내용 자체가 엄격해서일까요? 아니면 수업 규칙을 정하는 과정이나 방법에 문제가 있어서일까요?"

- **소속감을 가지도록 돕기**

  예) "선생님이 우리 학교를 위해 애쓰시는 모습이 너무 아름다워요."

  "선생님은 우리에게 참 소중한 분이세요."

- **부정적인 부분은 긍정적으로 바꾸어 말하기**

  예) "선생님이 이 문제로 힘들어하는 이유는 이 문제를 해결하고자 하는 마음이 있기 때문이에요."

수업코칭에서 격려하기는 수업자에게 큰 힘을 준다. 수업자가 도전과제 수행 과정에서 실패하고 좌절할 때 격려는 큰 힘이 된다. 수업코치는 수업자를 격려하고 수업자가 힘들 때 도와주는 역할을 해야 한다.

도전과제 탐색 및 실행하기

도전과제를 통해 수업 성장을 돕는 행동을 실행할 수 있다. 도전과제는 네 가지 영역으로 구분한다.

- **수업 성찰 도전과제 사례**
  - 수업 일기 쓰기
  - 배움일지 쓰기
  - 심리 도구를 활용하여 자기 교수 유형 분석하기
  - 자기 수업 영상을 보고 분석문 쓰기
  - 수업 성찰 관련 독서 후 소감문 쓰기
  - 자기의 수업 철학을 진술하기 등

- **관계 세우기 도전과제 사례**
  - 수업 시간에 만나는 모든 학생의 얼굴과 이름을 외우기
  - 학생들의 이름을 불러 주기
  - 가벼운 스킨십을 통해 친밀함을 표현하기
  - 교사가 먼저 웃으면서 학생들에게 인사하기
  - 개별 상담, 가정 방문 등을 하기
  - 학생들과 눈을 맞추면서 확대 질문하기 등

- **질서 세우기 도전과제 사례**
  - 학급 규칙, 수업 규칙을 학생들과 함께 만들기
  - 문제 학생의 행동을 관찰하고 관찰문 쓰기
  - 문제 학생들과 상담하고 상담일지 쓰기
  - 동료 교사들과 함께 문제행동 수정 방안을 논의하여 공동 노력을 기울이기 등

• 수업디자인 도전과제 사례

- 학생 눈높이에 맞추어 교육과정을 재구성하기
- 학습지 만들기
- 자기 강점에 맞는 수업모형을 찾아 실행하기
- 다른 교사의 수업을 참관하고 수업 참관록을 기록하기
- 수업 관련 책을 읽고 실천하기
- 수업 관련 연수에 참여하기
- 다른 동료 교사들과 함께 공동 수업디자인하기
- 교사 학습공동체에서 활동하기, 수업 나눔 활동에 참여하기 등

피드백

피드백(feedback)은 '개선을 위한 정보'를 말한다. 수업코칭에서 피드백은 수업자가 목표에 도달할 수 있도록 실행 방향을 제시하고, 수업 실행 동기를 유발하고, 수업자 스스로 자기 수업 문제를 해결하도록 도와주는 역할을 한다. 피드백의 일반적인 원칙은 다음과 같다.(이찬승)

· 목표 달성에 초점을 맞춘다.
· 피드백을 주는 사람을 받는 사람이 신뢰할 수 있어야 한다.
· 구체적이다.
· 명료하고 이해하기 쉽다.
· 피코칭자 수준을 고려한다.
· 감정적 반응이기보다는 인지적 반응이어야 한다.
· 반영할 시간을 제공하기 위해 학습 도중에 신속히 제공한다.
· 지속적이고 일관성이 있다.

· 단순한 조언보다 상호작용이나 질문 형식의 피드백이 효과적이다.

수업코칭에서 피드백 방법은 목표 참조 피드백, 비계식 피드백, 자기 참조 피드백 등을 활용하면 좋다.[8]

- **목표 참조 피드백**

목표 참조 피드백이란 수업자가 성취해야 할 목표를 기준으로 목표 성취 정도에 관한 정보를 담아 피드백을 구성하는 방식이다. 즉, 목표에 초점을 둔 피드백이다.

예) "이번 수업코칭의 핵심은 먼저 아이들과 좋은 관계를 형성하는 것입니다. 아이들과 함께 웃으면서 사진을 찍는 일 자체가 목적이 아니라 사진 촬영을 통해 아이들과 친밀한 관계를 맺는 것이 중요해요."

- **비계식 피드백**

비계(scaffolding)식 피드백은 도전과제를 세분화하여 제시하고 수업자가 목표에 도달할 수 있도록 정보와 방법을 제시한다. 다시 말해, 정답을 주는 피드백이 아니라 해답을 스스로 찾도록 유도하는 피드백이다.

예) "처음부터 완성도 있는 수업지도안을 작성하려고 하지 말고, 먼저 수업의 기본 방향을 정하고 핵심 질문부터 만들어 보면 어떨까요?"

"이번 수업을 준비할 때 주로 어떤 자료를 어떠한 경로로 찾아보셨어요? 혹시 ○○ 사이트를 방문해 보신 적이 있나요?"

---

8) 김선·반재천(2024), 『학생의 배움과 성장을 지원하는 과정 중심 피드백』, 세담북스
김현섭 외(2021), 『미래를 여는 온오프라인 수업』, 수업디자인연구소

- **자기 참조 피드백**

  자기 참조 피드백이란 수업자의 현재 도전과제 수행 정도를 이전 수행과 비교하여 제공하는 피드백이다. 다른 교사와 비교하지 않고, 과거의 자기 모습과 상태를 기준으로 피드백한다.

  예) "예전에 비해 선생님이 많이 달라지셨어요. 지난 수업에서는 선생님이 긴장을 많이 하셔서 수업 분위기가 다소 딱딱해 보였지만, 오늘 수업에서는 선생님의 자신감이 느껴졌고, 수업 진행도 자연스럽고 유연해서 좋았어요. 특히 중간중간 유머가 있어서 더욱 좋았어요."

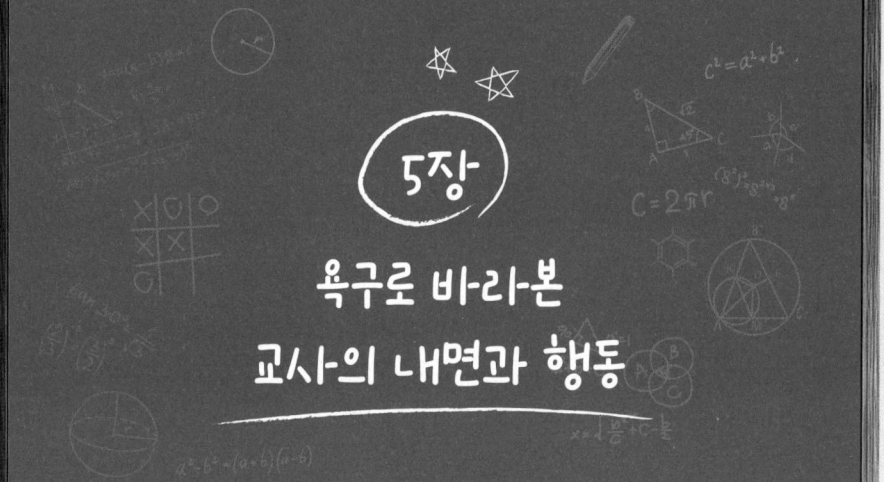

5장.
욕구로 바라본 교사의 내면과 행동

왜 욕구인가?

　욕구는 모든 행동의 근본 원인이다. 모든 행동에는 목적이 있고, 행동의 원인은 욕구와 연결된다. 행동 속에 감정과 생각이 숨어 있고, 감정과 생각 속에 욕구가 숨어 있다. 그래서 욕구를 잘 알아차려야 감정과 생각, 행동을 잘 이해할 수 있다.

　감정은 욕구에서 비롯된다. 욕구가 충족되면 즐겁다, 행복하다, 기쁘다, 재미있다, 설렌다 등과 같이 긍정적인 감정을 느낀다. 욕구가 충족되지 못하면 슬프다, 불행하다, 짜증 난다, 우울하다, 지루하다 등 부정적인 감정을 느낀다. 감정은 쉽게 느낄 수 있지만, 자기의 진정한 욕구를 알아차리려면 깊은 성찰이 필요하다[1].

 욕구를 잘 이해해야 교사의 내면과 행동을 이해하고 변화시킬 수 있다. 교사가 교육 행위를 수행할 때 교사 내면에서는 다양한 감정과 생각이 일어난다. 감정과 생각 속에 숨은 욕구를 이해해야 자기 교육 행위를 제대로 알아차릴 수 있다. 수업 문제가 발생한 경우, 문제행동만 수정해서는 문제가 근본적으로 해결되지 않는다. 문제행동 속에 숨은 근본 원인을 찾아야 한다. 근본 원인, 즉 욕구를 잘 분석하고 충족해야 해당 수업 문제를 근본적으로 해결할 수 있다.

 욕구를 통해 학생들의 특성을 이해할 수 있다. 학생들은 교사나 성인에 비하여 부정 방향의 행동으로 욕구를 채울 가능성이 크다. 하지만 교육을 통해서 부정 방향의 행동을 긍정 방향의 행동으로 바꿀 수 있다. 학생이 전인적으로 성장하도록 도우려면, 학생 행동 속에 숨은 욕구를 찾아내고 이를 통해 행동을 변화시켜야 한다.

 욕구를 통해서 관계 갈등을 극복할 수 있다. 사람마다 욕구 강도 포트폴리오가 다르기에 각자의 욕구와 이해관계에 따라 대인 관계에서 충돌하는 경우가 많다. 교사의 욕구와 학생의 욕구를 이해하고, 욕구 간에 충돌되는 부분을 알면 관계 갈등을 해결하는 데 큰 도움이 된다. 상대방의 행동을 욕구로 해석하게 되면 상대방의 행동이 바뀌지 않아도 갈등이 어느 정도 줄어들기 때문이다.

욕구란 무엇인가?

 욕구(欲求, need)의 사전적인 의미는 '무엇을 얻거나 무슨 일을 하고자 바라는 것'이다[2]. 욕구란 '근원적인 원함'을 의미한다. 즉, 어떠한 목적을 이루기 위해 무언가 필요한 상태, 삶을 살아가면서 기본적으로 필요한 무언가를 바라는

---

1) 게슈탈트 심리치료에서는 감정, 욕구, 행동, 신념, 가치관 등에 대한 알아차림을 강조한다.
2) 네이버 국어사전, 나무위키

마음, 자신에게 필수적인 무엇을 원하고 바라는 마음, 무언가를 가지고 싶은 마음 등이다. 욕구란 '인간이 선천적으로 가지고 있거나 혹은 후천적인 사회생활의 결과로 만들어진 감정이나 심리 상태 중 하나로 자신에게 부족한 물질적이거나 정신적인 어떤 것을 추구하는 상태'라고 볼 수 있다.

욕구는 수단과 구분된다. 예컨대, 누군가가 '돈을 가지고 싶다'라고 했다면 돈이라는 수단으로 근본 욕구를 채우려는 것이다. 돈을 갖고 싶은 근본 이유가 돈이 생존에 필요하다고 생각하기 때문이라면 생존의 욕구라고 할 수 있고, 사랑하는 사람과 함께 행복하게 지내기 위해서라면 사랑의 욕구라고 볼 수 있다. 돈으로 선한 영향력을 발휘하고 싶거나 돈이 없어서 다른 사람에게 무시당하기 싫기 때문이라면 힘의 욕구라고 할 수 있다. 돈을 갖고 자유롭게 살고 싶다면 자유의 욕구라고 볼 수 있고, 돈을 쓰며 인생을 즐기고 싶다면 즐거움의 욕구라고 할 수 있다.

욕구를 잘 이해하려면 다음에서 제시하는 욕구 특성의 기본 명제를 기억해야 한다.

- **다섯 가지 기본 욕구는 누구나 가지고 있다**

사람마다 각 기본 욕구의 강도가 다를 뿐, 누구나 다섯 가지 기본 욕구를 전부 가지고 있다. 다섯 가지 기본 욕구가 다 높은 사람도 있고, 반대로 다 낮은 사람도 있다. 일부 욕구가 높거나 낮을 수 있으며, 모든 욕구 강도가 중간일 수도 있다. 욕구 강도는 '있는 그대로' 이해하면 된다. MBTI나 에니어그램, 도형심리학 등 기존 심리 유형론에서는 특정 유형으로만 사람들의 특성을 설명하지만, 욕구코칭에서는 다섯 가지 욕구 유형으로만 단순하게 분류하여 설명하지 않는다.

- **욕구는 선천적으로 타고나지만, 후천적으로 조절할 수 있다**

　욕구는 기본적으로 타고난다. 욕구 강도는 타고난 대로 평생 유지되는 경향이 있다. 그래서 욕구 강도를 도덕적으로 판단할 수 없다. 다만 후천적인 노력을 통해 자기 욕구를 어느 정도 조절할 수 있다. 사람은 내면이 성숙할수록 긍정 방향의 행동을 강화하고, 부정 방향의 행동을 감소시키려고 노력한다.

- **각 욕구는 긍정 방향의 행동으로 표현될 수도 있고, 부정 방향으로 나타날 수도 있다**

　욕구별로 긍정 방향의 행동과 부정 방향의 행동이 있다. 사람은 욕구에 따라 행동하지만, 자기 행동에 대한 책임은 자기가 가져야 한다. 그러므로 긍정 방향의 행동이 나타나고, 부정 방향의 행동이 나타나지 않도록 노력해야 한다. 성인에게서 상대적으로 긍정 방향의 행동이 많이 나타난다면, 아이들은 상대적으로 부정 방향의 행동을 보일 가능성이 크다.

- **욕구는 존중하고, 욕망은 절제해야 한다**

　욕구와 욕망은 다르다. 욕구는 생존에 꼭 필요하지만, 욕망은 생존 이상의 것을 추구한다. 욕구는 채울 수 있지만, 욕망은 채울 수 없다. 욕구는 조작하기 힘들지만, 욕망은 조작하거나 창출할 수 있다. 욕구가 지나치면 욕망으로 변질된다. 생존의 욕구가 지나치면 완벽주의가 되고, 다른 사람을 향한 간섭과 불평으로 변질될 수 있다. 사랑의 욕구가 지나치면 자기 감정에 따라 쉽게 행동하거나 다른 사람에게 집착할 수 있다. 힘의 욕구가 지나치면 다른 사람에게 무례하게 행동하는 권위주의적 태도를 가지거나 정당한 권위에 반항할 수 있다. 자유의 욕구가 지나치면 방임, 방종, 무질서로 흐를 수 있다. 즐거움의 욕구가 지나치면 탐닉이나 중독 등으로 나타날 수 있다.

- **상반된 욕구를 동시에 가질 수 있다. 그래서 욕구가 충돌하는 욕구 딜레마에 빠질 수 있다**

　생존과 자유, 생존과 즐거움, 사랑과 자유의 욕구는 상반된 특성이 있다. 해당 욕구가 동시에 높으면 각 기본 욕구 간 충돌 현상이 벌어지게 된다. 질서 있게 행동하려는 생존의 욕구와 자유를 추구하는 자유의 욕구가 충돌하면 욕구 간 긴장이 발생하고 복잡 미묘한 갈등에 빠지기 쉽다. 이러한 경우, 대개 상황에 따라 다른 욕구를 사용한다. 그래서 주변 사람에게는 행동이 일관되지 않아 보이지만, 사실은 욕구에 따라 일관된 행동을 하는 것이다. 상반된 욕구가 높은 사람은 표정은 온화할지 몰라도 내면은 끊임없는 갈등과 딜레마로 상시 내전 상태다. 상대방의 복잡한 내면을 이해해야 있는 그대로 상대방을 수용하고 원활한 의사소통을 할 수 있다.

- **욕구 간 역동이 발생한다**

　한 가지 기본 욕구만 높으면 상대방을 이해하기가 쉽겠지만, 실제 사람은 그렇지 않다. 여러 욕구가 동시에 높은 경우, 욕구 간 역동(力動, dynamic)이 발생한다. 욕구 간 상호작용을 통해 다양한 움직임이 발생하고, 이는 다양한 행동으로 나타난다. 예컨대, 생존과 사랑의 욕구가 동시에 높은 사람은 생존이나 사랑의 욕구 중 하나만 높은 사람과는 다른 행동 양상을 보인다. 생존과 사랑의 욕구가 동시에 높은 사람은 사회적으로 모범적인 행동을 하려고 노력한다. 왜냐하면 일도 잘하고, 사람도 잘 챙기고 싶기 때문이다. 하지만 다른 사람보다 에너지를 많이 사용하기 때문에 소진 현상이 오기 쉽고, 어색한 침묵을 견디기 힘들어한다. 그리고 상황에 따라 생존을 쓰기도 하고, 사랑을 쓰기도 한다.

- **욕구를 자기 단점을 합리화하는 수단이 아니라 자기 인격을 성숙시키는 도구로 활용해야 한다**

욕구코칭을 자기 단점을 합리화하는 수단으로 활용해서는 안 된다. 자기 기본 욕구의 부정 방향 행동을 줄이려고 노력하고, 긍정 방향 행동을 늘리려고 노력해야 한다. 욕구코칭을 인격 성숙의 밑거름으로 활용해야 한다.

다섯 가지 기본 욕구

인간 행동의 근본 원인이 '욕구'라는 것을 발견한 사람은 현대 심리학의 아버지이자 정신분석학을 창안한 프로이트(Freud)이다. 그런데 프로이트는 성적인 욕구로 모든 인간 행동을 설명하려고 했기에 한계가 있었다. 이에 비판적 문제의식을 갖고 성적인 욕구 외에 인간에게 존재하는 기본 욕구를 찾아낸 사람이 바로 미국의 정신과 의사였던 윌리엄 글래서(William Glasser)이다. 윌리엄 글래서는 수많은 욕구 중 다섯 가지 기본 욕구에 주목하였다. 그는 생존과 안정, 사랑과 소속, 힘, 자유, 즐거움의 욕구를 중심으로 인간을 이해하고자 하였다[3]. 윌리엄 글래서는 이러한 욕구 이론을 기반으로 현실치료 이론을 창안했다. 여기에서는 현실치료를 기반으로 발전한 욕구코칭 관점에서 기본 욕구를 이야기하고자 한다.

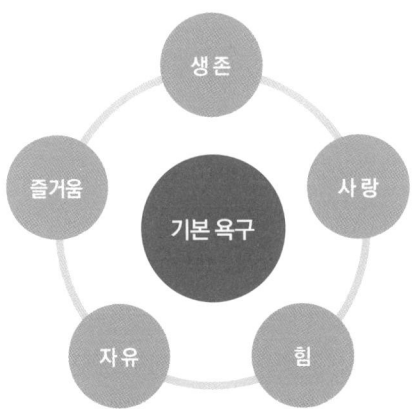

---
3) 김현섭·김성경(2018), 『욕구코칭』, 수업디자인연구소
　김현섭 외(2024), 『에듀코칭』, 수업디자인연구소

• 생존과 안정의 욕구 : 아는 돌다리도 두들겨 보고 건너라

다섯 가지 기본 욕구 중 가장 기초적인 욕구는 생존과 안정의 욕구이다.[4]

생존과 안정의 욕구는 사회 속에서 잘 살아가기 위해 열심히, 투쟁적으로 살게 한다. 생존의 욕구가 있기에 인류가 지금까지 존속할 수 있었다. 또한 미래를 생각하며 긴 안목으로 살게 한다. 자기 일을 잘 수행하게 한다. 몸과 건강, 안전, 사회 규칙과 상식을 중요하게 여기며 보수적인 경향이 있다. 현재 상태를 유지하거나 좀 더 나아지려는 마음이 크다. 순차적 사고에 기반하여 미리 계획하고 준비한다. 시간 개념이 투철하고, 일상생활의 루틴이 규칙적이고 명료한 편이다.

생존의 욕구는 가족 환경이나 부모의 영향을 많이 받는 경향이 있어서 습관적으로 나오는 경우가 많다. 생존 욕구의 근본 동인은 안전을 추구하고 불안을 회피하려는 마음이다. 생존의 욕구가 높은 사람은 불안을 회피하기 위해서 다양한 변수를 고려하여 복잡하게 사고하고 신중하게 행동한다. 자기뿐 아니라 주변 환경과 사람들도 관리하고 통제하려고 한다.

생존의 욕구가 낮은 사람도 위기 상황에서는 생존의 욕구와 관련된 행동을 한다. 욕구 강도가 낮더라도 생존의 욕구는 누구나 가지고 있기 때문이다. 생존의 욕구가 낮으면 자기 관리 역량이 부족하고 무질서한 행동을 할 수 있다.

생존과 안정의 욕구가 긍정 방향으로 행동할 때는 다음과 같은 모습이 나타난다.

· 업무나 공부 시 준비를 철저하게 한다.
· 업무 시 꼼꼼하게 점검하고 의미 있는 피드백을 꾸준히 실행한다.
· 건강 관리를 잘하고, 안정적인 재(財)테크를 운영한다.

---

[4] 매슬로의 욕구단계론에서는 가장 원초적인 욕구로 생리적 욕구를, 그다음으로 안전의 욕구를 이야기한다.

- 집안 환경이 깔끔하고 정리 정돈이 잘되어 있다.
- 업무 처리가 신속하다.
- 성실하고, 하기 싫은 일이라도 필요한 일이라고 생각하면 열심히 한다.
- 합리적이고, 현실적으로 문제를 해결하려고 한다.

그에 반해 부정 방향의 행동은 다음과 같다.

- 원칙을 강조하다 보니 업무를 탄력적으로 운영하지 못한다. 임기응변이 약하다.
- 규칙이 많고 까다롭게 운영하다 보니 자유의 욕구가 높은 사람들과 충돌하는 경우가 많다.
- 매뉴얼 없이 일을 처리하거나 창의적으로 기획하는 일에 어려움을 겪는다.
- 잔걱정이 많고, 다른 사람들에게 잔소리를 잘한다.
- 자기가 원하는 기준에 충족되지 않을 때 불평·불만을 잘 표현한다.
- 예측 불허의 상태를 힘들어하고, 다른 사람보다 스트레스를 많이 받는다.

생존의 욕구가 높은 사람이 선호하는 문제 해결 언어는 다음과 같다.

- "좀 더 시간을 가지고 고민해 봐."
- "조심해. 신중하지 않으면 실패할 수 있어."
- "조금씩 조금씩 노력하면 결국 해낼 수 있을 거야."
- "무리하지 마. 그러다가 넘어진다."
- "네가 맡은 일만 열심히 하면 되지."
- "건강을 먼저 생각해. 건강을 잃으면 모든 것을 잃는 거야."

• 사랑과 소속의 욕구 : 백지장도 맞들면 낫다

사람은 사회적 존재이다. 그래서 사랑과 소속의 욕구는 사람에게 가장 중요한 심리적 욕구라고 할 수 있다. 사랑의 욕구가 높은 사람은 다른 사람에게 관심이 많다. 사랑을 위해 극심한 고통을 참기도 하고, 관계를 위해 장기간의 고통과 불쾌한 활동도 자발적으로 감내한다. 사랑의 욕구는 사람에게 관심이 많고, 친밀한 관계와 함께 있는 시간을 좋아한다. 또 누군가와 결속되려는 마음이 있고, 소속감을 중요하게 생각한다. 다른 사람의 필요를 잘 알아차리고 채워 주려고 노력한다. 그 근본 동인은 관계성, 사회성, 소속감에서 오는 심리적인 안정이다. 사랑의 욕구가 높은 사람들은 자기 자신보다 다른 사람에게 관심이 많아서 상대방의 감정과 욕구를 잘 알아차린다. 그리고 다른 사람 눈에 비친 자기 모습에 민감하다.

사랑의 욕구가 낮으면 다른 사람을 향한 관심이 상대적으로 적고, 눈치 있게 행동하지 못할 가능성이 크다. 하지만 사랑의 욕구가 낮다고 해서 다른 사람을 사랑하지 못한다는 뜻은 아니다. 관심 있는 사람의 수가 적고, 사랑을 잘 표현하지 못할 수 있다는 의미이다.

사랑과 소속의 욕구가 보이는 긍정 방향 행동은 다음과 같다.

· 눈을 맞추면서 다양한 표정과 억양으로 이야기한다.

· 친구들과 함께하거나 대화하기를 좋아한다.

· 다른 사람의 감정과 욕구를 잘 알아차리고 배려한다. 눈치가 빠르다.

· 주변 분위기를 따뜻하고 평화롭게 만든다. 중재자(peacemaker)로 사는 삶을 추구한다.

· 항상 친절하고 다른 욕구 유형의 사람들도 잘 이해하고 배려한다.

· 주변 사람들에게 관심이 많고, 주변 사람들의 필요를 잘 챙긴다.

사랑과 소속의 욕구가 보이는 부정 방향 행동은 다음과 같다.

- 업무가 원래 계획대로 깔끔하게 마무리되지 않을 가능성이 크다. 작심삼일이 잦다.
- 감정 기복이 크다.
- 일이 잘못되면 자기 잘못이 아니어도 자책하는 경향이 있다.
- 주변 사람의 언행에 쉽게 상처를 받아서 일희일비(一喜一悲)한다. 아홉 명이 칭찬해도 한 명이 비난하면 그 비난의 말 때문에 잠을 이루기 힘들어한다.
- 자신을 좋아하는 사람들은 잘 챙기지만, 그렇지 않은 사람은 불편하게 생각한다. 싫은 사람에 대하여 뒷담화를 할 수 있다.
- 주변 사람에게 영향을 많이 받는 편이다. 친구 따라 강남 간다.
- 직접 말하기보다 돌려서 말하는 편이다. 그래서 상대방이 말의 의도를 잘 파악하기 어렵다.

사랑의 욕구가 높은 사람이 선호하는 문제 해결 언어는 다음과 같다.

- "네가 믿을 만한 사람에게 이 고민을 말해 봐."
- "결과보다 과정이 더 중요해."
- "혼자만 해서는 안 돼. 일단 주변에 함께 할 수 있는 사람을 찾아봐."
- "일보다 사람이 더 중요해."
- "좋아하는 사람들과 함께 할 수 있으면 도전해 봐."
- "먼저 주는 만큼 상대방에게 돌려받을 수 있어."

- **힘의 욕구 : 눈에는 눈, 이에는 이**

힘의 욕구 덕분에 사람이 치열한 경쟁 사회에서도 살아남았고, 인류 역사상 많은 성과와 업적을 남겼다. 힘의 욕구는 무엇인가를 성취해 내는 욕구이다. 힘의 욕구가 높은 사람은 목표 지향, 결과 지향, 성과 중심으로 사고하고 행동한다. 추진력이 좋으며, 옳다 싶은 것은 강하게 주장할 수 있고, 결단력이 좋다. 늘 당당해 보이고, 자기표현이 분명하다. 끊어야 할 것을 끊어 낼 수 있는 사람이다. 도전 의식이 높고, 정면 승부를 펼친다. 리더십이 뛰어나고 책임감이 강하다. 영향력 있게 살아가기를 원한다. 직관력이 뛰어나서 세밀함은 부족하기 쉽다.

힘의 욕구가 지닌 근본 동인은 성공적으로 목표에 도달함으로써 얻어지는 자기효능감, 사회적 인정, 권력 의지이다. 힘의 욕구가 낮으면 행동을 선택하기가 쉽지 않고, 상대방에게 최대한 맞추어 주려고 노력한다. 자기 뜻대로 일이 이루어지지 않아도 크게 스트레스를 받지 않는다.

힘의 욕구에서 나타나는 긍정 방향 행동은 다음과 같다.

- 목표에 도달하기 위해 열심히 노력한다. 그래서 성취 결과도 좋다.
- 많은 사람, 낯선 사람 앞에서도 긴장하지 않고 당당하게 말할 수 있다.
- 도전 의식이 강하고, 문제해결력이 뛰어나다.
- 리더십이 있고, 책임감이 강한 편이다.
- 직관력이 뛰어나고, 이해도가 높은 편이다.

힘의 욕구에서 나타나는 부정 방향 행동은 다음과 같다.

- 자기와 의견이 다른 사람을 강하게 질책하거나 야단친다.
- 업무 능력이 탁월한 사람을 좋아하고, 그렇지 않은 사람은 무관심하게 대하기 쉽다.
- 업무 추진 과정에서 다른 사람들을 세심하게 배려하지 못하여 상처를 줄 수 있다.

- 억압적인 태도 때문에 상대방과 갈등이 발생할 수 있다.
- 역할과 지위가 자신에게 맞으면 열심히 일하지만, 그렇지 않으면 가만히 있는다. 자리가 사람을 만든다. '모 아니면 도'를 지향한다.
- 자기 성찰이 쉽지 않고, 자신을 과대평가하는 면이 있다.

힘의 욕구가 높은 사람이 선호하는 문제 해결 언어는 다음과 같다.

- "힘들어도 노력해 봐."
- "노력하면 할 수 있어!"
- "목표를 정했으면 실행해야 해!"
- "안 돼. 하지 마."
- "자신감을 가져. 도전해 봐."
- "꾸물거리지 말고, 당장 해!"
- "포기해!"

• 자유의 욕구 : 자유가 아니면 죽음을!

사람은 누구나 자유(自由)를 꿈꾼다. 사람에게 자유의 욕구가 존재하기에 사회적으로나 역사적으로 개선, 개혁, 혁신, 전환의 흐름이 존재할 수 있었다. 자유의 욕구가 높은 사람은 기본적으로 진보 성향을 띠는 경우가 많다. 자유의 욕구는 말 그대로 자유를 추구하는 욕구이다. 누군가에게 간섭받기를 싫어하고, 자신이 간섭받기 싫은 만큼 다른 사람에게 간섭하려고 하지 않는다. 자유의 욕구는 어딘가에서 벗어나고 싶은 욕구이다. 기존 규칙에 순응하는 것도 싫어한다. 자기가 하고 싶은 걸 하고 싶을 때 하려고 한다. 자유의 욕구는 혼자 있기를 좋아한다. 사람 자체를 싫어하지는 않지만, 다른 사람과 함께 있을 때 신경 쓰는 것이 부담스럽기 때문이다. 고정된 관행보다는 상황별 변수에 따라 움직이기를 좋아한다. 창의적인 사고와 유연한 행동을 하고, 임기응변에 강하다.

자유 욕구의 근본 동인은 자기애(自己愛)와 자유이다. 자유의 욕구가 높은 사람은 다른 사람에게 관심이 적고, 자기 자신에게 관심이 많아서 개인주의적 삶을 지향하는 경우가 많다. 절대 자유를 추구하기에 생존의 욕구와 상반된 특징을 가진다. 자유의 욕구가 낮은 사람은 자유의 욕구가 높은 사람을 잘 수용하지 못해서 갈등이 일어날 가능성이 있다. 자유의 욕구는 다른 욕구와 달리 나이가 들수록 커진다. 갱년기가 지나면 대개 자유의 욕구가 확장된다.

자유의 욕구가 보이는 긍정 방향 행동은 다음과 같다.

- 창의적으로 사고하고 문제 해결을 시도한다.
- '왜?'라는 질문을 던지고, 본질을 추구한다.
- 융통성이 많고, 상황 대처 능력이 높다. 임기응변 능력이 뛰어나다.
- 자유의 욕구가 높은 다른 사람을 잘 이해하고 품는다.
- 다른 사람들의 자율성을 존중한다. 위임의 리더십이 있다.
- 집착하지 않고, 과감하게 포기한다.
- 혼자서도 잘 지낸다. 혼밥, 혼술을 해도 상관없다. 남을 별로 신경 쓰지 않는다.

자유의 욕구가 보이는 부정 방향 행동은 다음과 같다.

- 자기가 선호하는 일은 열심히 하지만, 선호하지 않는 일은 대강 한다.
- 다른 사람을 세심하게 챙기지 못한다.
- 지각이 잦고, 규칙을 무시하는 경우가 있다.
- 매뉴얼대로 하지 않고, 자기가 원하는 스타일대로 일을 처리하려고 한다.

· 사무실이나 방 정리가 잘 이루어지지 않는다.

· 갈등을 회피하는 경우가 많다.

· 잔소리를 싫어한다.

자유의 욕구가 높은 사람이 선호하는 문제 해결 언어는 다음과 같다.

· "괜찮아, 그렇게 고민하지 않아도 잘 해결될 거야."

· "네가 알아서 해. 널 믿어!"

· "혼자만의 시간을 가져 봐."

· "훌쩍 떠나 보는 거야!"

· "네가 결정하겠다고 말해 봐!"

· "기존 생각의 틀에서 벗어나 다른 관점으로 문제를 바라봐."

· "창의적으로 문제를 해결해 보자. 예전 방식대로 되풀이하지 말아야 해."

• 즐거움의 욕구 : 즐거움엔 끝이 없다

사람에게 즐거움의 욕구가 있기에 놀이문화가 발달하고, 지식과 학문이 발달했다. 즐거움의 욕구는 인류의 역사와 문명을 발달시키는 원동력이 되었다. 즐거움의 욕구는 즐거움과 재미를 추구하는 욕구이다. 즐거움의 욕구가 높은 사람은 놀기를 좋아하고, 영화, 드라마, 웹툰, 게임 등을 좋아한다. 음악이나 미술 등 취미 생활을 즐기는 경우가 많다. 호기심이 많고 다방면에 관심이 많아 다양한 활동을 즐긴다. 일할 때도 새로운 방식으로 일하려고 한다. 긍정적이며 잘 웃고, 재미있고 즐거울 때 행복함을 느낀다. 즐거움의 욕구 영역은 놀이에 국한되지 않고, 일이나 연구 및 탐구 활동, 가르치고 배우는 일 등에도 미친다. 때로 공부나 일에서 재미를 느끼면 놀이처럼 몰입해서 일중독에 빠지기도 한다. 유머와 농담을 좋아하고, 주변 사람들에게 기쁨을 주기 위해 노력한다. 진지한 분위기보다 가볍고 즐거운 분위기를 추구한다.

즐거움 욕구의 근본 동인은 호기심(관심사)과 쾌락이다. 즐거움의 욕구가 높은 사람은 관심사가 다양하고, 쾌락을 추구하며 고통을 회피한다. 즐거움의 욕구가 낮은 사람은 대체로 즐거움 자체에 관심이 낮고, 다른 사람이 보기에 별로 재미없는 삶을 살아도 그리 스트레스를 받지 않는다.

즐거움의 욕구에서 나타나는 긍정 방향 행동은 다음과 같다.

- 업무를 재미있고 활기차게 추진한다.
- 가르치고 배우는 일 자체를 좋아한다.
- 매사 낙관적이고 유쾌하다.
- 평상시 잘 웃고, 어떤 문제가 발생해도 긍정적으로 일을 처리한다.
- 분위기 메이커 역할을 하고 유머와 농담으로 주변 사람을 기쁘게 한다.
- 각종 이벤트나 행사 등을 잘 기획하고 진행한다.

즐거움의 욕구가 보이는 부정 방향 행동은 다음과 같다.

- 호기심이 많아 다른 사람보다 일을 많이 벌여 놓고, 뒷수습은 잘 못한다.
- 아무런 의미가 없는 일이라도 재미있으면 지나치게 시간을 쏟는다.
- 동시다발적으로 사고할 수 있어서 멀티태스킹을 잘하지만, 상대적으로 산만하기 쉽다.
- 관심사가 자주 바뀐다.
- 즐거움과 힘의 욕구가 함께 높으면 상대방에게 짓궂은 장난을 잘 쳐서 자칫 상대방을 기분 나쁘게 만들 수 있다.
- 근거 없는 낙관론에 빠지기 쉽다.
- 진지한 분위기를 부담스러워하고, 자기 성찰을 어려워하는 편이다.
- 단순 반복 업무를 잘 처리하지 못한다.

즐거움의 욕구가 높은 사람이 선호하는 문제 해결 언어는 다음과 같다.

- "지루하고 고리타분하게 말하지 마. 재미있는 방법을 찾아봐."
- "와우, 재미있겠는걸. 재미있는 것이 가장 좋은 거야."
- "스릴을 즐겨 봐. 실패를 두려워하지 말고 지금 이 순간을 즐겨 봐."
- "궁금하면 뛰어들어 봐. 마음이 가는 대로 선택해 보는 것도 좋아."
- "이 문제를 좀 더 연구해 보면 해결책이 나올 거야. 관련 책을 찾아보는 것도 좋고."
- "고통 끝에 낙이 와. 지금 힘들어도 조금만 더 견디면 즐거움을 누릴 수 있어."
- "어차피 하는 것, 피하지 못하면 즐겨 봐!"

욕구 유형별 교사의 특징

욕구 유형별 교사의 특징과 교수 유형을 정리하면 다음과 같다[5].

• 생존과 안정의 욕구가 높은 교사

생존과 안정의 욕구가 높은 교사의 일반적인 특징을 정리하면 다음과 같다.

- 아이들에게 제시하는 규칙이 많은 편이다. 교사와 학생 사이 경계선이 상대적으로 높은 편이다.
- 잔소리를 많이 하는 편이다. 다른 교사에 비해 조종례 시간이 긴 편이다.
- 아이들을 세세하게 챙긴다.
- 새롭게 도전하기보다는 기존의 것을 강조하려는 태도를 보인다.
- 교사가 원하는 만큼 수업 진도가 나가지 않았을 때, 불편하게 생각하고

---

5) 김현섭·김성경(2018), 『욕구코칭』, 수업디자인연구소

보충 수업을 시도한다.
- 교사가 담당하는 학생과 학급이 다른 학생이나 학급에 비해 성적이 떨어질까 봐 걱정한다.
- 아이들에게 학급 비품을 아끼고 청소를 잘하라는 말을 많이 한다.
- "위험하니까 그렇게 행동하지 마.", "몸을 생각해서 조심해." 등의 표현을 자주 사용한다.
- 아이들의 숙제를 잘 점검하고, 안내판에 수행 평가 과제를 기록한다.
- 평상시 복장이나 교실 환경을 깔끔하게 하고 검소하게 생활한다.
- 교실 정리나 청소 상태가 좋지 않으면, 수업을 진행하기 힘들어한다.
- 판서할 때 글씨가 약간 작은 편이고, 줄에 맞추어 질서 있게 판서한다.
- 행정 업무 및 공문을 성실하게 처리한다.

생존과 안정의 욕구가 높은 교사가 교실에서 행복할 때와 스트레스를 받는 상황은 다음과 같다.

행복	스트레스
· 학생들이 규칙을 잘 따라옴 · 계획한 대로 수업이 잘 진행됨 · 학생들이 숙제를 잘 제출함 · 시험 성적 결과가 좋음 · 교실이 깔끔함 등	· 자유와 힘의 욕구가 높은 학생이 '왜요?'라고 말함 · 일부 아이가 쓸데없는 말을 해서 수업을 방해함 · 규칙이나 약속을 잘 지키지 않음 · 문제 학생들이 사고 치거나 돌발 행동을 함 · 교실이 지저분함 등

생존과 안정의 욕구가 높은 교사는 생존과 안정의 욕구가 높은 아이들과 궁합이 잘 맞는다. 그런데 교실에서 만나는 아이 중에는 생존의 욕구가 높은 아이가 적다. 반대로 힘, 자유, 즐거움의 욕구가 높은 아이들과 충돌할 가능성이

크다. 왜냐하면 힘의 욕구가 높은 아이는 교사에게 반항하기 쉽고, 자유의 욕구가 높은 아이는 도망가기 쉽고, 즐거움의 욕구가 높은 아이는 장난이나 농담을 할 텐데, 생존의 욕구가 높은 교사는 이러한 아이들의 행동을 수용하기가 어렵기 때문이다.

• 사랑과 소속의 욕구가 높은 교사

사랑과 소속의 욕구가 높은 교사의 일반적인 특징을 정리하면 다음과 같다.

- 아이들에게 "사랑해."라는 표현을 자주 사용한다.
- 아이들에게 "친구들끼리 서로 도와야 해."라고 자주 말한다.
- 아이의 무심한 언행에 쉽게 상처받거나 서운함을 느낀다.
- 아이들과의 친밀한 관계를 매우 소중히 여긴다.
- 개별 학생에게 관심이 많고, 개별 상담 활동을 자주 한다.
- 아이들의 감정이나 욕구를 잘 파악하고 적절한 행동을 한다.
- 아이들의 언행에 눈치를 보기도 한다.
- 아이들의 문제행동을 참다가 결국 아이들에게 화를 내기도 한다. 하지만 곧바로 후회하고 아이들에게 화낸 것을 사과한다.
- 아이들이나 주변 동료 교사에게 친절하게 행동한다.
- 수업 시간에 표정이 풍부하고, 말의 억양과 속도에 변화가 있다.
- 아이들과 함께하는 모둠 활동이나 단체 활동을 소중히 여긴다.
- 아이들의 감정과 행동에 공감을 잘하고, 학생들의 요구를 잘 수용하는 편이다.
- 교사와 학생 사이 경계선이 상대적으로 낮은 편이다.
- 학생 한 명 한 명과 눈을 맞추려고 노력하고, 딴짓하는 학생에게 자꾸 신경을 쓴다.

· 아이들이나 주변 동료 교사에게 선물을 잘 준다.
· 아이들도 선생님을 좋아한다.

사랑의 욕구가 높은 교사가 교실에서 행복할 때와 스트레스를 받는 상황은 다음과 같다.

행복	스트레스
· 학생들의 수업 반응이 좋음 · 수업 시간에 학생이 선생님 이야기를 경청함 · 아이들이 선생님에게 고맙다고 말함 · 아이들이 선생님에게 편지나 선물을 줌 · 아이들이 좋아하는 방식으로 수업을 진행함 등	· 학생들이 수업에 별로 관심이 없거나 반응이 없음 · 정서적으로 아이들과 소통된다는 느낌이 들지 않음 · 아이들끼리 싸움이 발생함 · 아이들과 상호작용이 잘 이루어지지 않음 · 일부 학생이 딴짓함 · 교사가 정성과 사랑을 기울인 아이가 교사에게 반항하거나 저항함 등

사랑과 소속의 욕구가 높은 교사는 생존의 욕구, 사랑과 소속의 욕구가 높은 아이들과 소통이 잘된다. 하지만 자유, 힘의 욕구가 높은 아이들과는 충돌할 가능성이 크다. 사랑의 욕구가 구심력이라면 자유의 욕구는 원심력이기 때문이다. 힘의 욕구가 높은 아이들의 언행에 사랑의 욕구가 높은 교사가 마음의 상처를 받기 쉽다.

· **힘의 욕구가 높은 교사**

힘의 욕구가 높은 교사의 일반적인 특징을 정리하면 다음과 같다.

· 아이들에게 인정받는 교사가 되고 싶어 한다.
· 교사가 한 행동이나 업적을 스스로 뿌듯해하며 이야기한다.
· "할 수 있다.", "안 되면 되게 하라."고 아이들에게 강조한다.

- 아이들에게 조언을 많이 하고 잘못된 행동은 즉각 지적한다.
- 아이들이 교사가 원하는 대로 행동하기를 바란다.
- 아이들이 수업 규칙을 어기면 강력하게 제재한다.
- 교사에게 대드는 학생이 있으면, 그냥 넘어가거나 달래기보다 강하게 야단쳐서 기를 꺾으려고 한다.
- 학교 행사(교내 체육대회, 각종 경시대회 등)에서 자기 학급이 1등 하기를 바란다.
- 학교 행정 업무 시 추진력이 있다고 평가받는다.
- 아이들에게 큰 목표를 제시하고 동기 부여를 잘하지만, 작은 목표를 제시하거나 점검하는 일은 상대적으로 어려워한다.
- 학교 관리자나 선배 교사의 부당한 요구에 반발한다.
- 전체 교무회의나 교사협의회 시간에 전체 참여자 앞에서 자기 의견을 분명하게 표현한다.
- 판서 시 글자 크기가 상대적으로 크고, 힘 있게 판서하는 경향이 있다.
- 수업할 때 목소리가 큰 편이다.

힘의 욕구가 높은 교사가 교실에서 행복할 때와 스트레스를 받는 상황은 다음과 같다.

행복	스트레스
· 수업 시간에 모든 학생이 교사에게 집중함 · 학습 목표에 도달함 · 학생 시험 성적 결과가 좋음 · 교사의 지시에 학생들이 잘 따름 · 업무 추진 결과가 좋음 등	· 힘의 욕구가 높은 학생 지도 시 반항하는 학생이 있음 · 노력한 만큼 좋은 결과가 나오지 않음 · 학생들이 교사의 지도에 잘 따르지 않음 등

힘의 욕구가 높은 교사는 생존의 욕구, 사랑과 소속의 욕구가 높은 아이들과 궁합이 잘 맞는다. 하지만 힘의 욕구, 자유의 욕구가 높은 아이들과는 충돌할 가능성이 크다. 교사의 힘과 아이의 힘이 만나면 서로 주도권을 잡기 위해 기(氣)싸움을 벌일 가능성이 크기 때문이다. 자유의 욕구가 높은 아이가 약속을 어기거나 도망가면 힘의 욕구가 높은 교사는 무시당한다고 생각할 수 있다.

- **자유의 욕구가 높은 교사**

자유의 욕구가 높은 교사의 일반적인 특징을 정리하면 다음과 같다.

- 아이들에게 좀처럼 잔소리하지 않는다.
- 수업 진도대로 수업이 진행되지 않아도 별로 힘들어하지 않는다.
- 동일한 학습 내용을 여러 학급에서 수업할 경우, 할 때마다 수업을 다르게 진행할 수 있다.
- 학급 규칙이 적거나 허용하는 행동의 범위가 넓다. 교사와 학생과의 경계선이 상대적으로 낮다.
- 아이들의 필요와 욕구에 따라 세밀하게 챙겨주지 못한다.
- 아이들과 어느 정도는 거리를 두려고 한다.
- 학급에서 갈등 문제가 발생하는 경우, 선뜻 개입하려고 하지 않는다.
- 학급이나 학교에서 갈등의 주체가 되지 않기 위해 노력한다.
- 학생과의 개별 상담 시간이 다른 교사에 비해 짧은 편이다.
- 책상이 정리되지 않는 편이다.
- 학교의 관행적인 행동을 답답해하고 새롭게 일을 처리하려 한다.
- 학교 관리자의 요구를 부담스럽게 여긴다.
- 생존과 사랑이 낮고, 자유가 높은 교사는 아이들의 이름을 잘 기억하지 못한다.

- 행정 업무 처리를 그리 중요하게 생각하지 않고, 실수가 잦은 편이다.
- 판서를 잘 하지 않는다. 판서해도 키워드를 중심으로 자유롭게 판서한다.
- 정년퇴직보다는 명예퇴직을 선호한다.

자유의 욕구가 높은 교사가 교실에서 행복할 때와 스트레스를 받는 상황은 다음과 같다.

행복	스트레스
· 창의적인 수업을 했는데, 학생 반응이 좋음 · 별로 준비하지 않았는데도 불구하고 수업이 생각보다 잘 진행됨 · 학생의 돌발 행위에 잘 대처함 · 학생들이 자율적으로 행동함 등	· 학생들이 자신에게 자꾸 접근함 · 일부 학생이 사소한 것을 꼬치꼬치 물음 · 수동적인 학생을 지도해야 함 · 개별 수행 평가를 꼼꼼하게 진행하고 피드백해야 함 등

자유의 욕구가 높은 교사는 다른 욕구 유형의 아이들과 충돌할 가능성이 거의 없다. 왜냐하면 아이들을 통제하거나 관리하려는 마음이 없기 때문이다. 그중에서도 특히 자유의 욕구, 즐거움의 욕구가 높은 아이들과 궁합이 잘 맞는 편이다. 자유의 욕구가 높은 교사는 낮은 울타리 안에서 아이들의 다양성을 인정한다. 다만, 생존의 욕구가 높은 아이를 잘 이해하지 못할 수 있다. 생존과 사랑의 욕구가 높은 아이는 자유의 욕구가 높은 교사에게 서운함을 느끼기 쉽다.

- **즐거움의 욕구가 높은 교사**

즐거움의 욕구가 높은 교사의 일반적인 특징을 정리하면 다음과 같다.

- 같은 내용이라도 재미있게 설명할 수 있다.
- 수업 시간에 다양한 이야기를 풀어 나갈 수 있다.
- 아이들과 함께 놀기를 좋아하고 때로는 아이들보다 더 즐거워한다.
- 아이들이 좋아할 만한 학급 이벤트를 자주 하는 편이다. 학교 행사 기획력이 뛰어나다.
- 가르치는 일 자체를 좋아하고 항상 웃으면서 수업한다.
- 새로운 지식을 배우려고 하고, 각종 연수에 적극적으로 참여한다.
- 아이들에게 호기심이 많고, 이것저것 많이 물어본다.
- 아이들의 행동에 감탄을 잘한다.
- 수업 시간에 웃기는 말이나 행동을 잘한다.
- 아이들의 장난을 잘 받아 준다.
- 학교 회식 시 동료 교사들에게 맛집을 잘 안내하고, 동료 교사들과 어울려 놀기를 좋아한다.

즐거움의 욕구가 높은 교사가 교실에서 행복할 때와 스트레스를 받는 상황은 다음과 같다.

행복	스트레스
· 학생이 수업을 재미있어함 · 새로운 지식을 깔끔하게 가르침 · 수업이 활기차게 진행됨 · 학생들의 눈빛에 생기가 넘침 · 수업을 풍성하게 진행함 · 포텐이 빵빵 터지는 수업을 함 등	· 수업이 지루하다는 반응이 나옴 · 가르친 만큼 학생들의 반응이 나오지 않음 · 학생들이 학습 내용을 잘 이해하지 못함 · 전반적인 수업 분위기가 산만함 · 수업의 활기를 느끼지 못함 · 학생의 수업 반응이 약함 등

즐거움의 욕구가 높은 교사는 사랑의 욕구, 자유의 욕구, 즐거움의 욕구가

높은 아이들과 궁합이 잘 맞는다. 자유의 욕구와 비슷하게 다른 욕구 유형의 아이들과 충돌할 가능성이 작다. 왜냐하면 아이들과 함께 놀기를 좋아하고 아이들의 행동을 낙관적으로 바라보기 때문이다. 아이들은 대체로 사랑, 자유, 즐거움의 욕구가 높은 교사를 좋아한다. 다만, 생존의 욕구가 높은 아이들은 새로운 수업 활동에 다소 불편함을 느낄 수 있다.

수업코칭 경험을 토대로 학교 유형별 욕구 유형을 살펴보면, 유치원이나 초등학교, 특수학교에는 대개 생존과 사랑의 욕구가 높은 교사가 많다. 유·초등에 생존과 사랑의 욕구가 높은 교사가 많다 보니 상대적으로 소수인 자유와 즐거움의 욕구가 높은 교사들이 학교에서 인정받지 못하는 경우도 발생한다. 그래도 특수학교는 자유의 욕구가 높은 교사가 유·초등보다 많은 편이다. 그 이유는 특수 학생 특성상 돌발 행동을 하는 경우가 많다 보니 자유의 욕구가 높아야 상대적으로 스트레스를 덜 받기 때문이라고 생각한다.

중학교나 고등학교에는 대개 생존과 힘, 그리고 즐거움의 욕구가 높은 교사가 많다. 대학 교수는 보통 힘과 즐거움의 욕구가 높다. 대상 학생이 나이가 많을수록 힘, 자유, 즐거움의 욕구가 높은 교사의 비중이 커진다.

직책에 따라 요구되는 욕구도 다르다. 학교 관리자는 상대적으로 생존, 힘의 욕구가 높은 경우가 많다. 아무래도 승진하려면 일을 성실하게 수행하여 좋은 성과를 내야 하기 때문이다. 교장의 경우, 자유의 욕구가 높으면 좋다. 교장이 직접 나서서 일하기보다 교사들에게 일을 위임하여 교사들이 자율적으로 할 수 있도록 해야 학교 운영이 잘 이루어지기 때문이다. 만약 교장이 생존의 욕구를 사용하면 교사나 교감 입장에서는 세부 업무에 대한 교장의 개입이 과도한 간섭으로 느껴져서 힘들 수 있다. 교감과 교무부장 교사는 생존의 욕구가 높으면 도움이 된다. 생존의 욕구를 발휘해 학교 업무를 세심하게 챙기고 성실하게 수행해야 학교가 안정적으로 운영되기 때문이다. 연구부장 교사는 즐거움의 욕구가 높으면 좋다. 연구부 업무는 창의성과 기획력이 필요하기 때문이다. 생활 지도 부장 교사는 사랑, 힘, 자유의 욕구가 높으면 좋다. '부드럽지만 단호하게' 학생을 지도해야 하고, 문제 학생도 잘 수용해야 하기 때문이다.

6장

욕구 유형별 수업코칭의
전략과 실제

6장.
욕구 유형별 수업코칭의 전략과 실제

욕구 유형별 교사의 교수 유형 및 수업코칭 전략

교사마다 백인백색(百人百色)이다. 개별 교사의 수업 특성을 이해하고 그에 맞는 수업코칭 전략을 활용하면 좋다. 욕구 유형별 교사가 추구하는 교수 유형과 이에 맞는 수업코칭 전략을 정리하면 다음과 같다.

· 생존의 욕구가 높은 교사의 교수 유형 및 수업코칭 전략

생존의 욕구가 높은 교사는 구조화된 수업을 추구한다. 일상 수업도 공개수업처럼 일상 수업 루틴이 명료하고, 개념과 사실을 꼼꼼하게 설명한다. 활동 수업을 할 때에도 시범 보이기 활동부터 피드백에 이르기까지 학생들이 잘 참

여할 수 있도록 세부 절차와 단계를 제시한다. 교사와 학생과의 경계선이 높은 편이어서 수업 규칙과 교실 규칙이 분명하고 세세하며, 학생 문제행동을 적절하게 관리하려고 노력한다.

그런데 생존의 욕구가 높은 교사는 몇 가지 수업 문제를 겪을 수 있다. 일단 자기 수업에 대한 기준이 높아서 다른 사람들이 보기에 수업이 잘 진행되었어도 교사 스스로가 만족하지 못하는 경향이 있다.

수업코치 : "선생님은 자기 수업에 스스로 점수를 매긴다면 몇 점을 주시겠어요? 그 이유는 무엇인가요?"

수업자 : "20점이요."

수업코치 : "아, 그래요? 제가 만약 선생님 수업에 점수를 매긴다면 최소한 70점 이상을 줄 수 있다고 생각하는데요."

수업자 : "제 수업에 대하여 긍정적으로 말씀해 주셔서 감사하긴 하지만, 제가 볼 때는 오늘 제 수업이 그리 만족스럽지 못했어요. 준비한 만큼 수업이 제대로 진행되지 않았기 때문이에요."

수업코치 : "선생님, 오늘 활용한 보충 학습지를 보니까 예문과 문제가 많았는데요, 오늘 한 시간 동안 하기에는 교과서 내용에 보충 학습지까지 학습 분량이 너무 많아 보이던데요."

수업자 : "고등학교 국어 수업은 아무래도 가르칠 내용이 많을 수밖에 없다고 생각해요. 특히 수능 문제가 교과서 본문에서 출제되는 경우가 거의 없으므로 다양한 자료를 담은 보충 학습지가 꼭 필요하다고 생각해요."

수업코치 : "오늘 수업 분량이 너무 많아서인지 진도를 다 나가지 못했는데요, 학생들 학습지 파일을 보니까 오늘 수업뿐 아니라 다른 수업에서도 분량이 많아 보이더군요."

수업자 : "그래도 수능 준비를 하려면...."

수업코치 : "오늘 수업은 고1 학생들인데요?"

수업자 : "……"

생존의 욕구가 높은 교사는 자유와 즐거움의 욕구가 높은 학생과 충돌하기 쉽다. 자유의 욕구가 높은 학생의 자유분방한 행동이 마음에 들지 않는 데다 잔소리해도 해당 학생을 통제하기가 어렵기 때문이다. 또한 즐거움의 욕구가 높은 학생들이 가볍게 건네는 농담이나 장난도 불편할 때가 많다.

수업코치 : "선생님 수업에서 가장 힘든 점이 무엇일까요? 어떤 문제를 해결하고 싶나요?"

수업자 : "저희 반 아이들을 효과적으로 통제하는 방법을 알고 싶어요. 저희 반에 활발한 아이들이 많다 보니까 지도하기가 너무 힘들어요. 수업 내용과 상관없이 떠들거나 자기들끼리 소곤소곤할 때마다 스트레스가 커요. 특히 ○○ 학생은 끊임없이 떠들고, 산만하게 행동하고, 자주 도망가요. 그래서 아이들이 그러한 행동을 할 때마다 잔소리를 하지만 효과는 그때뿐이고, 또 그러한 행동이 자주 반복돼요."

수업코치 : "선생님, 수업 시간에 특정 아이와 개별 대화를 할 때도 경어를 사용하시는 모습을 보았는데, 특별한 이유가 있나요? 대개 개별 대화를 할 때에는 예사말을 사용하는 경우가 많잖아요."

수업자 : "아이들의 문제행동을 통제하기 위해서는 교사의 권위를 스스로 지켜야 한다고 생각해요. 특히 교사와 학생 간에 심리적 거리 두기가 필요하다고 생각해서 일부러 개별 대화에서도 경어를 사용해요. 그러면 아이들도 저에게 함부로 말하지 않을 테니까요."

생존의 욕구가 높은 교사가 수업 성장을 경험하기 위해서는 먼저 완벽주의의 한계를 인정하고 비움의 미덕을 가져야 한다. 교사는 완벽할 수 없다. 자기 수업 기준을 높게 잡는 교사는 학생들에게도 높은 기대 수준을 요구하는 경우가 많다. 그러다 보면 그 기준에 도달하지 못하는 학생과 충돌하기 쉽다. 자기 자신에게는 철저해도 남에게는 관대한 태도를 가질 필요가 있다. 수업 준비는 철저하게 해도, 수업 운영은 학생들이 배우는 리듬에 맞추어 유연하게 하는 여유가 필요하다. 알찬 수업이 지나치면 학생들에게 부담이 될 수 있다. 학생 배움의 상태에 따라 비움을 실천해야 좋은 수업을 할 수 있다.

교사가 수업 질서를 강조하다 보면 학생들과의 관계 형성에 소홀할 수 있다. 교실에서는 관계와 질서의 조화가 필요하다. 관계와 질서가 충돌할 때는 관계가 먼저라는 것을 기억해야 한다. 관계 세우기 위에 질서 세우기가 이루어져야 한다.

생존의 욕구가 높은 교사에게 수업코칭을 해 보면 대개 다음과 같이 반응하는 경우가 많다. 공감과 격려하기보다는 수업의 문제점을 해결하는 데 초점 두기를 원한다. 수업코칭 시 단점 보완과 당장 실천할 수 있는 세부 기술에 초점을 둘 가능성이 크다. 두루뭉술하게 이야기하거나 돌려서 말하는 것보다 사실에 기초한 구체적인 피드백을 선호한다. 다른 유형의 교사보다 자기 수업에 대한 걱정과 고민이 많다. 수업 성장을 위한 도전과제를 성실하게 수행하는 편이다. 그래서 수업코칭의 효과가 단기간에 나타나는 경우가 많다.

• 사랑의 욕구가 높은 교사의 교수 유형 및 수업코칭 전략

사랑의 욕구가 높은 교사는 학생들이 적극 참여하고 소통이 살아 있는 수업을 추구한다. 학생들의 감정과 욕구를 잘 알아차리고 배려한다. 풍부한 표정으로 수업을 진행하고 학생 개개인과 눈을 맞춘다. 딴짓하는 학생도 세심하게 배려하려고 노력한다. 전반적으로 따뜻한 분위기로 수업을 진행하려고 한다.

그런데 사랑의 욕구가 높은 교사는 대개 다음과 같은 수업 문제를 겪는다. 먼저, 교사의 감정 상태에 따라 수업 분위기가 달라지기 쉽다. 대체로 친절하게 수업하지만, 학생들이 수업 시간에 잘 참여하지 않으면 화를 참다가 일시에 폭발할 수 있다. 그러고 나서 시간이 조금 지나면 학생들에게 화낸 일에 대하여 사과하곤 한다. 사랑의 욕구가 높은 교사는 "사랑해.", "고마워.", "미안해."라는 표현을 자주 사용한다. 다음으로, 학생들의 배움 상태에 따라 수업 분위기가 많이 달라진다. 학생들이 열심히 수업에 참여하면 교사의 에너지가 올라가지만, 반대로 그렇지 않으면 심리적으로 힘들어한다. 다른 유형의 교사보다 수업에 기복이 있다. 때로는 일부 학생의 눈치를 보기도 한다. 사랑의 욕구가 높은 교사는 학생들을 좋아하고 사랑의 표현도 잘한다. 그러다 보니 학생들은 교사가 특정 학생을 편애한다고 오해할 수 있다. 교사는 전혀 편애한다고 생각하지 않지만, 다수 학생의 눈에는 교사가 모범 학생에게는 칭찬을 자주 하고, 문제 학생에게는 불편한 감정을 표현하는 모습으로 비치기 때문이다. 또한 전반적인 수업 분위기는 좋지만, 일부 수업 내용이 부실할 수 있다. 수업이 처음에는 약간 거창하게 시작하나 마무리 단계는 다소 흐지부지할 때도 있다.

수업코치 : "선생님, 오늘 수업을 보니까 선생님이 학생들에게 친절하게 말씀하시고, 눈 맞춤을 하셔서 좋았어요. 모둠 활동 시 무릎을 꿇고, 학생들과 눈높이를 맞추어서 피드백 활동을 하는 모습이 인상적이었어요."

수업자 : "제 수업을 칭찬해 주셔서 감사합니다. 평상시에 오늘 수업처럼 학생들을 대하기 때문에 칭찬하신 내용을 별로 생각해 본 적이 없었는데, 이렇게 말씀해 주시니 감사합니다."

수업코치 : "그런데 모둠 활동 시 맨 뒤에 있는 6모둠 학생들에게 별다른 피드백 없이 지나가시는 모습을 보았어요. 6모둠은 다른 모둠에 비해 모둠 활동이 잘 이루어지지 않았어요. 6모둠에 전반적으로 말썽꾸러기 학생이 많이 보이긴 했는데...."

수업자 : "사실 6모둠 학생들 때문에 고민이 많아요. 말썽꾸러기가 많은 모둠인데, 예전 수업 시간에 몇 번 생활 지도를 했지만, 별 효과가 없었어요. 그러다 보니 해당 모둠을 지도할 때마다 불편한 마음이 있어요. 특히 그중에서도 ○○이는 거침없이 자기 생각을 말하는데, 그 거친 말에 제가 상처받기도 해요. 늘 정서적으로 부딪히는 것도 싫고, 그렇다고 내버려둬서는 안 되는 것 같고, 그래서 늘 힘들어요."

수업코치 : "문제행동을 하는 경우, 해당하는 수업 규칙은 무엇인가요?"

수업자 : "문제행동은 1차는 구두 경고, 2차는 타임아웃이긴 한데…."

수업코치 : "오늘 선생님의 행동을 살펴보면 구두 경고를 여러 번 하긴 했지만, 타임아웃으로 이어 가진 못했는데요?"

수업자 : "타임아웃을 해도 별 효과가 없는 것 같고, 때로는 타임아웃조차 수용하지 않는 경우도 많아요."

수업코치 : "학기 초에 정한 수업 규칙대로 해당 학생들을 지도하는 것은 아니네요?"

수업자 : "그렇긴 하지만…."

사랑의 욕구가 높은 교사가 수업 성장을 경험하기 위해서는 먼저 질서 세우기 활동을 잘할 수 있어야 한다. 학생들은 문제행동 시 교사의 반응에 따라 교사와 학생의 경계선을 가늠한다. 수업 규칙이 엄격하다 하더라도 문제행동 시에 교사가 수업 규칙대로 반응하지 않으면 해당 규칙이 무력화된다. 힘의 욕구가 낮고 사랑의 욕구가 높은 교사는 학생에게 수업 분위기 주도권을 내줄 가능성이 크다. 학생 참여형 수업이라도 교사의 기획대로 학생 참여가 이루어져야 한다. 교사가 수업 주도권을 잃어버리면 학생의 학습 활동도 잘 이루어질 수 없다. 수업을 내실 있게 운영하기 위해서 수업 마무리 단계까지 수업을 철저하게 준비하도록 노력해야 한다. 그리고 학생들의 수업 반응에 너무 민감하게 반응하지 않도록 애써야 한다. 융합 현상에 빠지지 않도록 교사와 학생 간의 심리적인 경계선을 좀 더 분명하게 그을 필요가 있다.

사랑의 욕구가 높은 교사를 대상으로 수업코칭을 하는 경우, 수업코치가 문제 해결 방안을 제시하기 전에 질문과 경청, 공감과 격려를 충분히 하도록 한다. 날카로운 질문보다 따뜻한 격려가 사랑의 욕구가 높은 교사를 변화시킬 수 있다. 수업자와 심리적인 유대감이 충분히 형성되어야 수업자가 마음의 문을 연다. 수업코칭 활동이 이루어지는 이곳이 안전한 공간이라는 것을 경험하도록 해야 한다. 수업자의 심리 상태(감정, 생각, 욕구 등)를 세심하게 파악하여 수업코칭 대화를 진행한다. 그렇지 않으면 수업코칭 활동이 제대로 이루어지지 않는다. 수업코치는 특히 수업자의 말뿐 아니라 말 속에 숨은 의도나 감정을 잘 읽을 수 있어야 한다. 학생 반응에 따라 수업에 기복이 있다는 점을 기억하고 수업을 볼 수 있어야 한다. 사랑의 욕구가 높은 교사는 학생 시선뿐 아니라 수업코치나 외부자 시선에도 민감하게 반응하는 편이다. 자기 수업을 다른 사람들이 어떻게 바라보는가에 관심이 많다. 그래서 일상 수업 공개보다는 외부 시선에 맞추어 보여 주기용 수업을 할 수 있다.

- **힘의 욕구가 높은 교사의 교수 유형 및 수업코칭 전략**

힘의 욕구가 높은 교사는 교사 중심 수업, 목표 중심 수업을 지향한다. 학생 활동 중심 수업보다는 교사가 주도하여 진행하는 수업을 선호한다. 활동 중심 수업을 진행해도 학생들에게 세밀한 과제와 역할을 부여하지는 않는다. 수업 목표에 빠르게 도달할 수 있도록 효율적인 수업을 추구한다. 힘의 욕구가 높은 교사는 대개 학력 신장을 강조한다. 자기가 지도하는 학급이 시험 결과 학업성취도가 떨어지면 용납하기 힘들어한다. 전반적인 수업 내용을 내실 있고 세밀하게 가르치는 것보다 핵심 내용에 집중해서 직관적으로 가르치는 것을 선호한다. 수업 분위기는 전반적으로 담백한 편이다. 그리고 학생들에게 학습 동기 부여를 강조한다.

힘의 욕구가 높은 교사가 부정 방향의 행동을 할 때는 교사 주도형 수업이 지나쳐서 카리스마적 권위를 추구할 수 있다. 학기 초에 특정 학생의 사소한 잘못을 공개적으로 야단쳐서 학생들과의 기싸움에서 압도하려는 경향이 있다. 그러다 보니 힘의 욕구가 높은 학생과 정면충돌할 가능성이 크다. 그리고 학생 참여형 수업, 학생 배움 중심 수업을 그리 선호하지 않는다. 자신감이 넘치고, 수업 시간 발화 목소리도 대체로 큰 편이다. 학생을 배움의 주체보다는 통제의 대상으로만 바라보기 쉽다. 그래서 보상과 처벌이라는 행동주의적 접근을 선호하기도 한다.

수업코치 : "선생님, 아까 수업을 보니까 학생들이 선생님 눈치를 약간 보는 것처럼 보였어요."

수업자 : "아무래도 제가 학급 담임 교사이기도 하고, 제가 아이들의 잘못에 좀 엄격한 편이라 그럴 수 있겠네요."

수업코치 : "수업 시간에 수행 평가 과제를 하지 않은 학생에게 선생님이 엄하게 야단을 치셨는데...."

수업자 : "제가 지난 수업 시간에 수행 평가 결과물을 가져오라고 몇 번씩 주의를 주었는데도 불구하고, 일부 학생은 수행 평가 결과물을 챙겨 오지 않았어요. 지금 학기 말이라 수행 평가를 빨리 마무리해야 하는데...."

수업코치 : "수업 규칙상 해당 문제가 발생한 경우, 어떻게 지도한다고 이야기하셨나요?"

수업자 : "수업 규칙상 구두로 주의를 주고, 수행 평가 점수를 감점한다고 했어요. 하지만 말로만 경고한다고 해서 아이들이 제 말을 꼭 듣지는 않는 경우가 많더라고요."

수업코치 : "저도 교사가 문제행동을 하는 아이들을 지도하는 것은 정당한 교육 행위라고 생각하는데요, 선생님의 표정을 보니까 저도 약간 무섭더라고요."
수업자 : "아, 제 표정이 그렇게 느껴졌나요? 그러고 보니 제 표정이 그렇긴 하네요."

힘의 욕구가 높은 교사가 수업 성장을 경험하기 위해서는 먼저 자기가 힘의 욕구가 높다는 사실 자체를 알아차려야 한다. 힘의 욕구가 높은 교사는 스스로 힘의 욕구가 높다고 생각하는 경우가 드물다. 왜냐하면 대개 자기를 긍정적으로 바라보고, 늘 그렇게 행동하므로 자기 행동이 당연하다고 생각하기 때문이다. 사랑의 욕구가 함께 높으면 자기가 힘의 욕구가 높아도 이를 인정하지 않는 경향이 있다. 힘의 욕구가 높다는 것을 인정하고, 힘의 욕구가 보이는 특성을 이해하면 자기 행동을 돌아보고 조심할 수 있다. 힘의 욕구가 높으면 질서 세우기는 잘하지만, 학생과의 관계 세우기는 약할 수 있다. 그러므로 학생들과 관계를 좋게 하려는 노력을 의도적으로 기울여야 한다. 특히 사랑의 욕구가 높은 학생이 자기를 약간 부담스러워할 수 있다는 것을 인식하고, 해당 학생과 대화할 때는 좀 더 부드럽게 말하도록 노력해야 한다. 힘의 욕구가 높은 교사는 직관적인 사고를 하기에 수업을 담백하게 진행하는 편이다. 그래서 교사가 세밀하고 꼼꼼하게 설명하려고 노력하고, 보다 풍성하게 수업을 디자인하도록 노력해야 한다.

힘의 욕구가 높은 교사를 대상으로 수업코칭을 할 때는 다음을 기억하면 좋다.
힘의 욕구가 높은 교사는 수업코치의 권위와 전문성을 중요시한다. 수업코치의 권위와 전문성을 인정하면 적극적으로 수업코칭 과정에 참여하지만, 그렇지 않으면 소극적이거나 저항할 수 있다. 힘의 욕구가 높은 교사는 어떤 문제에 대하여 직접적인 표현을 사용해도 좀처럼 마음에 상처를 받지 않는다.

그래서 직접적인 표현을 사용해도 좋다. 힘의 욕구가 높은 교사를 수업코칭할 때에는 교사의 존재감을 인정하고, 자존심을 상하게 하지 않도록 주의해야 한다. 자존심이 상하게 되면 수업코칭 활동 자체를 거부하거나 수업코치를 인격적으로 공격할 수 있다. 특히 칭찬하기 방법을 활용하면 교사가 더욱 힘을 낼 수 있다. 수업코칭에서 도전과제를 수행할 때, 자기가 직접 선택한 도전과제는 열심히 수행하지만, 다른 사람이 제안한 도전과제는 소극적으로 할 가능성이 크다. 자기 내면 성찰이 쉽지 않은 편이라 수업 성찰이 잘 이루어지도록 유도하는 노력이 더욱 필요하다.

- **자유의 욕구가 높은 교사의 교수 유형 및 수업코칭 전략**

자유의 욕구가 높은 교사는 창의적이고 유연하게 수업을 운영한다. 어떤 문제의 본질에 관심을 가지고 접근한다. '왜?'라고 질문하면서 다른 관점으로 수업 주제에 접근한다. 초등 교과 전담 교사나 중등 교사라면 동일한 학습 내용도 학급마다 다르게 수업을 진행한다. 학생이 배우는 리듬에 맞추어 수업을 유연하게 진행할 수 있고, 임기응변 능력이 탁월하다. 자유 유형의 학생을 잘 이해하고 품을 수 있다. 자유의 욕구가 높은 교사는 좀처럼 학생을 통제하지 않기 때문에 학생들도 이러한 수업 분위기를 편안해한다.

자유의 욕구가 높은 교사에게서 보이는 수업 문제점을 살펴보면, 우선 다른 유형의 교사보다 학생에게 관심이 적다. 학생들을 싫어하는 것은 아니지만, 학생들을 향한 관심도가 낮아서 학생들의 이름을 잘 기억하지 않을 수 있다. 수업을 세밀하고 꼼꼼하게 진행하지 못하고, 의식의 흐름에 따라 유연하게 진행하다 보니 학습 내용을 제대로 정리하지 못하기 쉽다. 또 수업 시간 관리가 잘 이루어지지 않을 가능성이 크다. 숙제를 내도 숙제 검사를 꼼꼼하게 하지 않는 편이다. 때로는 부정 행동을 하는 학생을 방임하기도 한다. 일부 학생이 부정적인 행동을 해도 학생이 스스로 책임져야 한다고 생각해서 엄격하거나 꼼꼼하게 지도하지 않는 편이다. 생존의 욕구가 높은 학생은 이러한 교사의 행동을 이해하기가 어려울 수 있다.

수업코치 : "선생님, 아까 수업을 보니까 ○○가 수업 시간에 늦게 들어왔는데도 불구하고, 선생님이 해당 학생에게 그 이유를 물어보지 않으시더라고요."
수업자 : "○○이는 종종 지각을 해요. 아마 오늘도 지난밤 늦게까지 게임하고 피곤해서 늦잠 자다가 지각했을 거예요."
수업코치 : "그래도 직접 물어보고 확인해 보면 어땠을까요? 다른 이유일 수도 있을 것 같은데…."
수업자 : "물론 다른 이유일 수도 있겠죠. 지각을 자주 하면 결국 자기만 손해죠. 고교 입시에서 출결 확인을 하잖아요. 자기 행동에 자기가 책임을 지면 되죠. 그리고 원래 중학생이 사춘기라서 그러한 행동이 자주 나타나곤 해요. 꼬치꼬치 묻는 것을 아이도 별로 좋아하지 않아요."
수업코치 : "그럼 수업 규칙이 무엇일까요? 대개 학기 초에 수업 규칙을 만들어 활용하는 경우가 많잖아요?"
수업자 : "학기 초에 별도의 수업 규칙을 만들지는 않았어요. 그때그때 상황에 따라 제가 적당히 지도하죠. 아이들도 큰 불만은 없을 거예요."

자유의 욕구가 높은 교사가 수업 성장을 하려면 자기 성향을 파악하고, 질서 있는 훈육 활동을 해야 한다. 수업 규칙이 없거나 있어도 잘 지키지 않는 경우가 흔하므로 일관되게 수업 규칙을 운영하려고 노력해야 한다. 수업 규칙을 기록해 교실에 게시하여 학생들이 바로 확인할 수 있도록 하고, 교사도 수업 규칙을 거듭 숙지해야 한다. 학생들 이름을 기억하지 못하면 학생들에게 마음의 상처가 될 수 있으므로, 자주 출석부를 보면서 학생 이름을 외우고, 자주 부르려고 노력해야 한다. 또한 꼼꼼하고 내실 있게 수업을 진행하려고 노력해야 한다. 예컨대, 기초 심화형 학습지를 만들어 활용한다든지, 수업 시간에 세 명 이상의 학생 이름을 부르고 질문한다든지 자기 스스로 규칙을 만들어 활용하면 좋다.

자유의 욕구가 높은 교사를 대상으로 수업코칭을 하는 경우, 수업코치가 여러 가지 이야기를 길게 말하기보다 굵고 짧게 피드백하는 스팟 피드백 활동으로 수업코칭 대화를 하면 좋다. 무엇보다 교사가 자기 특성을 있는 그대로 인정받고 존중받기를 원하기 때문에 수업자의 태도와 자세를 긍정적으로 수용하도록 노력해야 한다. 만약 도덕적으로 판단하여 지적하면, 해당 교사는 알겠다고 대답은 하지만 실제로는 도전과제를 제대로 수행하지 않는다. 수업 도전과제를 자기가 직접 선택하면 실행할 가능성이 크지만, 그렇지 않으면 수행하지 않거나 대충 해 올 가능성이 있다. 그러므로 교사가 직접 자기 수업 도전과제를 선택하도록 유도하는 것이 좋다. 그런데 교사가 자기 수업 도전과제를 선정하는 것도 힘들어할 수 있다. 이때는 제한된 선택지를 주고 그 안에서 도전과제를 선택하게 하면 좋다. 대개 수업코치 중에는 자유의 욕구가 높은 사람이 별로 없기에 자유의 욕구 특징을 잘 이해하지 못하고 자기 욕구 유형대로 수업코칭을 하기 쉽다. 수업코치가 이를 기억하고, 자유의 욕구 특성을 잘 이해해 그에 맞춰 접근해야 수업코칭이 효과를 거둘 수 있다. 행여 생존의 욕구 방향으로 수업 코칭을 하면 오히려 역효과가 날 수 있다.

• **즐거움의 욕구가 높은 교사의 교수 유형 및 수업코칭 전략**

즐거움의 욕구가 높은 교사는 재미있고 활기찬 수업을 추구한다. 같은 내용이라도 재미있게 설명하는 매력이 있다. 한번 흥을 타면 수업 분위기를 끌어올려서 활기차게 수업을 진행할 수 있다. 동일한 내용을 반복하는 수업보다 새로운 지식이나 경험을 토대로 하는 수업을 좋아한다. 학생 참여형 수업과 활동 중심 수업을 지향하고 학생들이 열심히 참여하면 교사도 좋아한다. 농담과 유머가 넘치고, 수업이 재미있기 때문에 학생들도 해당 교사의 수업을 좋아한다. 즐거움의 욕구가 높은 교사는 지적 호기심이 커서 최신 수업 트렌드를 과감하게 수업에 도입하여 운영한다. 그래서 다른 유형의 교사보다 수업디자인 방식이 매우 다채로운 편이다. 생존의 욕구가 높은 교사는 대개 익숙한 수업 루틴대로 수업을 진행하지만, 즐거움의 욕구가 높은 교사는 낯선 수업 방법도 과감하게 적용한다.

즐거움의 욕구가 높은 교사는 강의하다 종종 주제와 상관없는 이야기로 빠진다. 한 가지 내용을 설명하다 보면 이와 관련한 다른 아이디어가 떠올라서 자연스럽게 그 이야기로 넘어가는 경우가 많기 때문이다. 그래서 수업이 다소 산만하게 진행될 수 있다. 가벼운 농담과 장난 때문에 수업 집중도가 다소 떨어질 수도 있다. 또한 다양한 수업 활동을 한 차시 수업에서 다 실행하려고 하는 경우가 많다 보니 수업 마무리 단계에서 시간이 부족하여 깔끔하게 마무리하지 못하기도 한다.

수업코치 : "선생님 수업을 보면서 수업을 재미있게 하신다는 생각이 들었어요. 적절한 유머와 농담으로 학생들에게 편안하게 다가가서 좋았고, 학생들이 수업 활동에 적극적으로 참여할 수 있도록 유도하셔서 좋았어요."

수업자 : "아이들은 제 수업이 재미있다고 말해요. 저도 그 말을 들으면 기분이 좋죠. 제 수업 철학은 '재미없는 수업은 죽은 수업이다.'예요. 아이들이 하루 종일 학교에 있는데, 재미없는 수업 때문에 지루함을 느끼지 않도록 노력해요."

수업코치 : "그렇군요. 그래서인지 선생님이 수업 시간에 재미있는 말을 자주 사용하셨어요. 그런데 선생님이 사용하신 말 중 일부 표현은 학생들이 자주

사용하는 줄임말이나 비속어더라고요."

수업자 : "제가 수업 시간에 학생들이 사용하는 줄임말이나 비속어를 사용하면 아이들이 일단 좋아해요. 친숙한 느낌으로 다가갈 수 있고, 아이들도 이해를 잘하는 것 같아요. 물론 일부 비속어는 교사가 사용하기에 좋다고 생각하지는 않지만, 제가 아이들 인격을 모독하려고 사용한 것이 아니라서 아이들도 거부감을 느끼지는 않아요. 오히려 이러한 말이 학생들에게 친근하게 다가가는 요인이라고 생각해요."

수업코치 : "오늘 수업 마무리 단계에서 시간이 다소 부족하다고 느꼈는데...."

수업자 : "아무래도 오늘 수업이 공개수업이어서 다른 일상 수업보다 활동을 좀 더 했더니 수업 마무리 단계에서 시간이 조금 부족하더라고요. 제가 생각해도 약간 정신없이 마무리된 것 같아 아쉬움이 있었어요. 다음부터는 수업 시간 관리에 좀 더 신경을 써 보도록 할게요."

즐거움의 욕구가 높은 교사가 좋은 수업을 하려면 무엇보다 선택과 집중의 원리를 깨닫고, 수업에서 이를 실천해야 한다. 새로운 수업 활동을 많이 도입하기보다 수업 목표와 핵심 질문에 초점을 맞추어 수업 활동을 진행하도록 노력해야 한다. 이를 위해 즐거움의 욕구가 높은 교사는 생존과 힘의 욕구 특성이 뒷받침되면 좋다. 재미있는 수업이 모두 좋은 수업은 아니다. 학생 입장에서 내용이 재미있는 수업은 좋은 수업이라고 할 수 있겠지만, 활동이 재미있는 수업은 자칫 수업 내용을 이해하는 데 방해가 될 수 있다. 예컨대, 학생들이 지난 수업 시간에 퀴즈 게임을 한 것은 기억하지만, 무슨 내용을 토대로 퀴즈 게임을 했는지 기억하지 못한다면 좋은 수업이라고 평가하기 힘들다. 한편, 즐거움의 욕구가 높으면 사랑의 욕구가 낮아도 높은 것처럼 보일 수 있다. 학생들에게 즐거움을 주고, 학생들을 잘 챙기는 것처럼 보이기 때문이다. 하지만 즐거움의 욕구가 높은 교사는 학생들보다는 자기 만족감과 즐거움 때문에 노력할 가능성이 크다.

즐거움의 욕구가 높은 교사를 대상으로 수업코칭을 하는 경우, 다음 내용을 유의하면 좋다. 일단 즐거움의 욕구가 높은 교사는 수업코칭 자체에 호기심이 있고, 자기 수업 성장에 관심이 많다. 그래서 수업코칭 활동에 적극적으로 참여하는 편이다. 자기 관심 주제로 열리는 연수에 참여하는 것도 좋아한다. 하지만 자기 자신에게 낙관적인 태도를 가지고 있기 때문에 자기 내면에 대한 고민과 성찰은 그리 깊지 않을 가능성이 크다. 수업코칭 대화에서 진지한 이야기가 나오면 자연스럽게 농담을 하는 등 의도적으로 회피하려 하기도 한다. 대개 수업 성장 의지가 높은 편이므로 좋은 수업을 하고자 하는 동기 부여가 잘 이루어지면 도전과제를 세밀하게 제시하지 않아도 스스로 수업을 연구하면서 풍성하게 진행할 수 있다. 수업 도전과제 수행 중에 자기가 좋아하는 것을 중간중간 자기 보상으로 제공하면 동기 부여에 도움이 된다.

교사의 욕구 역동과 욕구 딜레마에 따른 수업코칭 전략과 실제

두 가지 이상의 욕구가 동시에 높으면 해당 욕구가 서로 작용하여 역동 현상이 나타난다. 상반된 특성을 가진 두 가지 욕구가 모두 높으면 욕구 간 충돌 현상이 일어나면서 욕구 딜레마에 빠진다. 이 경우, 교사는 복잡미묘한 내면 상태나 지속되는 내적 갈등으로 힘들어할 수 있다. 교사 내면을 이해하려면 내면의 욕구 역동과 욕구 딜레마를 잘 이해하고 그에 맞는 수업코칭 전략을 세워야 한다[1].

---

[1] 욕구 역동과 욕구 딜레마에 대하여 좀 더 알기를 원한다면 『욕구코칭』 책을 참고하면 좋다.
김현섭·김성경(2018), 『욕구코칭』, 수업디자인연구소

• 생존의 욕구와 사랑의 욕구가 동시에 높은 교사

수업코치 : "선생님 수업을 보니까 구조화된 수업을 안정적으로 진행할 뿐 아니라 웃으면서 아이들과 한 명 한 명 눈을 맞추면서 대화하는 모습이 인상적이었어요."

수업자 : "제 수업을 긍정적으로 말씀해 주셔서 감사합니다. 하지만 제가 제 수업을 볼 때는 부족함이 많이 느껴져요. 나름대로 최선을 다해 수업하지만 원래 기획한 대로 수업이 진행되지 않을 때가 많아요."

수업코치 : "제가 볼 때는 수업 내용을 깔끔하게 정리하면서도 아이들을 세세하게 챙기는 모습이 좋았어요."

수업자 : "일부 학생은 제가 나름대로 열심히 지도하려고 하지만 제 말을 듣지 않는 경우가 있어서 힘들기도 해요."

수업코치 : "선생님 수업을 분석해 보고 선생님의 담화 비중이 다소 높다고 생각했어요. 어떻게 생각하세요?"

수업자 : "저도 학생 중심 수업을 바라기 때문에 학생들이 자기 이야기를 많이 하도록 유도하려고 하는데, 막상 수업하다 보면 그렇지 않은 때도 있어요."

수업코치 : "선생님이 중간에 자문자답(自問自答)하는 장면을 보았어요."

수업자 : "제가 어떤 학생에게 질문했는데 즉각 답변하지 않으면 약간 어색한 분위기가 드는 것 같아 그게 싫어서 바로 다른 학생에게 질문하거나 제가 자문자답하기도 해요."

생존의 욕구와 사랑의 욕구가 동시에 높은 사람은 일상생활에서 다음과 같은 모습을 보인다.

- 생각이 많고 예민한 편이다.
- 다른 사람보다 스트레스가 많은 편이다.
- 타고난 상담가 역할을 한다.
- 상대방의 이름과 전화번호를 잘 기억한다.

- 함께 있기를 좋아하고 안전하게 여긴다.
- 다른 사람을 편안하게 해 주기 위해 세밀하게 챙긴다.
- 헌신적이고 따뜻하다.
- 안전한 마무리를 위해 점검한다.
- 상대가 좋은 사람이다 싶으면 자기 것을 잘 퍼 준다.
- 다른 사람에게 헌신하다가 자기를 잘 챙기지 못하기도 한다.
- 어색한 침묵을 힘들어해서 상대방의 반응이 없으면 자기 말로 채우는 경향이 있다.
- 직언을 어려워한다.
- 다른 사람보다 걱정이 많고 잔소리가 많은 편이다.
- 기대 수준이 높아서 바쁘고 피곤함을 자주 느낀다.
- 남들 앞에 나서서 자기 이야기를 하거나 발표할 때 긴장을 많이 한다.
- 별명 : 추종자, 모범생, 고지식, 외유내강, 기린, 아낌없이 주는 나무

생존의 욕구와 사랑의 욕구가 높은 교사는 교실에서 다음과 같은 특징을 보인다.

- 모범적인 교사로서 생활한다.
- 구조화된 상태로 꽉 차게 수업을 진행한다.
- 수업 준비를 철저하게 하고, 학생들과의 상호작용도 풍성하다. 그러다 보니 다른 교사에 비해 수업 진도가 약간 느린 편이다.
- 자기 수업에 대한 기준이 높고, 그 기준에 도달하기 위해 노력한다.
- 수업 시간에 교사의 발화 비중이 큰 편이다. 어색한 침묵이 싫어서 자기 말로 채운다.
- 일과 후 빈 교실에서 다른 사람이 주변에 없으면 탈진한 상태로 가만히

있기도 한다.
- 신학년이 시작되면 자기 반 아이들의 이름과 얼굴을 빨리 외우고, 아이들 이름을 불러 준다.
- 열심히 교직 생활하는 만큼 일찍 소진 현상을 경험하기도 한다.
- 교사로서 아이들에게 좋은 역할 모델이 되기 위해 모범적으로 교직 생활을 하려고 노력한다.
- 마음속에 고민과 걱정이 많고, 복잡미묘한 생각이 많이 든다. 하지만 친하지 않은 동료 교사에게는 속마음을 거의 표현하지 않는다.

생존의 욕구와 사랑의 욕구가 높은 교사를 대상으로 수업코칭을 할 때는 다음과 같이 접근하면 좋다. 생존의 욕구와 사랑의 욕구가 높은 교사는 일명 백조형 교사 유형이다. 교직 업무를 성실하게 수행하고, 아이들을 잘 챙기는 모범 교사로서 살아간다. 다른 교사 유형에 비해 교사로서 에너지를 많이 사용하면서도 자기가 힘들어하는 부분을 주변 사람에게 잘 표현하지 않는다. 자기가 불평하면 상대방에게 부담이 된다고 생각하기 때문이다. 주변 사람은 성실한 모범 교사라고 평가하지만 정작 자기 자신은 내면이 복잡하고, 학생이나 교사들과의 관계 갈등으로 힘들어할 수 있다. 학교 업무에서 오는 소진 현상 때문에 내적 고민을 경험하기도 한다. 그래서 생존의 욕구와 사랑의 욕구가 높은 교사는 비움의 미덕을 이해하고 실천할 수 있도록 수업코칭을 진행하면 좋다. 일단 최선을 다하는 삶의 태도를 이해하고 격려한다. 그리고 자기 스스로 완벽주의의 함정을 깨닫고, 비움의 미덕을 수업에서 구현하도록 유도한다. 수업에서 비움과 덜어 내기 작업을 해도 다른 유형의 교사에 비해 수업을 대충 하는 교사가 아님을 알려 주면 도움이 된다.

• 생존의 욕구와 힘의 욕구가 동시에 높은 교사

수업코치 : "선생님, 자신감 있게 수업에 임하는 자세가 보기 좋았고, 학생들 한 명 한 명 세밀하게 잘 챙기는 모습이 보기 좋네요."

수업자 : "감사합니다."

수업코치 : "수업 규칙 운영은 어떠한가요? 일상 수업에서 아이들의 행동은 어떠한가요?"

수업자 : "학기 초 다섯 가지 수업 규칙을 정하여 일관성 있게 운영하려고 노력하고 있어요. 일상 수업에서 아이들이 큰 문제를 일으키지는 않아요."

수업코치 : "수업 중간에 ○○학생이 숙제를 챙겨 오지 않은 것을 확인하고 나서 방과 후에 남으라고 하셨는데…."

수업자 : "숙제하지 않은 학생들을 잘 챙겨야 다음 시간에 다른 학생들이 숙제를 안 할 가능성이 줄어들어요. 특히 아이들이 고학년이니만큼 성적과 관련한 사항은 챙기려고 노력해요."

수업코치 : "평상시 아이들이 선생님을 어떻게 평가하나요?"

수업자 : "아이마다 평가가 약간씩 다르기는 해요. 잘 챙겨 줘서 고맙긴 하지만 약간 무섭다는 말은 들어요."

생존의 욕구와 힘의 욕구가 동시에 높은 사람은 일상생활에서 다음과 같은 모습이 나타난다.

- 일의 성과가 탁월하다.
- 자기가 법이다. 구멍이 없다.
- 주변에서 약간 무섭다는 소리를 자주 듣는다.
- 불안이나 걱정을 강요할 수 있다.
- 해야 할 것은 반드시 지키게 한다.
- 자기 관리를 잘하고, 스스로 잘 통제한다.

- 무조건 집밥을 강조하거나 다른 사람에게도 건강식을 요구한다.
- 집안 예산은 내가 모르는 부분이 없어야 한다.
- 다른 사람의 잘못 때문에 자기가 책망받는 일을 싫어한다.
- 자기가 완벽하면 타인에게 지적을 잘하고, 완벽하지 않으면 의욕이 저하되어 무기력한 모습을 보이기 쉽다. 그래서 학습된 무기력 상태로 갈 수 있다.

생존의 욕구와 힘의 욕구가 높은 교사는 교실에서 다음과 같은 특징을 보인다.

- 교사로서 학생들에게 자기가 부족한 부분을 절대로 노출하지 않는다.
- 학생들에게 수업 규칙과 교실 규칙을 세밀하게 제시하고, 잘 지키려고 노력한다.
- 학생들이 선생님을 약간 무섭고 철저한 교사로 생각할 수 있다.
- 청소를 철저하게 시키고, 청소 점검도 잘한다.
- 아이들이 낭비하는 습관 대신, 검소하고 절제된 생활 습관을 지니도록 강조한다.
- 학급 운영 목표가 분명하고, 목표에 도달할 수 있도록 학생들을 관리한다.

생존의 욕구와 힘의 욕구가 높은 교사는 완벽주의를 추구한다. 그래서 아이들을 잘 통제하고, 담당 학급 성적 관리도 잘해서 좋은 평가를 받는 경우가 많다. 대개 학교 안에서 인정받고, 부장 교사 등 중간 리더로서 행정 업무를 능숙하게 처리한다. 하지만 사랑, 자유, 즐거움의 욕구가 높은 학생은 해당 교사를 힘들어할 수 있다. 해당 교사는 아이들이 자기를 힘들어해도 그리 대수롭지 않게 여기는 경향이 있다. 그래서 생존의 욕구와 힘의 욕구가 높은 교사를 대상으로 수업코칭을 할 때는 교사와 학생과의 경계선을 조금 낮출 필요가 있다. 해당 교사가 사랑, 자유, 즐거움의 욕구가 높은 학생들도 존중하고 품으려고 노력해야 한다. 교사 욕구 특성상 질서 세우기는 잘하지만, 관계 세우기는 소홀히 할 수 있다. 그러므로 관계 세우기 활동을 통해 학생들과 친밀한 관계를 형성하도록 유도하는 단계가 필요하다.

- **사랑의 욕구와 즐거움의 욕구가 동시에 높은 교사**

　수업코치 : "선생님, 수업하실 때 웃는 모습이 너무 보기 좋고, 아이들의 행동에 적극적으로 반응을 보여 주셔서 좋았어요. 수업 분위기가 전반적으로 밝고 편안해서 더욱 좋았어요."
　수업자 : "긍정적으로 말씀해 주셔서 감사합니다. 저는 아이들을 볼 때마다 사랑스럽고 예쁘다고 느껴요. 선생님도 그렇지 않으세요?"
　수업코치 : "저도 선생님 반 아이들이 사랑스럽고 예쁘게 느껴졌어요. 무엇보다 선생님이 아이들을 바라보는 눈빛이 따뜻하면서도 긍정적이라 인상적이었어요."
　수업자 : "저는 수업할 때가 가장 행복해요."
　수업코치 : "그렇다면 수업 속에서 힘든 부분은 없나요?"
　수업자 : "아니요. 당연히 있죠. 수업하다 보면 저도 모르게 일부 학생의 눈치를 보는 경우가 있어요. 제가 학습 활동을 다양하게 준비해서 수업을 진행하려고 노력하는데, 일부 학생이 열심히 참여하지 않는 때가 있어요. 그럴 때마다 해당 아이들을 지도하는 것이 쉽지 않네요. 직접 야단치다가 아이들과 관계가 깨질 것 같아 엄격하게 지도하기가 부담스러워요."

　사랑의 욕구와 즐거움의 욕구가 동시에 높은 사람은 일상생활에서 다음과 같은 모습이 나타난다.

　· 함께 놀기를 좋아한다.
　· 어색한 분위기를 싫어해서 어떻게든 분위기를 띄우려고 노력한다.

- 상대방이 나를 불편해하면 심리적으로 힘들다.
- 어울리고 다독이고 챙기기를 좋아한다. 행복하게 살아간다.
- 놀 때 적극적이며 좋은 분위기를 만들려고 노력한다. 많은 사람과 여행을 간다.
- 사람들 눈치를 보며 분위기에 휩쓸리기 쉽고, 싫은 소리 하기를 힘들어한다.
- 책임져야 하는 일을 잘 마무리 짓지 못하고, 흥미 없는 일에는 소극적으로 임한다.

사랑의 욕구와 즐거움의 욕구가 높은 교사는 교실에서 다음과 같은 특징을 보인다.

- 아이들의 수업 반응에 리액션이 크다. 감동과 감탄을 잘한다.
- 아이들에게 칭찬과 격려를 잘한다.
- 아이들이 선생님을 매우 좋아한다.
- 학생들에게 잔소리하기를 싫어한다.
- 아이들과 일대일 개별 상담을 잘한다.
- 교사가 아이들에게 맛있는 간식 등을 자주 사 준다.
- 쉬는 시간에도 아이들과 대화하거나 함께 어울려 논다.

사랑의 욕구와 즐거움의 욕구가 높은 교사를 대상으로 수업코칭을 할 때는 다음과 같이 접근한다. 사랑의 욕구와 즐거움의 욕구가 높은 교사는 수업 분위기가 따뜻하고 풍성해서 아이들도 해당 교사를 좋아한다. 학생들에게 인기 있는 교사는 대체로 사랑의 욕구와 즐거움의 욕구가 높다. 하지만 교사와 학생과의 경계선은 상대적으로 낮은 편이다. 사랑과 즐거움뿐 아니라 자유의 욕구까지 높으면 경계선이 더 낮아진다. 그러다 보면 힘의 욕구가 높은 학생들이 수업 분위기를 망칠 수 있다. 해당 교사는 관계 세우기는 잘하지만, 질서 세우기가 약할 가능성이 크다. 수업 규칙을 세우고, 문제 학생을 잘 지도할 수 있는 역량을 길러야 한다. 수업디자인 방식이 약간 산만하게 흐르면서 깔끔하지 않은 편이라 구조화된 수업을 하도록 유도할 필요가 있다. 수업코칭 시 수업코치가 수업자의 이야기를 경청하고 공감하고 격려하면, 수업코칭 대화를 잘 풀어 갈 수 있다. 경청과 공감, 격려를 통해 수업자가 자기 마음의 문을 열어야 풍성한 대화를 나눌 수 있다.

- **자유의 욕구와 즐거움의 욕구가 동시에 높은 교사**

  수업코치 : "오늘 수업을 보니까 다른 교사와 달리 창의적으로 수업디자인을 하셔서 인상적이었어요. 수업 도입 단계에서 먼저 흥미 있는 영상을 보여 주고 질문으로 연결한 부분이 좋았어요."

  수업자 : "감사합니다. 오늘 수업 주제가 다소 뻔한 주제일 수 있어서 수업 준비 단계부터 고민을 많이 했어요. 자료를 검색하다가 좋은 영상을 발견해서, 이를 보여 주면서 질문으로 연결하면 좋겠다는 생각이 들었어요."

  수업코치 : "오늘 수업 시간이 선생님에게는 약간 부족하게 느껴지지 않았나요?"

  수업자 : "오늘 제가 시간 가는 줄 모르고 필(?) 받아서 신나게 수업했던 것 같아요. 오늘 학습 활동에서 학생들의 참여도 풍성하니까 생각보다 시간이 더 많이 소요되었던 것 같네요. 그러다 보니까 수업 마무리 단계에서 시간이 약간 부족해서 좀 더 깔끔하게 마무리하지 못하기는 한 것 같아요."

자유의 욕구와 즐거움의 욕구가 동시에 높은 사람은 일상생활에서 다음과 같은 모습이 나타난다.

- 늘 행복하게 사는 편이다. 기분 전환이 빠르다.
- 밝고 긍정적이며 속한 곳의 분위기도 좋다.

- 혼자서 쇼핑하거나 영화를 볼 수 있다.
- 문제 학생들을 다른 관점으로 바라본다.
- 자녀들과 여행을 즐긴다. 친구들과 여행 가기를 좋아한다.
- 같이 있을 때는 잘 노는데 평소에는 좀처럼 연락하지 않는다. 사람에게 관심이 많지 않다.
- 소문이나 남 얘기에 주의를 기울이지 않는다.
- 자기 단점을 깊이 생각하지 않는다.
- 심각한 문제가 발생해도 사태의 심각성을 잘 파악하지 못한다.
- 다른 사람의 호의를 간섭으로 느낀다.
- 일정보다 즐거움이 우선이다.
- 뒷일을 생각하지 않고 일단 저지른다.
- 지속성이 떨어지고, 피로감이 높다.
- 도전은 쉽지만, 일의 마무리가 잘되지 않는다.
- 구체적인 계획 세우기를 귀찮아한다.
- 혼자서도 즐거우니 주변에서 나를 제발 좀 내버려두길 바란다.
- 별명 : 김삿갓, 바람, 프리랜서

자유의 욕구와 즐거움의 욕구가 높은 교사는 교실에서 다음과 같은 특징을 보인다.

- 흥과 끼가 넘치고 항상 웃으면서 수업한다.
- 쉬는 시간 종이 울려도 진도를 다 나가지 못했으면 계속해서 수업을 진행한다.
- 신나고 재미있게 수업을 진행할 수 있다.
- 수업 분위기가 고조되면, 수업 준비 이상으로 자기 수업 역량을 발휘할

수 있다.
- 수행 평가 과제 점검 등을 잘하지 못하는 편이다.
- 아이들과의 약속을 기억하지 못하기도 한다.
- 학급 행사를 잘 기획하여 운영할 수 있다.
- 수업 아이디어가 넘쳐서 다양한 방식으로 수업을 진행할 수 있다.

자유의 욕구와 즐거움의 욕구가 높은 교사를 대상으로 수업코칭을 할 때는 다음과 접근한다. 자유의 욕구와 즐거움의 욕구가 높은 교사는 신나는 수업, 유연한 수업, 재미있는 수업을 추구한다. 대개 수업 자체를 즐기면서 수업한다. 교사가 관심 있는 수업 주제를 새로운 방식으로 풀어 갈 때 포텐(Potential, 잠재성)이 터지기도 한다. 교사 속에 숨어 있던 잠재성이 폭발하면서 수업에서 놀라운 능력을 발휘할 수 있다. 반대로 뻔한 내용을 반복해서 수업하거나 암기식, 문제 풀이식으로 진행하는 수업에는 별다른 흥미가 없다. 수업 코치는 자유의 욕구와 즐거움의 욕구가 높은 교사 속에 숨은 잠재력을 찾고, 수업자가 수업에서 잠재력을 발휘하도록 유도할 필요가 있다. 교사가 유연함을 추구하다 보니 수업이 비구조화되어서 약간 산만하게 운영되거나 수업자의 컨디션에 따라 수업 기복이 있기도 하다. 교사는 자기 수업을 스스로 즐기지만 정작 학생들은 해당 수업을 즐기지 못할 때도 있다. 그러므로 생존의 욕구가 가지는 장점을 접목할 수 있도록 보완해야 한다.

- **힘의 욕구와 자유의 욕구가 동시에 높은 교사**

  수업코치 : "선생님이 수업할 때 학생들에게 강조하는 부분은 무엇인가요?"
  수업자 : "제가 좋아하는 명언은 '모든 일에 최선을 다하되, 그 결과는 하늘에 맡기자.'입니다."

수업코치 : "수업 10분경 소희가 졸 때는 간단하게 주의를 주셨는데, 수업 30분경 명철이가 졸 때는 아무런 피드백을 하지 않으셨어요. 그 이유는 무엇일까요?"

수업자 : "소희는 평상시 공부를 잘하는 편인데, 오늘은 약간 피곤해 보이더라고요. 그에 비해 명철이는 공부에 별로 관심도 없고, 무기력한 편이에요. 명철이는 주의를 주어도 또 졸거나 잠을 잘 수 있다고 생각했어요."

수업코치 : "아이들의 문제행동을 훈육할 때는 어떤 태도를 가지고 있나요?"

수업자 : "저는 수업의 원칙과 방향을 제시하지만 세밀하게 규칙을 내세워서 통제하지는 않아요. 제가 생각하는 선이 있는데, 어떤 학생이 그 선을 넘으면 그때는 가만히 있지 않죠. 확실하게 야단쳐서 다시는 제가 제시한 선을 넘지 않도록 노력해요."

힘의 욕구와 자유의 욕구가 동시에 높은 사람은 일상생활에서 다음과 같은 모습을 보인다.

- 공동체의 방향을 제시하고 끌어간다.
- 무섭게 하지만 아이가 선택한 부분은 존중한다.
- 아이디어를 잘 내고 추진력 있게 진행한다.
- 상황에 따라 기준이 달라진다.
- 일에 최선을 다하지만, 상황에 따라 과감하게 포기하기도 한다.
- 마음에 없는 말을 잘 하지 못한다.
- 스스로에게 엄격하다.
- 남의 말을 잘 듣지 않는다.
- 이해나 용납이 어렵다.
- 자신의 시간이나 영역을 방해하면 싫어하고 상대방을 혼내기도 한다.
- 별명 : 암행어사, my way

힘의 욕구와 자유의 욕구가 높은 교사는 교실에서 다음과 같은 특징을 보인다.

- 학급 목표와 개인별 목표를 제시하고 목표에 도달하기 위한 동기 부여를 잘하지만, 세밀하게 점검하거나 피드백하지 않는다.
- 학생들에게 자기가 할 일은 자기가 알아서 하도록 강조한다.
- 어떤 학생이 교사가 정한 선을 넘어가는 경우, 확실하게 야단친다.
- 학생들의 사소한 요구는 그냥 넘어간다.
- 교사가 생각한 철학과 신념대로 수업을 진행하려고 한다.
- 수업 내용을 세밀하게 설명하기보다 기본 개념과 원리를 중심으로 설명하고, 학생들이 연습 문제를 풀 수 있도록 시간을 부여한다.

힘의 욕구와 자유의 욕구가 높은 교사를 대상으로 수업코칭을 할 때는 다음과 같이 접근한다. 힘의 욕구와 자유의 욕구가 높은 교사는 자기의 수업 철학과 수업 스타일을 강조하면서도 유연하게 수업을 진행할 수 있다. 다만, 큰 목표만 있고 작은 목표는 없기도 하고, 사소한 점검이나 피드백을 잘하지 못한다. 그러므로 수업 성장을 위한 작은 목표를 세우는 일이 의미 있다는 것을 인식하도록 해야 한다. 또한 학생들의 이름을 기억해서 불러 주며, 학생들의 사소한 행동도 관심 있게 관찰하고 피드백하도록 한다. 생존의 욕구와 사랑의 욕구가 높은 학생들은 평소에 해당 교사를 힘들어할 수 있다. 무섭고 행동 예측이 어려워서 교사에게 어떻게 반응해야 할지 모르기 때문이다. 이름을 불러 주며 작은 행동을 세심하게 알아주면 학생들이 마음을 여는 데 도움이 된다.

힘의 욕구와 자유의 욕구가 높은 교사는 수업코칭 시 도전과제를 수업코치가 원하는 방식보다는 자기가 원하는 방식으로 수행할 가능성이 크다. 그러므로 도전과제 수행 결과를 세밀하게 확인하기보다 수업코칭에 참여하는 자세나 의지에 초점을 맞추어 동기 부여하는 편이 수업자가 자기 주도적으로 수업 성장을 하는 데 이롭다. 힘의 욕구와 자유의 욕구가 높은 교사는 수업코칭 시 자기 행동과 내면 모습을 있는 그대로 알아차릴 수 있도록 하는 것만으로도 수업코칭의 효과가 나타난다.

• 힘의 욕구와 즐거움의 욕구가 동시에 높은 교사

수업코치 : "선생님 수업을 보니까 선생님이 수업 분위기를 잡아 가면서 재미있게 풀어 가시는 모습이 인상적이네요."

수업자 : "제가 의도한 대로 수업을 풀리면 기분이 좋아져요. 오늘 수업도 제가 의도한 대로 진행된 것 같아 좋았어요."

수업코치 : "아이들의 모둠 활동 시 약간 산만할 수도 있는데, 선생님 수업에서는 그러한 느낌이 전혀 들지 않았어요."

수업자 : "저는 모둠 활동 이전에 먼저 수업 규칙을 강조해요. 그리고 일부 학생이 수업 규칙에 어긋난 행위를 하면 전체 학습 활동을 중지하고, 이 문제를 확실하게 다루어서 문제행동이 발생하지 않도록 단단히 주의를 주죠."

수업코치 : "수업에서 아이들을 부를 때 재미있는 별명으로 부르시네요. 이름 대신 별명을 부르는 이유는 무엇일까요?"

수업자 : "저는 아이들의 특징을 파악하여 재미있는 별명을 지어서 부르는 경우가 많아요. 아이들도 좋아하더라고요. 그래서 해당 아이의 이름보다는 별명이 더 기억에 남아요."

힘의 욕구와 즐거움의 욕구가 동시에 높은 사람은 일상생활에서 다음과 같은 모습이 나타난다.

· 사람이 모이는 곳에서 모임을 주도한다.
· 무엇이든 열심히 노력한다. 일이든 놀이든 화끈하게!
· 놀이하거나 놀러 가자고 제안한다.

- 놀이나 게임에서 다른 사람에게 지는 것이 싫다.
- 상대방이 싫어해도 자꾸 장난한다. 위험한 장난을 하기도 한다.
- 낙관적이고, 무한 긍정하는 편이다.
- 외부에 관심은 많으나 자기 내면에는 상대적으로 관심이 적다.
- 쉽게 지루해하고 싫증을 잘 내는 편이다.
- 내가 원하는 것에 집중하다 보니 주변 사람의 관심사에 대한 존중은 약하다.

힘의 욕구와 즐거움의 욕구가 높은 교사는 교실에서 다음과 같은 특징을 보인다.

- 교사가 먼저 아이들에게 장난을 걸거나 유머러스한 농담을 한다.
- 교사의 농담에 아이들이 잘 웃지 않아도, 농담을 자주 한다.
- 아이들에게 재미있는 별명을 지어서 수업 시간에 사용하기도 한다.
- 뻔한 수업, 반복되는 수업을 좋아하지 않는다.
- 수업 시간에 교사가 자기가 좋아하는 것, 싫어하는 것을 분명하게 표현한다.
- 때로 아이들은 '무섭지만 재미있는 선생님'이라고 말한다.
- 공개적으로 학생을 칭찬하지만, 개별적인 경청과 공감, 격려는 잘하지 못한다.

힘의 욕구와 즐거움의 욕구가 높은 교사를 대상으로 수업코칭을 할 때는 다음을 유념한다. 힘의 욕구와 즐거움의 욕구가 높은 교사는 생존, 사랑의 욕구가 높은 학생, 내성적인 학생을 답답해할 수 있다. 자기 내면은 그리 복잡하지 않기 때문이다. 교사는 교사 중심 수업을 선호하며, 내면이 복잡미묘한 학생을 잘 이해하지 못하고, 학생 간 미묘한 심리적 관계 갈등 문제를 해결하기 힘들어할 수 있다. 내성적인 학생, 심리적 갈등이 있는 학생, 학생 간 관계 갈등 문제 등을 간단하게 해결하려다가 오히려 문제를 키울 수 있다. 그러므로 내면이 복잡한 사람을 이해하려는 노력이 필요하다. 힘과 즐거움의 욕구가 높은 교사는 표정이 밝고 활기차며 자신감 넘치게 행동하지만, 내면은 자존심이 강한 교사가 많다. 그래서 수업코치가 자기를 존중하지 않는다고 생각하면 수업코칭에 소극적으로 참여하기도 한다. 수업자가 수업코치의 권위와 전문성을 인정해야 수업코칭에 적극적으로 참여한다. 자기 수업에 대한 외부 피드백이 뻔하다고 생각하면 소극적으로 행동하기도 한다.

• 생존의 욕구와 자유의 욕구가 충돌하는 교사

수업코치 : "선생님, 일상 수업에서 수업디자인 방식이 어떤가요?"

수업자 : "일상 수업 루틴이 있긴 하지만, 학습 주제에 따라 수업디자인 방식이 달라질 수 있어요."

수업코치 : "선생님, 수업 고민은 어떤 것이 있나요? 이번 수업코칭을 통해서 해결해 보고 싶은 문제가 있다면요?"

수업자 : "저는 수업 고민이 많은 편이에요. 아이들의 학습 편차가 큰 편이거든요. 일단 중위권 학생에 초점을 맞추어 수업하지만, 그러다 보니 상위권 학생이나 하위권 학생을 놓치는 경우가 많아요. 그리고 수업 규칙을 정하고 운영하기도 쉽지 않아요. 제가 생각해도 일관성이 떨어지는 것 같기도 하고요. 창의적이고 유연한 수업을 추구하긴 하지만, 동시에 수업 진도 나가는 것도 중요하다고 생각해요."

수업코치 : "아까 수업을 보니까 선생님이 사용하시는 침묵 신호가 여러 가지인 것 같네요."

수업자 : "맞아요. 학기 초에 제가 박수 치고 한 손을 올리면 학생들이 집중하는 침묵 신호를 정하여 활용했어요. 그런데 언제부터인가 아이들이 제 침묵 신호에 느리게 반응하거나 잘 집중하지 않는 경우가 생겼어요. 다른 선생님들이 사용하는 침묵 신호를 보니까 종을 치더라고요. 그래서 저도 종을 사

서 활용했는데, 사용하다 보니 종소리를 싫어하는 아이들이 있었어요. 저도 종을 치는 게 파블로프의 개 실험이 생각나서 차츰 꺼려지더라고요. 그래서 요즘은 다른 침묵 신호를 사용하고 있어요. 그러다 보니 수업 시간에 활용하는 침묵 신호가 많아졌네요. 상황에 따라 여러 가지 침묵 신호를 혼합해서 사용해요."

생존의 욕구와 자유의 욕구가 충돌하는 사람은 다음과 같은 특징을 보인다.

- 만나면 잘 지내지만, 친구들에게 자주 연락하지 않는다.
- 규칙이나 틀, 형식을 잘 만들지만 자주 바꾼다.
- 어린이라면, 학교에서는 모범 학생이나 집에서는 툴툴대고 불평이 많을 수 있다.
- 고자질이나 지적질을 자주 한다.
- 고민이 많다. 자기비평위원회가 항시 작동한다.
- 스트레스를 받기만 하고, 해소는 잘 못한다.
- 타인에게 시키지 못하고, 혼자 끌어안고 있다.
- 평화가 제일 좋다.
- 완벽주의를 지향하고, 까탈스럽게 행동한다.
- 직장에서는 생존, 집에서는 자유를 사용하는 경향이 있다.
- 별명 : 철학자, 백조

생존의 욕구와 자유의 욕구가 충돌하는 교사는 교실에서 다음과 같은 특징이 나타날 수 있다.

- 학생들에게 일을 잘 시키지 못한다. 학생들이 교실 청소를 깔끔하게 하지 못하면 교사가 직접 교실 청소를 한다.
- 학교에서는 생존의 욕구를, 가정이나 사적인 영역에서는 자유의 욕구를

- 많이 사용한다. 그래서 자기에 대한 주변 사람의 평가가 각기 다르다.
- 평상시 아이들에게는 수업 규칙과 생활 규칙을 강조하지만, 상황에 따라 규칙을 다르게 적용한다.
- 자기와 비슷하게 생존의 욕구와 자유의 욕구가 높은 학생이나 내면이 복잡한 학생을 잘 이해할 수 있다.
- 수업 시간에 교사의 표정이 밝지 못하고, 수업 고민이 다른 교사에 비해 많은 편이다.
- 학교 관리자의 뒷담화를 할 수 있다.

생존의 욕구와 자유의 욕구가 충돌하는 교사를 대상으로 수업코칭을 할 때는 다음과 같이 접근한다. 생존의 욕구와 자유의 욕구는 성격과 특징이 정반대다. 따라서 두 욕구가 모두 높은 사람은 다른 사람에 비해 자기 고민이 많고 어떤 행동을 선택하기가 쉽지 않다. 생존과 자유가 높은 교사는 철학적인 교사일 가능성이 크다. 자신과 달리 내면이 단순한 학생들을 이해하기 힘들어한다. 상황에 따라 다른 선택을 하는 모습이 남들 눈에는 일관성이 떨어지는 것처럼 보일 수 있지만 욕구 관점에서 바라보면 욕구에 따른 일관적인 행동이다. 그러므로 생존의 욕구와 자유의 욕구가 충돌하는 교사는 내면 갈등의 원인을 이해하고 있는 그대로의 자기를 이해할 수 있도록 하면 좋다. 수업코칭시 수업코치가 생존과 자유 중에서 한 가지를 선택하라고 해도 도움이 되지 않는다. 복잡한 내면 갈등상태를 이해하고 존중해야 수업자가 자기 수업 성장을 경험할 수 있다. 수업자가 자기 내면 갈등의 근본 원인을 스스로 잘 알아차리도록 수업코칭을 진행한다.

· **사랑의 욕구와 자유의 욕구가 충돌하는 교사**

수업코치 : "선생님 수업을 보니까 모둠 활동 시 일부 학생이 딴짓하는데도 특별히 피드백을 하지 않으셨어요."

수업자 : "물론 저도 모둠 활동 시 일부 학생이 딴짓하는 것을 알고 있었어요. 그런데 오늘은 공개수업이다 보니까 해당 아이들을 생활 지도하면 전체 수업 분위기가 좋지 않을까 봐 걱정되더라고요. 그래서 알고도 의도적으로 그냥 넘어갔어요."

수업코치 : "평상시 수업 속 관계 세우기와 질서 세우기 문제는 어떠한가요?"

수업자 : "아이들과 관계 세우기는 잘 이루어져요. 지금까지 저희 반 아이들이 저를 크게 힘들게 하는 경우는 거의 없었어요."

수업코치 : "오늘 수업을 보니까 ○○ 학생이 눈에 띄더라고요. 교복 상태나 외모 스타일, 무엇보다 눈빛을 보니까 일반 학생과는 약간 분위기가 달라 보였어요."

수업자 : "잘 보셨네요. 사실 ○○ 학생이 소위 말하는 주의 요망 학생이긴 해요. 학기 초부터 학부모와 상담도 했고, 나름대로 챙겨 주려고 해요. 하지만 가끔 돌발 행동을 할 때가 있어요. 그러나 어쩌겠어요? 자기 인생, 자기가 책임을 져야겠죠. 학생이 저에게 의존하는 것은 사실 부담스러워요."

사랑의 욕구와 자유의 욕구가 충돌하는 사람은 다음과 같은 특징을 보인다.

· 모두에게 친절해서 불편한 사람이 거의 없다. 주변 사람에게 편안하고 좋은 사람이라 불린다.
· 너무 자주 만나면 살짝 불편하다.
· 친하지만 적당한 선을 지킨다.
· 싫은 소리를 잘 못한다. 우유부단하다.
· 단짝이 없거나 단짝을 만들어도 선이 있다.

- 약속이 정해지면 부담스럽다.
- 친절하고 가족애가 크다.
- 관심은 좋으나 간섭은 싫다.
- 별명 : 개냥이(관심+자유), 물, 야생마

사랑의 욕구와 자유의 욕구가 충돌하는 교사는 교실에서 다음과 같은 특징을 보일 수 있다.

- 학생들과 동료 교사들에게 항상 친절하고 웃으면서 대한다.
- 교사와 학생과의 심리적 거리를 유지한다. 친하지만 거리를 두는 자세를 가진다.
- 학생들이 문제행동을 수정할 수 있도록 피드백한다. 하지만 문제행동이 수정되지 않아도 추후 피드백으로 이어 가지 않고 쉽게 포기하는 편이다.
- 일과 시간 안에 학생들과 대화하거나 상담하는 일은 좋지만, 방과 후에 대화하거나 상담하기는 좋아하지 않는다.
- 학부모를 만나는 일 자체는 좋지만, 학부모의 요구 사항을 반영하기는 부담스럽다.

사랑의 욕구와 자유의 욕구가 충돌하는 교사를 대상으로 수업코칭을 할 때는 다음과 같이 접근한다. 우선 사랑의 욕구와 자유의 욕구가 적절히 조화를 이루도록 돕는다. 교사와 학생의 심리적 사이가 너무 가까우면 교사가 스트레스를 많이 받고, 자유의 욕구가 높은 학생은 힘들어할 수 있다. 반대로 심리적 사이가 너무 멀면 학생 생활 지도가 잘 이루어지지 않고, 학생은 교사가 무정하다고 느낄 수 있다. 그러므로 사랑의 욕구와 자유의 욕구가 적절하게 조화를 이루어야 학생을 생활 지도하기가 좋다. 만약 교사가 사랑의 욕구가 높은 학생에게 자유의 욕구를 사용하고, 반대로 자유의 욕구가 높은 학생에게 사랑의 욕구를 사용한다면 문제가 생길 수 있다.

사랑의 욕구와 자유의 욕구가 높은 교사는 수업이 비구조화되고 깔끔하게 마무리되지 않을 때가 많다. 전반적인 수업 분위기는 좋지만, 수업의 내실이 부족할 수 있다. 그러므로 수업을 구조화하도록 노력해야 한다. 그리고 교사와 학생 사이의 경계선이 다른 교사에 비해 낮을 수 있다. 낮은 경계선 자체는 문제가 아니지만 경계선이 너무 낮아서 학생들의 배움이 잘 일어나지 않는다면 문제가 될 수 있다. 질서 세우기에 초점을 두어 경계선을 좀 더 높일 필요가 있다.

- **사랑의 욕구와 힘의 욕구가 충돌하는 교사**

    수업코치 : "수업을 보니까 학생들이 수업 시간에 열심히 참여하고 선생님 표정도 밝고 학생들을 잘 끌어가시네요."

    수업자 : "저희 반 아이들이 착하고 순한 편이에요. 저를 믿고 잘 따라 주어서 고맙게 생각하고 있어요."

    수업코치 : "수업 20분경 모둠 활동할 때 ○○가 모둠 활동에 잘 참여하지 않고 장난만 치니까 선생님이 바로 개입하셔서 잘 지도하시더라고요."

    수업자 : "제 수업을 잘 보셨네요. 사실 ○○가 ADHD 증상이 있는 학생이에요. 오늘은 공개수업이어서인지 ○○도 다른 일상 수업 때보다 열심히 수업에 참여한 것 같아요. 제가 늘 수업하면서 신경을 쓰고 있죠."

    수업코치 : "○○부모님과도 상담하셨겠죠?"

    수업자 : "당연하죠. 제가 상담 및 치료도 소개해 드렸어요."

    수업코치 : "관계와 질서의 조화가 잘 이루어지는 것으로 보여요. 아이들의 학습 반응에 따라 친절하면서 단호하게 지도하는 모습이 보였어요."

    수업코치 : "학급긍정훈육법에서 말하는 친절하면서도 단호한 자세에 저도 공감해

요. 평상시 아이들을 친절하게 대하려고 노력하지만, 선을 넘어가면 단호하게 지도하려고 노력해요. 다만 요즘 아이들이 학교 수업 후 밤늦게까지 학원에 가거나 수행 평가 과제로 고생하는 모습을 보면 측은하게 느껴지기도 하지만, 다른 한편으로는 이 시기에 더 열심히 공부해야 나중에 어른이 되어서 후회가 없을 것이라 생각해요."

사랑의 욕구와 힘의 욕구가 충돌하는 사람은 다음과 같은 특징을 보일 수 있다.

- 많은 사람을 집으로 초대하여 먹이고 감동을 준다.
- 타인을 위해 시간과 열정을 쏟을 때 기쁨을 누린다. 사람들을 잘 돌보고, 사람들의 필요를 파악해서 채워 주려고 한다.
- 이야기를 재미있게 한다.
- 대인 관계에 자신 있고, 오지랖이 넓은 편이다.
- 사람들에게 인기가 많은 편이다.
- 친절로 상대방을 매료한다.
- 좋은 것은 억지로라도 상대방에게 먹이고 싶다. 음식을 다 먹는지 확인한다.
- 자리를 미리 정해 준다.
- 강요하지는 않지만, 말이나 행동을 반복해서 결국 자기 뜻을 관철한다. (상왕 또는 배후 조정자)
- 원하는 대로 되지 않으면 크게 분노한다. (헐크)
- 부정적 피드백에 상처받거나 자책한다.
- 사랑은 구속이라고 생각한다.
- 별명 : 사랑의 독재자, 장군, 신사임당

사랑의 욕구와 힘의 욕구가 충돌하는 교사는 교실에서 다음과 같은 특징을 보인다.

- 학기 초에 학생 자리 배치를 했는데 교사의 허락 없이 제멋대로 자리를 이동한 경우, 공개적으로 야단친다.
- 아이들에게 관심이 많고, 아이들의 행동에 즉각 피드백한다.
- 종종 아이들을 자기 집으로 초대하거나 아이들에게 간식을 사 주면서 사랑의 잔소리를 한다.
- 교사가 원하는 방식대로 학생들이 알아서 행동해 주길 바란다.
- 학생들에게 한번 화나면 매우 무섭게 야단친다.
- 학급 운영 시 회장과 부회장 학생을 개별적으로 만나 학급 운영과 관련하여 여러 가지 일을 부탁한다. 예컨대, 지각생 점검, 다른 교과 수업 시간에 떠드는 학생 기록하기 등을 학생에게 맡길 수 있다.
- 교사가 아이들을 잘 챙겨 주기 때문에 대개 아이들이 선생님을 좋아한다.

사랑의 욕구와 힘의 욕구가 모두 높은 교사는 대개 자기가 힘의 욕구가 높다는 것을 잘 인정하지 않는다. 힘의 욕구와 관련한 자기 수업 행동도 사랑의 욕구로 포장하기 때문이다. 예컨대, 수업 시간에 성적 향상을 강조하는 것은 공부가 학생들이 좋은 상급학교에 진학할 수 있는 수단이기 때문이며, 학생들을 진심으로 사랑해서 그렇게 말한다고 생각한다. 사랑의 욕구와 힘의 욕구가 모두 높은 교사는 긍정 방향으로 행동하면 친절하지만 단호한 교사[2]로서 학생들과 관계가 좋은 교사일 수 있다. 하지만 부정 방향으로 행동하면 자기가 원하는 것을 친절로 포장하여 학생들에게 강요 아닌 강요를 하는, 소위 말하는 '답정너'로 행동할 수 있다. 교사가 학생을 자기 방식으로 사랑하면 자유의

---

[2] 학급긍정훈육법(PDC)에서는 학생들에게 기본적으로 친절하지만 문제행동 시 단호하게 행동할 수 있는 교사 역할을 강조한다.

욕구와 힘의 욕구가 높은 학생들이 반발할 수 있다. 또 학생들의 문제행동을 참다가 갑자기 화를 내고, 시간이 좀 지나면 바로 학생들에게 사과하기 때문에 학생들은 교사가 일관성이 떨어진다고 생각할 수 있다. 감정 조절이 되지 않으면 학생 눈에 매우 무서운 교사로 비칠 수 있다.

그러므로 사랑의 욕구와 힘의 욕구가 충돌하는 교사를 대상으로 수업코칭을 할 때는 사랑의 욕구뿐 아니라 힘의 욕구도 높다는 것을 알아차리도록 하면 좋다. 힘의 욕구의 긍정 방향과 부정 방향을 이해하고, 힘의 욕구를 긍정 방향으로 사용하도록 유도한다. 수업에서 자기 감정 조절이 잘 이루어지도록 자기 감정에 대한 알아차림을 강조해야 한다. 교사는 자기 감정을 억압하다 갑자기 분출하지 않도록 자기 감정 압력을 조절할 수 있도록 노력해야 한다. 그리고 수업 운영 시 구조화되고 세밀한 수업이 잘 이루어지지 않는 편이므로 생존의 욕구와 관련한 강점을 세울 수 있도록 유도해야 한다.

해당 교사는 힘의 욕구와 자유의 욕구가 높은 학생과 충돌할 가능성이 크다는 것을 스스로 인식하고, 힘과 자유가 높은 학생을 이해하며 지혜롭게 지도할 수 있어야 한다. 해당 교사가 내면에서 사랑의 욕구와 힘의 욕구가 충돌하거나 융합하면 행동할 때 강한 에너지로 분출될 수 있다. 그러므로 평소에 자기 감정과 욕구를 알아차릴 수 있으면 좋다.

- **생존의 욕구와 즐거움의 욕구가 충돌하는 교사**

    수업코치 : "선생님은 수업 고민이 무엇일까요?"

    수업자 : "제가 열심히 수업하는데 항상 수업 진도가 느린 편이에요. 다른 선생님에 비해 진도가 늦다 보니 학기 말이 되면 스트레스가 되기도 해요."

    수업코치 : "다른 교사에 비해 수업 진도가 느리다고 하셨는데, 그 이유는 무엇이라고 생각하세요?"

수업자 : "과학과라는 교과 특성상 기본 개념과 원리에 대하여 설명할 것도 많고, 오개념이 생기지 않도록 세밀하게 확인도 해야 하고, 실험 실습도 해야 하니 아무래도 시간이 많이 드는 것 같아요. 과학과 교육과정상 다루어야 할 교과서 학습 내용도 많고요. 특히 우리 반 수업을 할 때는 교과 수업 내용뿐 아니라 생활 지도 관련 이야기도 하다 보니까 더욱 진도 나가기가 쉽지 않네요."

생존의 욕구와 즐거움의 욕구가 충돌하는 사람은 다음과 같은 특징을 보인다.

· 검색의 달인이라 저렴하면서 좋은 맛집과 숙소를 잘 찾는다.
· 여행을 자주 가고 싶지만, 안전이 걸리고 돈이 걸린다.
· 결정을 잘 못한다.
· 고민이 많다.
· 스릴을 즐기고 싶지만, 겁나서 멈춘다.
· 교육열이 높다.
· 별명 : 알바신, 몸 사리는 홍길동

생존의 욕구와 즐거움의 욕구가 충돌하는 교사는 교실에서 다음과 같은 특징을 보인다.

· 학생들에게 공부의 중요성을 자주 강조한다.
· 조종례 시간이 다소 긴 편이다.
· 학급 행사를 기획할 때 여러 가지 변수를 고려하여 운영하려고 한다.
· 풍성하고 활기찬 수업을 추구하지만, 구조화된 수업으로 진행하려고 하고, 학생 변수를 최대한 줄이려고 노력한다.
· 수업 진도가 다른 교사에 비해 느린 편이다. 많은 학습 내용을 꼼꼼하게 가르치기 때문이다.

생존의 욕구와 즐거움의 욕구가 충돌하는 교사를 대상으로 수업코칭을 할 때는 다음과 같이 접근한다. 생존의 욕구와 즐거움의 욕구가 높은 교사가 수업에서 성장하려면 선택과 집중의 원리에 따라 가장 중요하다고 생각하는 것을 찾아 그것에 집중하여 수업디자인을 할 수 있어야 한다. 그래서 수업코치가 수업자 스스로 가장 중요하다고 생각하는 것을 수업 성찰을 통해 도출하고 이를 실천할 수 있도록 유도하는 노력이 필요하다. 생존의 욕구와 즐거움의 욕구가 충돌하면 새로운 수업을 하고 싶은데도 실제로는 보수적인 형태로 수업하면서 스스로 내적 갈등에 빠져 힘들어하는 경우가 생긴다. 수업코치가 수업자 내면에서 부딪치는 생존의 욕구와 즐거움의 욕구를 명료하게 정리해 주고 자기 욕구를 알아차리도록 유도하는 단계가 필요하다.

생존의 욕구와 즐거움의 욕구가 높은 교사는 즐거움의 욕구를 내세우고, 생존의 욕구가 뒷받침하는 형태로 자기 조절을 할 필요가 있다. 생존의 욕구를 먼저 내세우면 즐거움의 욕구 때문에 내적 갈등에 빠지기 쉽다. 새로운 지식과 정보, 새로운 수업 방식(즐거움)을 구조화(생존)하여 수업을 운영하면 수업 성장에 큰 도움이 된다. 새로운 인공지능 활용 수업을 도입하여 수업을 운영하되 모든 학생에게 의미 있는 학습이 이루어지도록 잘 챙기면서 수업을 운영하는 식이다. 생존의 욕구와 즐거움의 욕구가 높은 교사는 대개 교실에서는 생존의 욕구만 사용하고, 즐거움의 욕구는 개인 생활에서만 사용한다. 그러다 보면 교실에서는 완벽한 모범 교사처럼 생활하지만, 학교 밖에서는 게임이나 개인 취미생활을 즐기는 이중생활(?)을 하게 된다. 상황에 따라 다양한 페르소나(persona)[3]를 사용하는 것이다. 하지만 두 가지 욕구를 적절하게 수업에서 구현하면 재미있고 내실 있게 수업하는 교사가 될 수 있다.

---

3) 페르소나는 원래 탈, 가면을 말한다. 심리학에서 페르소나는 개인이 사회생활을 하면서 사람들로부터 비난받지 않기 위해 겉으로 드러내는, 자신의 본성과는 다른 태도나 성격으로 사회의 규범과 관습을 내면화한 것을 말한다.

7장

수업 역량 단계 및 교직 생애 주기별 수업코칭 전략

7장.
수업 역량 단계 및
교직 생애 주기별 수업코칭 전략

수업 전문성과 수업 역량

일반적으로 전문직의 기준은 다음과 같다[1].

- 해당 분야의 전문 지식을 지닌다.
- 자격이 있어야 입회할 수 있다.
- 행위가 규제된다.
- 공통 가치에 구속된다.

---

1) 리처드 서스킨드 외, 위대선 역(2016), 『4차 산업혁명 시대, 전문직의 미래』, 와이즈베리

교직은 위의 전문직 기준을 모두 충족한다. 교사는 교육 분야에 대한 전문 지식과 기술이 필요하다. 전문가의 지식은 이론가의 지식과 달리 실무지식까지 포함한다. 교사는 교육학 분야의 해박한 지식을 넘어 학생을 도울 수 있는 실질적인 수단과 능력이 있어야 한다. 교사가 지닌 지식과 기술, 경험을 학생의 필요에 맞게 활용하여 접근해야 한다.

교사가 되려면 교사자격증을 발급받아야 한다. 교사자격증을 받으려면 오랜 교육과 훈련, 수습 기간을 거치고, 그 과정에서 지식과 실무 경험을 충분히 쌓고 적절한 지도를 받았음을 입증해야 한다. 그제야 독자적으로 일하는 온전한 교육 전문가로 인정받는다.

교사는 교육 행위에 대한 독점권을 부여받는다. 교사는 교육 분야의 업무를 수행할 자격을 부여받고, 법률에 따라 독점권을 보장받는다. 교사는 독점권을 보장받는 대신, 교사에게 규정된 행위 기준과 윤리 규정에 합치하도록 노력해야 한다. 다른 직업에 비해 교사는 수준 높은 윤리적 태도를 요구받는다.

교사는 공통 가치에 구속된다. 정직, 신뢰, 봉사 등의 기본 가치 덕목을 바탕으로 학생을 사랑해야 한다. 교사는 공공 이익에 봉사하고, 특정한 사회적 책임을 다하여야 한다. 교사는 자기가 하는 교육활동에 다른 사람들이 쉽게 접근할 수 있도록 해야 하고, 다른 사람을 위해 노력해야 한다.

전문직의 또 다른 기준은 자기 역량을 동료들에게 검증받으며 지속적으로 키우는 기회를 가진다는 것이다. 학자는 자기 연구 논문을 학회에 발표해서 다른 연구자들로부터 검증받는다. 의사는 자기 환자 치료 과정을 동료 의사들과 공유하면서 피드백을 받는다. 마찬가지로 교사의 수업 전문성도 동료 교사들의 검증과 피드백을 통해 향상된다. 만약 동료 교사들의 검증과 피드백을 제대로 받지 못한다면 수업 전문성을 지속적으로 향상하기 힘들 것이다.

교사의 전문성은 자기 업무와 역할 관련 역량에 기반한다. 교사의 3대 업무는 수업, 생활 지도, 행정 업무이다. 쉽게 말해, 역량 있는 교사란 잘 가르치고, 학생들을 사랑하고, 일도 잘 처리하는 교사이다.

3대 업무 중 가장 많은 시간 동안 학생들과 만나는 통로는 수업이다. 그래서 교사의 수업 전문성은 매우 중요하지만, 수업 전문성을 지속적으로 향상하기는 그리 쉽지 않다.

교직 생애 주기별 특징

교육부에서는 교직 생애 주기를 다음 4단계로 구분한다[2]. 이에 따른 생애 주기별 특징은 다음과 같다.

• 1~4년 차 교사(입직기)

새내기 교사로서 시행착오를 통해 수업을 배우며 자기만의 수업 루틴을 형성해 나간다. 담임 교사로서 학생 생활 지도를 배워 나간다. 상대적으로 학생들과의 관계 세우기는 잘 이루어진다. 하지만 질서 세우기는 힘들어한다. 행정 업무를 배우면서 학교생활에 적응해 간다.

• 5~10년 차 교사(성장기)

교직 경력 4~5년 차가 되면 대개 일상 수업 루틴이 형성되면서 점차 수업을 안정적으로 운영할 수 있다. 대개 이 시기에는 교사마다 수업 색깔은 달라도 수업 역량 격차는 거의 없다. 담임 교사로서 원만하게 학생 생활 지도를 할

---

[2] 교육부(2018)에서는 교직 생애 주기를 4단계로 설계하고 그에 맞는 교원 연수체제를 제시하였다. 한편, 김병찬(2007)은 7단계로 세부화할 것을 제안했다. 시행착오기(1~2년), 좌절·성장기(2~5년), 발달기(5~10년), 성숙·안정기(10~15년), 회의·혼란기(15~20년), 소극·냉소기(20~30년), 초월·격리기(30년 이후)이다. 에듀인뉴스. https://www.eduinnews.co.kr/news/articleView.html?idxno=20865. 2025.04.28
손성호 외(2017), 「초중등 교사의 생애 주기별 핵심 역량 및 역량 기반 교육과정 개발 연구」, 한국교육공학회

수 있다. 어느 정도 관계와 질서의 조화가 이루어진다. 행정 업무도 체계적으로 잘 운영할 수 있다.

10년 차 이후 부장 교사나 행정 부서 기획 업무를 잘 감당한다. 결혼하면 학교생활과 가정생활의 조화를 위해 노력한다. 기혼자라면 인생 주기에 따라 가정에서도 결혼, 임신, 출산, 육아 등으로 바쁘게 지낸다. 이에 따라 휴직을 하기도 한다. 10년 차 이후 교직 생활에 임할 때 긍정적 태도를 가진 교사와 부정적 태도를 가진 교사로 분화되는 경향이 생긴다.

- **11~20년 차 교사(발전기)**

11년 차 이상이 되면 중견 교사로서 자연스럽게 리더십을 가지게 된다. 대개 학교 중간관리자(부장 교사)로서 역할을 수행한다. 행정 업무 부담이 커져서 수업과 생활 지도의 우선순위가 낮아질 수 있다. 학생과 교사의 연령 차이가 벌어지면서 학생들과 소통하기가 다소 어려워진다. 교사가 먼저 학생에게 다가가지 않으면 학생들과의 관계 세우기가 쉽지 않다. 인생의 전반전을 살았기에 인생 후반전을 위한 하프 타임을 가지는 경우가 많다. 중견 교사로서 나머지 교직 생활을 어떠한 방향으로 살아갈지 고민이 많은 시기이다. 인생의 하프 타임(half time)[3]을 거치며 교직 후반전의 방향이 많이 달라진다. 긍정 방향 교사와 부정 방향 교사의 교직 생활 방식이 크게 달라지고 양극화 현상이 심해진다. 부정 방향 교사는 다른 분야에 관심을 가지는데, 역량이 뛰어나기 때문에 다른 분야에서도 성과를 거둘 수 있다.

---

3) 하프 타임이란 축구 등의 운동 경기에서 전반전과 후반전 사이의 휴식 시간을 말한다. 인생에서 하프 타임을 가지면, 인생을 전반전과 후반전으로 나누고 그 중간 시기에 전반전의 삶을 성찰하며 후반전의 삶을 새롭게 꿈꿀 수 있다.
밥 버포드, 이창신 역(2009), 『하프 타임』, 국제제자훈련원

• **21년 차 이상 교사(심화기)**

학교 관리자(교감, 교장)로서 학교 리더십을 발휘하거나 평교사로서 자기 역할을 잘 감당한다. 수석교사로서 후배 교사를 돕기도 한다. 다른 분야에 관심이 많은 경우, 명예퇴직을 선택하기도 한다. 퇴직 이후 삶을 구체적으로 탐색하고 준비하는 시기이기도 하다.

교직 경력과 수업 역량은 비례하지 않는다?

모든 교사는 수업을 잘하고 싶어 한다. 하지만 수업을 잘하고 싶은 마음만으로 수업을 잘할 수 있는 것은 아니다. 왜냐하면 수업에 대한 전문 지식과 기술, 경험 등이 필요하기 때문이다. 특히 수업은 가르침과 배움의 상호작용으로 운영되기에 교사가 가르치는 행위뿐 아니라 학생 존재를 이해하고, 학생들의 배움이 일어나도록 유도해야 한다.

교사의 수업 역량이 교직 경력에 늘 비례하지는 않는다. 교직 경력 1~2년 차 새내기 교사는 대개 수업에 대한 이론 지식은 있으나 실무 경험과 실천 능력이 부족하다. 교실에서 좌충우돌하면서 점차 수업 경험을 쌓아 안정을 찾아간다. 수업 준비 단계에서 많은 시간과 에너지가 필요한 단계이다. 그런데 4년 차 정도 되면 자기 일상 수업에 루틴이 형성되면서 수업을 준비한 만큼 진행할 수 있는 역량이 생긴다. 일단 학생과 관계와 질서 세우기를 할 수 있는 힘이 생기면서 심리적인 여유를 가지고 수업할 수 있게 된다. 교육과정 재구성, 수업 준비, 수업 진행, 수업 마무리, 수업 평가 등 일상 수업 전반에 루틴이 생기고, 다양한 수업 내용을 수업 루틴에 적용하여 풀어 갈 수 있게 된다. 마치 수학 문제를 풀 때 수학 공식에 따라 손쉽게 문제를 풀 수 있듯이, 자기 수업 루틴에 맞게 수업 내용을 넣어서 진행할 수 있게 된다.

교직 10년 차 정도 되면 수업 역량이 정점에 다다른다. 연구 공개수업을 통해 새로운 수업 방식을 실험하고, 이를 토대로 일상 수업을 더 풍성하게 운영할 수 있다. 10년 차 교사의 수업을 관찰하면 각자 수업 색깔은 달라도 일정 수준의 수업 역량을 가지고 있다는 것을 쉽게 알 수 있다. 다만, 교직 경력 10년 차가 되면 교직 업무 특성상 수업보다 행정 업무 부담이 커진다. 교사 내면에서 일종의 소진 현상이 생기면서 수업이 지체되거나 흔들리는 현상이 벌어지기도 한다. 이때 수업에 대한 긍정 방향과 부정 방향으로 양극화 현상이 나타난다. 긍정 방향의 교사는 지속적인 수업 성장이 이루어지지만, 부정 방향의 교사는 수업 퇴행 현상이 나타난다. 그래서 교직 20년 차, 30년 차 교사의 수업에서 수업 양극화 현상이 자주 관찰된다.

교직 생애 주기별 긍정 방향과 부정 방향 교사의 덕목과 특징

성인기의 발달 단계를 연구한 발달심리학자 에릭슨은 인생 발달 단계에 따른 덕목을 긍정 방향과 부정 방향으로 구분하여 설명한다. 에릭슨에 의하면 20대 성인기는 친밀감 대 소외감, 30~50대 장년기는 생산성 대 침체성, 60대 이후 노년기는 통전성 대 절망감으로 구분된다. 이에 근거하여 교사의 성장 단계에 참고할 교직 생애 주기별 덕목을 다음과 같이 제시해 보았다[4].

교직 생애 주기별 덕목

연령대	긍정 방향	부정 방향
1~4년 차(20대)	열정	냉정
5~15년 차(30대)	안정	무기력
16~25년 차(40대)	몰입	대체
26년 차 이상(50대)	리더십	냉소주의

---

[4] 김현섭(2016), 『수업 성장』, 수업디자인연구소

• **열정 vs 냉정**

  20대 교사의 덕목은 '열정' 대 '냉정'이다. 긍정적인 20대 교사는 실패를 두려워하지 않고 치우침을 통해 경험을 쌓아간다. 손해가 나더라도 그것이 의미 있다면 그 일에 자신의 시간과 에너지를 투자한다. 수업에 열정을 가지고 수업한다. 학생들과의 관계를 소중히 여기고 그 과정에서 온전한 기쁨을 누린다. 학교 행정 업무에서 시행착오를 두려워하지 않는다.

  그에 비해 부정적인 20대 교사는 이해관계에 예민하게 반응한다. 자기에게 이익이 된다고 생각할 때는 열심히 학교 업무를 수행하지만 그렇지 않다고 판단할 때는 적당히 선을 긋는다. 선배 교사가 무리한 요구를 할 때는 당당하게 반론을 제기한다. 수업 준비는 나름대로 노력하지만, 누군가에게 열심히 배우려고 하지 않는다. 저경력 교사라는 이유로 무조건 많은 수업을 맡고 싶어 하지 않는다. 교사가 되기 전까지 미뤘던 사생활의 기쁨(연애나 취미생활 등)을 찾기 위해 노력한다. 일부 교사는 교사 임용을 위해 노력하느라 자기 감정과 욕구를 해소하지 못한 채 억누르고 살아왔다. 이 경우, 교사가 되고 나서 자기 인생의 미해결 과제를 완성하려는 경향이 있어서 사춘기적 특성이 뒤늦게 나타나기도 한다.

  20대 교사가 성장하기 위해서는 수업 멘토링, 수업 컨설팅이 필요하다. 좋은 교수 습관을 형성하고 안정적인 수업 루틴을 찾아가도록 도와줄 필요가 있다. 수업 연수와 공개수업 참관을 통해 실질적인 수업 노하우를 배우도록 해야 한다. 교사의 정체성을 잘 형성할 수 있도록 도와야 한다. 만약 교직 생활에 잘 적응하지 못한다면 다른 직업을 탐색하도록 유도할 필요가 있다.

• **안정 vs 무기력**

  30대 교사의 덕목은 '안정' 대 '무기력'이다. 긍정적인 30대 교사는 교직 경험이 쌓이면서 자신감을 가지고 안정적으로 학교 업무를 감당한다. 자기에게 주어진 업무에 최선을 다하고 일이 있으면 학교에 늦게까지 남아 업무를 처리한다. 교사로서 성장하고자 하는 욕구가 크다. 대학원에 진학하는 등 자기 능력 개발을 위해 많은 시간과 에너지를 투자한다.

부정적인 30대 교사는 개인주의라는 울타리가 예전보다 견고해진다. 승진과 학점 등 직접적인 이해관계가 없는 한 자진해서 힘든 업무를 담당하지는 않는다. 다른 사람에게 비난받지 않는 선에서 현재 누리는 것을 최대로 누리려고 노력한다. 교육활동 과정에서 발생하는 실패와 좌절의 경험이 쌓이면서 소진 현상이 나타나고 그 결과 학습된 무기력에 빠지기도 한다. 육아 휴직 등으로 경력 단절을 경험하는 일부 여교사는 어느 정도 체념하고 현실에 안주하는 성향을 띠기도 한다.

30대 교사가 성장하기 위해서는 교직 사명감을 바탕으로 자기 관심 분야를 연구하고 실천해야 한다. 반성적 실천가로서 살 수 있어야 한다. 주변에서 칭찬과 격려를 통해 교직 생활의 방향을 다질 필요가 있다. 내면이 흔들리는 교사의 경우, 수업상담적 접근이 필요하다. 소진 현상에 빠지는 이유는 에너지를 사용하기만 하고 에너지를 얻는 통로가 상실되었기 때문인 경우가 많다. 그러므로 자기에게 맞는 에너지원을 만들어야 한다.

• 몰입 vs 대체

40대 교사의 덕목은 '몰입' 대 '대체'이다. 긍정적인 40대 교사는 자신의 능력을 최대로 발휘한다. 그동안의 경험을 바탕으로 지혜롭게 행동하고 수업, 생활 지도, 행정 업무 등에서 능력이 최고조에 다다른다. 일의 성취 의욕이 높고, 교사와 학생과의 관계에서 오는 행복감을 온전히 누린다. 선택과 집중의 원리에 따라 자기 능력을 효율적으로 관리하여 활용한다.

부정적인 40대 교사는 학교 업무 수행에 전력을 내지 않고 적당한 선에서 일한다. 학교 업무 이외에 다른 분야에 눈길을 두고 그 분야에서 능력을 발휘하려고 노력한다. 교사는 기본 능력이 일반인보다 뛰어나기 때문에 짧은 시간 안에 재테크, 자녀 교육, 운동, 취미 등 다양한 분야에서 두각을 드러낸다.

40대 교사가 성장하기 위해서는 자기 역량에 맞는 역할을 할 수 있어야 한다. 자기가 하고 싶은 일, 잘하는 일을 해야 발전할 수 있다. 동료 교사들을 돕고, 전반적인 학교 업무를 감당하는 중견 교사로서의 삶을 살 수 있어야 한다. 특히 긍정 방향의 교사가 학교 중간관리자(리더)를 맡으면 좋다. 긍정 방향의 교사는 수업 컨설팅과 수업코칭을 통해 지속적인 수업 성장을 하면 좋다. 부정 방향의 교사는 자기 교직 생활 전반을 성찰할 수 있는 기회를 갖도록 한다. 부정 방향 교사가 더욱 부정 방향으로 가지 않도록 수업장학 활동도 필요하다. 부정 방향 교사가 학교 중간관리자(리더)가 되면 학교 운영이 잘 진행되지 않는다.

- **리더십 vs 냉소주의**

50대 교사의 덕목은 '리더십(지배)' 대 '냉소주의(소외)'이다. 긍정적인 50대 교사는 학교 운영이나 업무, 후배 교사를 섬기는 일에서 자신의 능력을 발휘한다. 관심사의 수준이 교사 개인의 수업과 생활 지도 영역을 넘어 학교 운영 전반이나 다른 교사들을 돕는 영역 등으로 확장된다. 좋은 학교를 만들기 위해 노력하고 후배 교사를 진심으로 챙긴다.

그에 비해 부정적인 50대 교사는 자기 관리에 실패하여 무능력해지거나 능력이 있어도 충분히 발휘하지 않는 태만한 태도를 가진다. 심지어 열심히 일하는 사람들을 공격하거나 주변 사람에게 부담을 주는 냉소주의자로 살아간다. 학교 운영에 비판적이고, 공개적인 자리에서는 가만히 있지만 비공개적인 자리에서 자기의 불만을 강하게 토로한다. 열정적인 사람들을 비꼬거나 비난한다. 연공서열을 중시하는 교직 문화에서는 학교 관리자도 부정적인 50대 교사를 통제하기 힘들다. 학교 관리자가 자기보다 나이 많은 교사를 통제한다는 것은 그리 쉬운 일이 아니다.

50대 교사가 성장하기 위해서는 자기 역량을 충분히 발휘할 수 있도록 인사(人事)가 이루어져야 한다. 긍정 방향의 교사가 학교 관리자나 수석교사가 되어 리더로서 역할을 잘 수행할 수 있어야 한다. 부정 방향 교사들의 영향력을 학교 안에서 최소화하는 방안을 모색해야 한다. 퇴직을 앞둔 시기이므로 아름답게 퇴장하도록 도와주어야 한다. 제2의 인생을 준비하는 시간을 가져야 한다.

수업 역량 단계별 수업코칭 전략

교사마다 수업 역량이 다르다. 수업 역량 단계를 교사의 수업디자인 역량, 학생 배움, 지식관, 관계와 질서 세우기 문제 등으로 구분하여 다음 5단계를 제시한다[5].

---

5) 김현섭(2016), 『수업 성장』, 수업디자인연구소

• 1단계 : 초보 단계

[특징]

　1단계는 새내기 교사에게서 쉽게 보이는 단계로서 이론 지식은 있으나 실무 경험이 부족한 상태이다. 교사가 대학에서 배운 이론 지식을 교실에서 적용하면서 시행착오를 거쳐 교사로서 성장하는 시기라고 할 수 있다. 학생들을 대상으로 어떻게 수업해야 할지 몰라서 종종 실수를 저지를 수 있다. 수업디자인 차원에서도 교육과정 재구성과 학생 참여형 교수학습 방법 등을 실천할 때 부족한 점이 나타날 수 있다. 새내기 교사는 교과서 내용을 전달하는 데도 많은 에너지를 사용하기에 교육과정 재구성을 할 여유가 부족하다. 그래서 대개 객관론적 인식론에 근거하여 지식을 체계적으로 전달하는 데 초점을 두어 수업을 진행한다. 교사가 교과 지식을 이해하여 전달하는 데 집중하는 경향이 있다. 이 시기에는 수업 준비 시간이 원래 수업 시간보다 최소 몇 배로 필요하다. 이 단계에서 이론 지식을 실천하며 경험하게 된다.

　대다수 학생이 젊은 교사를 좋아해서 관계 세우기는 어느 정도 이루어진다. 교사와 학생과의 경계선이 대체로 낮은 편이다. 다만, 교사와 학생이 친밀하더라도 수업 시간에 사회적 상호작용이 부족하기 쉽고, 신뢰 관계까지 나아가지는 못할 수도 있다. 또한 교사가 수업 방해자를 효과적으로 통제하는 데 많은 어려움을 겪을 수 있다. 교실에서 질서 세우기가 쉽지 않다.

[수업코칭 전략]

　1단계 교사의 경우, 수업 컨설팅 내지 수업 멘토링적 접근이 필요하다. 수업자가 경험하고 있는 수업 문제점을 구체적으로 어떻게 해결하면 좋을지 스스로 알아보고 해결 방안을 실행하는 과정이 필요하다. 몰라서 실수하는 것은 당연하다. 다만 모르는 것은 물어 가면서 배우는 태도가 필요하다. 새내기 교사는 행정과 생활 지도 분야는 주변 교사에게 물어보면서 배우지만, 수업 분야는 그렇지 않은 경우가 많다. 수업 문제가 발생하면 개인이 해결하려 하거나 또래 저경력 교사끼리 자료를 공유하면서 해결하려고 한다. 1단계 교사는 좋은 수업 멘토(역할 모델)를 만나 수업의 기본기를 체계적으로 훈련받을 필요가 있다. 현행 교생 제도만으로는 한계가 있다. 교육정책 차원에서는 수습 교사제 도입을 고민하거나 교원 양성 과정에서 의사 양성처럼 일정 기간 현장에서 도제 교육을 할 필요가 있다.

1단계 교사를 수업코칭 하는 경우, 구체적인 방법을 제시해도 좋다. 두루뭉술하게 돌려서 말하기보다 수업에 바로 적용하고 실천할 방법과 기술을 가르쳐 주면 좋다. 수업을 체계적으로 배워 나가도록 다양한 수업 연수 참여 기회를 제공하면 좋다. 그래서 신규 교사 추수 연수나 1정 연수는 매우 의미가 있다. 이 시기에는 새내기 교사가 자기만의 좋은 일상 수업 루틴을 형성하도록 돕는 일이 중요하다.

1단계 교사는 저경력 교사로서 단점이 상대적으로 많이 드러나기에 수업 피드백 시 단점 보완에만 초점을 두는 경향이 있다. 하지만 1단계 교사를 피드백할 때는 단점 보완도 언급하되 장점을 찾아 강화하도록 돕는 일을 우선해야 한다. 장점 강화는 적은 노력으로 성과를 거둘 수 있지만, 단점 보완은 교사가 큰 노력을 기울여도 개선 효과가 낮을 수 있기 때문이다. 그래서 장점 강화 전략을 통해 교사로서 자존감을 세우고 나서, 단점 보완 전략을 추진하면 좋다. 장점 강화 우선 전략을 통해 교사가 더 안정적으로 성장할 수 있다. 새내기 교사로서 자신감과 자기효능감을 심어 주는 노력이 필요하다.

일부 교사는 교사 임용 과정에서 많은 에너지를 사용한 탓에, 정작 교사가 되고 나서 교사로서 살아가기를 힘들어한다. 특히 예비 교사 시절에 생각했던 교사의 삶과 실제 교직 생활이 다른 경우, 정체성 문제와 진로 문제로 힘들어

한다. 그래서 교사로서 정체성이 흔들리는 상황이 생긴다. 교직 업무에 소극적이고, 개인주의 성향을 바탕으로 생활하기도 한다. 이들에게는 교사로서의 정체성과 사명감을 심어 주는 데 초점을 두고 접근하도록 한다.

• 2단계 : 위기 단계

[특징]

교직 경력 3~4년 차가 되면 자기만의 수업 루틴이 형성된다. 수업 도입, 진행, 마무리, 평가 등 자기만의 일상 수업 진행 방식이 형성되면 안정적으로 수업을 진행할 수 있다. 수업 내용은 달라도 일정한 방식에 따라 수업을 진행할 수 있어서 수업 시간보다 적은 시간을 투자해도 수업을 진행할 수 있는 역량이 생긴다.

그런데 교직 경력이 어느 정도 쌓이고 일상 수업 루틴이 형성되어 있어도, 일부 교사는 수업 시간에 발생하는 여러 가지 문제점을 잘 해결하지 못한다. 이 경우 교실에서 학생의 배움이 잘 이루어지지 않는다. 잘 몰라서 힘든 1단계 교사와 달리, 어느 정도 알고 있어도 문제를 해결하지 못하는 교사가 2단계에 해당한다.

2단계 교사는 수업디자인 측면에서 볼 때 교육과정 재구성이 잘 이루어지지 않고 교과서대로 지식을 전달하려는 경우가 많다. 일상 수업 루틴에 따라 수업을 진행한다. 하지만 수업 방법이 대체로 단순하고 새로운 교수학습 방법에 관심이 적은 편이다. 수업 시간에 문제 상황이 발생해도 그 근본 원인을 찾아 문제점을 해결하는 것이 아니라 문제 현상만을 바라보고 성급한 해결책을 적용하려고 한다. 예컨대, 학생이 수업 시간에 떠들면 그 원인을 생각하지 않고 떠드는 행동에만 초점을 맞추어 단순하게 야단을 친다. 교사가 여러 번 주의를 주어도 학생 행동에 변화가 없으면 그대로 포기하거나 방치한다. 교사가 스스로 수업 문제를 해결하지 못해서 힘들어하는 경우가 대체로 여기에 해당한다.

2단계 교사는 대개 학생들과의 관계와 질서 세우기가 잘 이루어지지 않는다. 물론 교사는 관계와 질서 세우기에 노력을 기울인다. 하지만 결과적으로 학생들의 문제행동을 잘 관리하지 못한다. 수업 방해자 학생도 적절하게 관리하지 못한다. 그 이유는 여러 가지로 복잡하다.

교사의 내면이 무너져서 수업 문제행동을 잘 지도하지 못하는 경우가 많다. 교사의 내면이 흔들리는 데는 여러 원인이 있다. 우선 학생이나 학부모와의 관계 갈등으로 교사 내면에 상처가 깊을 수 있다. 교과 지식과 기술의 부족, 다교과 지도에서 오는 부담 등 지식에 대한 두려움 때문에 힘들어하기도 한다. 과도한 업무 때문에 수업 피로, 공감 피로, 조직(행정 업무) 피로를 경험하고 결과적으로 소진 현상에 빠지기도 한다[6]. 수업 문제 해결 실패를 경험하고, 좌절감을 맛본다. 반복된 실패와 좌절감은 학습된 무기력과 낮은 교사 자존감으로 이어진다. 2단계 교사는 전반적으로 학생을 향한 관심을 줄이고, 학생들과 심리적으로 거리를 두어서 더 이상 상처받지 않으려고 한다. 수업뿐 아니라 다른 교직 업무에서도 소극적인 자세를 가지기 쉽다.

교사 자신에게도 일정 부분 문제가 있을 수 있는데, 2단계 교사는 수업 문제의 원인을 모두 외부 탓으로 돌리는 경향이 있다. 그래서 객관적으로 자신의 수업에 문제가 있다는 것을 잘 알아차리지 못한다. 자기 수업의 문제점을 인식해도 그 원인이 학생이나 환경, 제도에 있다고만 생각한다. 따라서 자기 수업에 대한 진지한 성찰로 이어지지 않는다.

---

[6] 김현수(2014), 『교사 상처』, 에듀니티

[수업코칭 전략]

2단계 교사에게는 기본적으로 교사의 내면에 초점을 둔 수업상담적 접근이 필요하다. 상담이란 내담자가 지닌 마음의 상처를 치유하는 대화라고 볼 수 있다. 2단계 교사를 대상으로 수업코칭 하는 경우, 수업코치가 수업자에게 성급하게 해결책을 제시하는 것보다 수업자의 마음을 깊이 이해하고 수업자의 이야기에 공감하며 격려하는 노력이 우선 필요하다. 수업 문제 원인이 교사 내면과 관련될 수 있으므로 수업자가 자기 내면을 돌아보고 성찰할 기회를 제공해야 한다.

수업코칭은 궁극적으로 수업 문제를 해결하는 일이다. 그런데 교사 내면에 문제가 있으면 합리적인 해결책을 제시해도 교사가 이를 수행하기 어렵다. 그러므로 교사 내면을 성찰하고 근본 원인을 알아차리도록 유도하는 노력이 필요하다. 수업코칭은 내면 상처를 치유하는 데 한계가 있다. 그래서 교사 내면에 상처가 있는 경우, 내면 상처가 수업 문제와 연결된다는 것을 알아차리도록 하는 데 초점을 둔다. 교사의 내면 상처가 깊은 경우, 수업코치가 직접 이를 다루기보다 전문 상담가를 연결하여 해결하도록 안내해 주면 좋다. 내면 상처 치유에는 많은 시간과 전문적인 노력이 필요하다.

교사의 내면 상처를 다룰 때 '직면하기'가 유용할 수 있다. 수업코칭에서 직면하기가 잘 이루어지면 교사의 극적인 수업 행동 변화가 나타난다. 하지만 직면하기 활동은 교사의 내면이 안정되어서 직면하기를 감당할 내적인 힘이 있을 때만 효과가 있다. 그리고 수업코치가 직면하기를 잘할 수 있는 전문성과 역량이 있어야 한다. 이러한 전제 조건이 충족되지 않은 상태에서 어설프게 직면하기를 시도하면 오히려 교사에게 더 큰 내면의 상처를 줄 수 있다. 그러므로 수업코칭에서는 제한적으로 활용하는 것이 좋다.

부정 방향 교사는 수업코칭으로 한꺼번에 수업 문제를 해결하기 힘들다. 해당 문제를 최소화할 수 있는 낮은 수준의 실행 과제를 제시하고, 현재보다 조금 나은 수준으로 올리는 것으로 목표를 삼아야 한다.

- **3단계 : 보통 단계**

[특징]

상당수 교사는 3단계에 해당한다. 일단 일상 수업 루틴이 잘 형성되어 있고, 안정적으로 수업을 운영한다. 도입, 진행, 마무리 등 수업 진행 방식이 일정 패턴을 따른다. 수업 시간보다 수업 준비 시간이 짧아도 수업을 안정적으로 운영할 수 있다. 복잡한 수학 문제를 그냥 풀려면 시간이 오래 걸리지만, 수학 공식을 활용하면 짧은 시간 안에 정답을 구할 수 있는 것과 마찬가지이다. 패턴이 형성되었기에, 수업 내용이 달라도 일상 수업 루틴에 따라 운영하면 원만하게 수업을 운영할 수 있다. 그동안의 시행착오를 통해 어느 정도 검증된 수업 방법을 연결하여 수업할 수 있다.

교과서 지식을 잘 이해하고, 학생들이 이해하기 쉽게 조직화하여 지식을 전달할 수 있다. 대개 교과서가 학문적 체계에 따라 조직되어 있기에 교과서를 중심으로 수업을 진행하는 경우가 많다. 교사가 교육과정을 잘 이해하고 연구하며, 교과 지식에 어느 정도 자신감이 있는 상태이다. 3단계 교사는 객관론적인 인식론 모델에 따라 지식을 효과적으로 학생들에게 가르칠 수 있다.

초등학교 고학년 교사나 중등 교사는 대개 교육과정(지식) 중심의 수업을 진행한다. 그런데 지식 전달 중심의 수업으로 진행하다 보면 자칫 학생 참여 활동이 충분히 일어나지 않고, 교사 중심 수업으로 진행하는 경우가 생길 수 있다. 교수학습 방법 측면에서는 일상 수업 루틴에 따라 상대적으로 단조로운 수업 방법으로 운영한다.

반면 유치원이나 초등학교 저학년 교사, 특수학교 교사는 때로 교수학습 방법 중심으로 수업을 하는 경우가 많다. 이 경우, 여러 가지 활동을 통해 학생 참여를 유도하는 수업으로 진행한다. 하지만 지식의 재구조화나 교육과정 재구성은 잘 이루어지지 않은 경우가 많다. 학생들에게 다양한 교수학습 활동을 활용하면 학생들의 수업 집중도를 올릴 수 있다. 그래서 많은 교사가 학생들이 좋아하는 놀이나 다양한 활동 등에 초점을 맞추어 수업을 진행한다. 하지만 활동과 배움이 늘 일치하지는 않는다. 이러한 수업에서는 학생들이 다양한 활동을 통해 충분히 재미를 느끼지만, 지식의 몰입으로 이끄는 흥미 유발 단계로는 연결되지 않기도 한다. 재미는 있으나 흥미에 도달하지 못해서 일부 학생의 배움이 충분히 일어나지 않게 된다. 수업에서 학생은 수동적인 역할에 그치고, 학생 주도성이 잘 나타나지 않는다.

[수업코칭 전략]

3단계 교사는 자기 일상 수업 루틴을 점검하고 성찰할 필요가 있다. 익숙한 수업 방식에서 벗어나 낯선 수업 방식을 시도해 보는 노력이 필요하다. 단조로운 수업 방식에서 탈피하여 좀 더 풍성하게 수업을 디자인할 수 있어야 한다. 3단계 교사는 대개 자기 수업 만족도가 높다. 수업을 준비한 것 이상으로 진행할 수 있기 때문이다. 따라서 수업코치는 3단계 교사가 자기 수업 역량이 중간 단계라는 것을 알아차리도록 해야 한다. 현재 자기 수업이 잘하는 수준이 아니라 그저 그렇다는 것을 자각하도록 해야 한다. 작년 수업과 올해 수업이 비슷하다면 자기 수업 역량이 유지되는 것이 아니라 오히려 퇴행 상태임을 인식할 수 있어야 한다. 왜냐하면 작년 학생과 올해 학생은 다르므로 학생 특성에 맞추어 수업을 지속적으로 개선해야 수업 역량을 유지하는 것이기 때문이다. 일부 교사는 작년 자기 수업과 비교하여 올해 수업이 그대로인데도 불구하고, 일부 학생의 배움이 잘 이루어지지 않으면 수업 문제의 근본 원인을 모두 학생 탓으로 돌린다. 학생 탓으로 돌린다고 해서 수업 문제가 해결되지는 않는다.

3단계 교사는 자기가 기존에 해 오던 일상 수업 루틴을 뛰어넘어야 한다. 변화하는 학생들의 배움 리듬에 따라 수업을 유연하게 운영할 수 있어야 한다. 좋은 수업 실천 사례를 공유하고, 동료 교사와의 집단 지성을 통해 공동 수업 디자인 과정을 경험해야 한다. 이를 통해 자기 일상 수업 루틴을 수시로 업데이트하며 지속해서 성장해야 한다. 다른 교사의 수업을 바라보면서 자기 수업을 성찰할 수 있어야 한다. 다양한 수업 역량 강화 연수에 참여하고 수업 관련 책을 읽고 스스로 실천해 보아야 한다. 교사 학습공동체에서 배우고 연구하고 실천하는 교사가 되어야 한다. 그러므로 3단계 교사를 대상으로 수업코칭을 하는 경우, 수업디자인 역량을 기를 수 있도록 접근하는 노력이 필요하다.

• 4단계 : 성숙 단계

[특징]

4단계 교사의 수업에서는 교사의 적극적인 가르침과 학생의 적극적인 배움이 일어난다. 교사는 다른 교사에 비해 새로운 수업 방법을 잘 적용하고 구조화된 수업으로 학생들의 배움을 최대한 끌어낸다. 교사가 자율적으로 교육과정을 재구성할 수 있고, 학생들의 흥미 유발을 위해 다양한 교수학습 방법을 실천한다. 즉, 기존 교육과정에 따라 지식을 전달하는 수준에 머무르지 않고 학생들의 학습 수준과 의지, 상황 등에 따라 교육과정을 유연하게 재구성할 수 있다. 그래서 수업 시간에 교과서에만 의존하지 않고 학생의 학습 수준이나 흥미를 유발할 수 있는 내용을 중심으로 학습지나 워크북을 만들어 사용한다. 다양한 학습 도구와 매체를 적절하게 활용한다. 교사 중심의 직접적 교수 전략을 넘어 협동학습, 프로젝트 수업, 하브루타 수업 등 참여적 교수전략을 적극적으로 수업에 활용한다. 인공지능 활용 수업 등 최신 수업 기술도 적극적으로 도입한다. 학습 주제와 내용에 맞는 적절한 교수학습 활동을 찾아 수업에 적용한다. 다양하고 새로운 수업 방식을 적용하고 수업 연구와 실천을 잘 수행한다. 무엇보다 수업 준비에 많은 시간과 애정을 쏟는다. 교육과정과 교수학습 방법을 함께 고민하면서 둘의 조화를 추구한다.

4단계는 교사의 강점이 최적화, 극대화된 상태이고, 약점이 잘 보완되어 있다. 교사의 자존감이 높고, 수업 자신감과 수업 효능감이 높다. 수업 운영에서 좋은 교수 습관을 지닌다. 발문이나 모둠 활동 관리 등 수업 기본기를 잘 갖추었다.

학생의 배움 상태를 살펴보면 중상위권 학생들만 수업에 참여하는 것이 아니라 하위권 학생들에게도 의미 있는 배움이 일어난다. 성적과 상관없이 모든 학생이 적극적으로 수업에 참여한다. 배움의 수준도 수동적인 배움이 아니라 능동적이고 적극적인 배움 형태로 일어난다. 질문, 협동학습, 토의 토론 활동, 프로젝트 활동 등 다양한 학습 활동이 전개되고 학생들도 즐겁게 학습 활동에 참여한다. 4단계에서 배움은 재미를 넘어 흥미 수준에 도달한다. 즉, 즐거움이란 감정을 넘어 지식의 몰입이 이루어진다. 전반적인 학생의 학습 의지가 고양된다. 교사의 가르침과 학생의 배움이 동시에 잘 이루어지는 상태라고 할 수 있다.

교사는 지식의 전달자가 아니라 학습의 촉진자로서 역할을 수행한다. 질문을 통해 흥미를 유발하고 학생들이 적극적으로 수업에 참여할 수 있도록 공간을 만든다. 교사는 학생들에게 토큰 보상 등 외적 동기 유발 방식을 넘어 칭찬 등의 내적 동기 유발 방식을 적극 활용한다. 교사는 구체적으로 칭찬하기를 통해 학생들의 긍정적인 행동을 강화하고, 격려하기를 통해 좌절하고 힘들어하는 학생들을 세워 준다.

교사와 학생과의 관계는 사회적 상호작용에 그치지 않고, 친밀성과 신뢰성이 깊이 형성되어 있다. 교사가 큰 소리로 야단치지 않아도 교사의 침묵만으로도 질서 세우기가 가능해진다. 관계성을 바탕으로 질서 세우기가 이루어진다. 학생들은 교사를 좋아하고, 신뢰하며 따른다. 관계와 질서 세우기의 조화가 이루어진다. 교사가 학생들의 특성, 감정과 욕구를 잘 알아차리고 그에 따라 적절히 지도할 수 있는 역량이 있다. 학생들이 엉뚱한 질문을 해도 공격하거나 무시하지 않고 자연스럽게 받아 내거나 질문을 통해 다음 학습 단계로 연결한다. 수업 시간에 일부 학생이 문제행동을 보여도 쉽게 내면이 흔들리지 않고 그 원인을 모색하여 차분하게 문제를 해결할 수 있다. 행동주의적 접근을 넘어 학생들의 내적 동기를 유발할 수 있고, 칭찬과 격려를 통해 학생들이 스스로 학습에 참여하도록 유도한다. 학생 주도성이 살아 있는 수업을 할 수 있다.

교사가 열심히 수업을 준비한 만큼 수업 결과가 좋으므로 수업 자신감과 수업 효능감이 높다. 교사의 내면이 안정되어서 문제 학생의 돌발 행동도 적절하게 지도할 수 있다. 4단계 교사는 다른 교사에 비해 수업 열정이 넘친다. 자기 수업을 잘 성찰하기 때문이다. 수업 성찰을 통해서 자기의 단점을 분명히 알고, 이를 보완하려 애쓰다 보니 끊임없이 변화하려 노력하게 된다. 수업 성찰을 위해서 수업 성찰 일지를 기록하거나 수업 시간에 활용한 수업 지도안, 학습지, 학생 결과물 등의 다양한 수업 활동을 담은 포트폴리오를 자발적으로 잘 정리한다.

수업 공개 시 다른 교사가 부정적인 피드백을 해도 비난이나 공격으로 생각하지 않고 긍정적으로 수용한다. 교사의 자기 긍정과 자기효능감이 높기 때문이다. 지속적인 자기 수업 성장을 위해서 자발적으로 연수에 참여하거나 교사학습공동체에서 활동한다. 때로는 각종 연구 프로젝트 활동에 적극적으로 참여하고 그 결과물을 다른 동료 교사에게 아낌없이 공유하기도 한다.

[수업코칭 전략]

4단계 교사는 다른 교사에 비해 수업 역량이 매우 뛰어나다. 대개 수업뿐 아니라 생활 지도나 행정 업무 등 전반적인 교직 업무 역량도 뛰어난 경우가 많다. 4단계 교사는 자기 역량에 걸맞은 역할을 해야 한다. 수업 연구 프로젝트를 수행하거나 교사 학습공동체 리더로서 역할을 잘 수행할 수 있다. 다른 동료 교사를 돕는 과정이 자기 수업 성장의 밑거름이 된다. 4단계 교사는 자기 역량에 맞는 역할과 보직을 수행하면 좋다. 부장 교사 등 학교 중간관리자 역할을 하거나 수석교사를 하면 좋다. 교사 연수 강사로 활동하면서 자기 수업 경험을 다른 교사들과 공유할 수도 있다. 다만 다른 교사에 비해 바쁘다 보니 자기 수업 노하우를 체계적으로 정리하기가 어렵다. 그래서 자기 교육 활동을 글이나 사진, 영상 등으로 기록하는 훈련을 하면 좋다. 자기 교육 실천 경험을 SNS, 블로그 등에 기록하고, 이를 모아서 단행본으로 만들거나 교육 연구 논문을 작성하여 발표할 수 있다. 이를 통해 자기 수업에 대한 성찰과 연구를 지속적으로 하면 성장에 많은 도움이 된다. 교사 학습공동체 활동을 통해 수업 연구 프로젝트를 수행하면서 성장할 수도 있다. 그리고 수업코치나 수업 컨설턴트 역할을 잘 수행할 수 있기 때문에 다른 교사들을 돕는 활동을 하면 좋다. 다른 교사를 돕는 과정에서 자기가 발전할 수 있다.

다만, 과유불급(過猶不及)의 오류에 빠지지 않도록 주의해야 한다. 인공지능 활용 수업을 잘한다고 해서 모든 수업을 인공지능 활용 수업으로 진행할 수는 없다. 특정 수업 방법과 담론으로 모든 수업 문제를 해결할 수는 없다. 학생들은 늘 변화하므로 학생들 특성을 이해하고 그에 맞는 수업을 지속적으로 연구해야 한다. 수업 행위는 다양한 요소가 복합적으로 연결되어 있는데, 특정 요소만으로 모든 수업을 잘 풀어 갈 수는 없다.

그리고 수업 자신감이 지나쳐서 자기 교만으로 흐르면 안 된다. 특히 저경력 교사가 특정 분야에서 역량이 매우 뛰어난 경우, 특정 분야의 역량이 오히려 전반적인 수업 성장의 걸림돌이 될 수 있다. 왜냐하면 저경력 교사는 다양한 분야를 배워야 하는데, 특정 분야의 전문가가 되면 다른 분야를 잘 배우려고 하지 않는 경향이 생기기 때문이다. 자칫하면 자기 수업 장점이 나중에 자기 수업 단점으로 전환되어 발목을 잡을 수 있다.

• **5단계 : 창발 단계**

[특징]

창발성(創發性)이란 창의성과 자발성을 합친 말이다. 창발성 있는 수업은 교사가 창의적이고 유연하게 운영하고, 학생이 자발성을 발휘해 학생 주도성이 잘 구현되는 수업이다. 4단계 수업이 교사가 인위적인 노력(구조화된 수업)을 통해 학생의 배움을 최대한 끌어내는 단계라면, 5단계 수업은 교사의 인위적인 노력이 최소화되고, 학생들의 능동적인 깨침이 자연스럽게 이루어지는 수업이다. 4단계 수업은 교사가 구조화된 수업으로 철저하게 준비하여 운영하고, 학생들도 적극적으로 참여하는 수업이라면 5단계 수업은 교사가 탈구조화된 유연한 수업으로 진행하는데, 학생 주도성이 최대로 발현된 수업이라고 할 수 있다. 즉, 교사가 힘을 빼고 수업해도 학생의 능동적 배움이 잘 이루어지는 수업이다. 그래서 4단계 교사는 자기 수업에 자신감이 넘치지만, 5단계 교사는 자기 수업에 겸손한 태도를 가지고 있다. 4단계 교사는 연수 강사나 프로젝트 리더를 많이 해서 상대적으로 공개적인 활동을 하지만, 5단계 교사는 재야의 고수처럼 조용하고 묵묵하게 자기 교실에 있는 경우가 많다[7].

5단계 수업은 유학(『예기』, 禮記)의 '교학상장(教學相長)', 노자의 '무위자연

---

[7] KBS(2014) 「나는 선생님입니다」 프로그램에서 장슬기 교사의 수업 사례가 방영되었다. 5단계 수업 사례로서 직접 수업 영상을 보면 좀 더 이해하기 쉬울 것이다.

(無爲自然)', 파커 파머의 '진리의 학습공동체', 존 반 다이크(John Van Dyk)의 '기예(技藝, craft)'가 수업에서 이루어지는 단계이다. 교학상장(教學相長)이란 가르치고 배우는 과정에서 교수자와 학습자가 함께 성장한다는 의미다. 교사가 단순히 지식만 전달하지 않고 가르치는 과정에서 학생을 통해 배워 나간다는 뜻이다. 교사도 학생의 배움을 통해 성장할 수 있다. 무위자연(無爲自然)이란 사람의 힘(人爲)을 더하지 않고 자연 그대로를 따른다는 뜻이다. 꾸밈없이 자연의 순리에 따라 살아간다는 의미이며, 아무것도 하지 않는 나태함과는 다르다. 즉, 학생 배움의 리듬에 따라 자연스럽게 수업을 진행하는 일이다. 수업을 철저하게 준비하지만 유연하게 운영하는 여유 있는 수업을 말한다. 기예(技藝, craft)란 과학과 예술의 결합체로서 수업 속에 과학 요소와 예술 요소가 융합된 상태다. 여기에서 교사는 과학자, 예술가를 넘어 장인으로서 교사 역할을 한다. 특정 수업 모델에 함몰되지 않고 학생 반응에 따라 창의적으로 수업을 디자인하여 운영할 수 있다. 대개 5단계 교사는 교사 캐릭터의 영향력이 크다. 소위 아우라(aura)가 있어서 교사 인격에서 나오는 영적인 에너지를 느낄 수 있다.

5단계 수업은 심지어 교사가 교실에 없어도 학생끼리 수업 활동이 가능하다. 5단계 수업에서는 학생 간 상호작용이 원활하게 일어난다. 교사가 한 시간 내내 강의식 설명법으로 수업을 진행해도 학생들이 집중하여 경청한다. 5단계 수업을 관찰하여 분석해 보면, 교육학적 분석이 별 의미가 없어진다. 왜냐하면 수업디자인 자체는 단순하고 교사도 적극적으로 가르치는 행위를 하지 않는데, 수업에서 학생 주도성은 극대화되어 있기 때문이다.

5단계에서는 수업 시간에 교사의 의도대로 학생들의 배움이 잘 일어나지 않는다고 해서 교사가 초조해하지 않는다. 수업이 사전에 디자인한 대로 진행되지 않아도 조급하지 않고 담담하게 이를 받아들인다. 학생의 배움 상태에 따라 일희일비하지 않는다. 학생의 배움이 잘 일어나면 교사가 보람을 느끼고 기뻐한다. 학생의 배움이 잘 일어나지 않으면 실망하는 대신, 배움이 잘 일어나지 않은 이유를 고민하고 적절한 해결 방안을 모색하여 대응한다. 학생의 학습 방식과 배움의 리듬에 맞추어 자기 수업을 스스로 혁신해 나간다. 그래서 수업 시간에 많은 학습 내용이나 학습 활동을 무리하게 적용하려고 하지 않는다.

교사도 학생처럼 지식의 탐구자로서 열정적으로 공부하고 고민하면서 수업을 진행한다. 학생이 질문하면 교사가 즉문즉답(卽問卽答)하지 않고 오히려 질문하여 학생이 스스로 해답을 찾아가도록 인도하고 교사도 함께 해답을 찾아간다. 교사는 수업 시간에 자기의 부족함과 실수가 드러나도 학생들에게 솔직하게 인정하고 학생들과 함께 이를 극복하려고 노력한다. 교사도 진리의 탐구자로서 학생들과 함께 배움과 연구에 몰입한다.

4단계 수업은 교사의 수업 장점이 극대화된 형태라면, 5단계는 교사가 가진 단점을 자연스럽게 극복하고 장점으로 전환하는 형태이다. 예컨대, 정해진 규칙과 매뉴얼대로 성실하게 수업을 진행하는 생존의 욕구가 높은 교사가 5단계에 이르면, 정반대인 자유와 즐거움의 욕구가 높은 교사의 수업 형태가 교실에서 구현된다. 4단계 수업에서는 교사가 열심히 수업을 준비하고 학생들의 배움에 적극적으로 피드백한다. 하지만 5단계에서는 학생들의 배움이 멈출 때만 최소한의 범위에서 교사가 개입한다. 교사는 학생들 스스로 문제를 해결할 수 있도록 기회를 주고 기다릴 줄 안다. 수업 활동을 통해 교사도 큰 배움을 얻는다. 교사가 수업 자체를 즐길 줄 알기에 수업 준비가 다소 부족해도 수업에서 여유를 누릴 줄 안다. 때로는 교사가 관조(觀照)의 태도로 일정 거리를 유지하면서 자기 수업을 성찰할 수 있다. 즉, 자기 수업 활동에 대한 메타인지 활동이 잘 이루어진다. 수업하고 나서도 교사는 학생들에게서 에너지와 보람을 얻는다.

5단계 교사는 교육과정을 재구성하는 수준을 넘어 기존 교육과정을 초월한다. 학생들의 필요와 수준에 맞추어 수준 높은 교육과정을 개발할 수 있다. 해당 지식에 대한 깊은 이해를 바탕으로 숙의(熟議)적 교육과정 개발 모델에 따라 개인 지성 내지 집단 지성을 활용해 교육과정을 새롭게 만들 수 있다. 또한 기존의 다양한 교수학습 방법을 적용하는 것을 넘어 학생들의 배움 상태와 수준, 상황 등에 따라 새로운 수업모형을 만들어 낸다. 학생 배움의 리듬에 교사가 반응하여 유연하고 창의적으로 수업을 진행할 수 있다.

학생들의 배움 상태는 적극적인 배움을 넘어 깨침의 단계에 이른다. 배움은 가르침이 있어야 일어나지만, 깨침은 가르침이 없어도 스스로 지식을 깨달아가는 것이다. 깨침의 단계에 오면, 하나를 알았을 때 열을 알려고 스스로 노력하면서 하나씩 깨달아 나간다. 기존 지식을 습득하는 데 그치지 않고, 지식을 창출하고 구성하는 힘을 가지게 된다. 학생 주도성이 극대화된 상태이다. 그래서 교실에 교사가 없어도 학생들은 스스로 배움에 몰입할 수 있다. 4단계 수업에서는 교사가 없으면 수업이 잘 진행되기 힘들지만, 5단계 수업에서는 교사가 없어도 수업이 잘 진행된다. 학생들이 서로 모르는 것을 질문하고 토의하면서 해답을 찾아간다. 수업 규칙과 상관없이 질서가 잘 지켜지고 서로 협력하면서 진리를 탐구해 나간다. 학생과 학생 사이에서도 외적 보상 등의 인위적인 장치 없이 '탈구조화된 또래 가르치기'가 자연스럽게 이루어진다. 5단계 수업에서는 교사가 학생들 마음속에 좋은 질문을 남긴다. 학생들 마음속에 살아 있는 질문은 학생들이 스스로 연구하고 공부하게 하는 원천이 된다. 외적 동기 유발이 아니라 내적 동기 유발이 극대화된 상태라고 할 수 있다.

5단계 수업에서는 지식 자체보다는 지식을 활용할 수 있는 지혜에 초점을 둔다. 즉, 역량 중심 교육과정이 교실에서 실제 구현된다. 교사는 학생들에게 핵심 역량을 길러 주기 위해 다양한 노력을 기울인다.

수업 역량 단계별 특징

단계	수업 단계	학생의 배움	교사의 가르침	지식관	관계와 질서
1	초보 단계	· 아이들이 교사를 좋아하지만 배움은 제한적으로 일어남 · 수업 방해자를 효과적으로 지도하기를 힘들어함	· 이론적 지식 수준, 실천적 지식 부족 · 몰라서 실수하는 경우가 많음 · 지식 전달자	· 교사가 지식을 습득하고 전달하기에 급급함 · 객관론적 인식론	· 전반적으로 관계와 질서 세우기가 잘 이루어지지 않음 · 친밀성은 어느 정도 있으나 사회적 상호작용과 신뢰성은 낮음
2	위기 단계	· 전반적으로 배움이 잘 일어나지 않음 · 소수 상위권 학생만 수업에 참여함, 수업 방해자 존재	· 교사가 기초 지식과 경험은 있으나 효과적인 가르침이 잘 이루어지지 않음 · 문제점을 알아도 잘 보완하지 못함 · 교사의 내면 상처 등 한계 노출, 수업 성찰과 피드백 X	· 교사가 객관적인 지식을 전달하려고 함 · 객관론적 인식론	· 관계 세우기가 전반적으로 잘 이루어지지 않음 · 질서 세우기를 시도하지만, 잘 이루어지지 않음 · 행동주의적 접근도 잘 구현되지 않음
3	보통 단계	· 수동적인 배움 · 중상위권 학생은 배움이 어느 정도 일어나지만, 중하위권 학생은 배움이 잘 일어나지 않음 · 수업 방해자 X	· 지식의 전달자 · 학원 강사 · 교사의 가르침은 어느 정도 일어남	· 객관론적 인식론	· 행동주의적 접근, 보상과 강화, 당근과 채찍 전략 활용 · 관계와 질서 세우기가 어느 정도 이루어짐

4	성숙 단계	· 적극적인 배움 · 모든 학생에게 의미 있는 배움이 일어남 · 교사의 의도대로 배움이 일어남	· 적극적인 가르침과 열정 · 유능한 수업디자이너 · 수업 성찰과 피드백	· 교육과정 재구성 · 구성주의적 접근 · 행동주의적 접근 · 역량 중심 교육과정 추구 · 학습공동체	· 깊은 신뢰 관계 형성 및 질서 세우기 · 교사와 학생이 상호 존중
5	창발 단계	· 깨침, 자기 주도 학습 극대화 · 자율적 학습 태도 및 학생 주도성 교육 · 교사의 의도 이상으로 배움이 일어남	· 진리 탐구자 및 연구자 · 학습 촉진자, 학습코치 · 무위자연 · 지속적인 수업 성찰과 피드백	· 창의적인 교육과정 디자인 운영 · 역량 중심 교육과정 구현 · 진리의 학습공동체 구현	· 깊은 신뢰 관계의 바탕 위에서 질서 세우기가 잘 이루어짐 · 교사와 학생이 상호 존중 · 자율적인 규칙 준수

[공통 접근]

수업 역량 단계와 상관없이 수업 성장을 위한 공통 과제는 다음과 같다.

· 수업공동체 활동에 참여하기

· 수업일지 쓰기

· 수업 활동 포트폴리오 만들기

· 좋은 수업 역할 모델(수업 멘토)과 교류하기 내지 동료 교사를 도와주기

· 수업에 대한 사명감을 확인하고 우선순위 점검하기

· 수업자로서 교사 정체성을 점검하기

수업 성장과 수업 퇴행의 선택권과 책무성

긍정 방향의 길을 걷는 교사는 수업에 관심과 열정이 높지만, 반대로 부정 방향의 길을 걷는 교사는 수업 자체에 별로 관심이 없다. 부정 방향의 길을 가는 교사는 자연히 수업 성장보다는 수업 퇴행의 길을 걷는다.

긍정 방향으로 시작한 교사는 계속해서 긍정 방향의 길을 걸을 가능성이 크다. 부정 방향으로 시작한 교사는 계속해서 부정 방향의 길을 가기 쉽다. 왜냐하면 긍정 방향의 교사는 마음속에 선순환 고리가 작동하지만, 부정 방향의 교사는 반대로 악순환 고리가 작동하기 때문이다.

안타깝게도 긍정 방향의 길을 걷던 교사가 부정 방향의 길로 가기도 한다. 그러나 부정 방향의 길을 걷던 교사가 긍정 방향으로 전환한 예는 거의 없다. 긍정 방향의 길은 자기가 사서 고생하는 길이고, 부정 방향은 편안한 길이기 때문이다. 부정 방향의 길에서 벗어나 긍정 방향의 길로 들어서려면 치열한 자기 성찰과 결단이 일어나야 한다. 교사마다 자기 수업 행동을 선택할 자유는 있지만, 그 선택에 따른 책무성을 가져야 한다. 이를 돕는 인사제도를 운영하고 적절한 인센티브를 제공해야 한다.

- **수업코칭 시 상대방을 가치 판단 하지 않고, '있는 그대로의 수업 모습'을 보려고 노력하기**

수업 관찰 단계에서 자기 관점으로 다른 교사의 수업을 바라보면 자기도 모르게 해당 수업에 대한 가치 판단이 이루어지는 경우가 많다. 가치 판단이 이루어지면 있는 그대로의 수업을 온전하게 바라보기 어렵다. 그래서 수업 관찰 시 사실과 해석을 구분하여 관찰하고, 수업코칭 질문을 잘 정리할 필요가 있다.

- **수업자가 자기 수업 문제를 이야기할 때 그 속에 감추어진 의도와 욕구를 알아차리기**

  수업코칭이나 수업 나눔 활동 시 수업자가 자기 수업 문제를 이야기하면, 문제 해결 방안을 제시하기 전에 수업자가 해당 사안을 문제라고 생각하는 이유를 먼저 생각해야 한다. 수업 이야기 속에 감추어진 의도와 욕구를 알아차린다. 수업자가 수업 나눔 공간이 안전하다고 생각하지 않으면 핵심 수업 문제를 이야기하지 않고, 비본질적인 문제를 이야기하곤 한다. 예컨대, 학생들과의 관계 형성이 잘되지 않아 소통이 원활하게 이루어지지 않는데, 수업 규칙 만드는 방법을 수업 고민으로 이야기할 수 있다. 이때 이야기 속에 감추어진 의도와 욕구에 대하여 질문하면 좋다.

- **수업자가 자기 수업에서 비본질적인 문제를 이야기하는 경우, 이를 그대로 인정하고 이야기하기**

  수업코칭 활동 시 어떤 교사는 자기 수업의 핵심 문제를 꺼내지 않고, 모든 교사의 공통 문제를 자기 고민으로 이야기하기도 한다. 예컨대, 질서 세우기가 잘 이루어지지 않아서 배움이 흔들리고, 수업이 산만하게 운영되고 있는데, 자기 수업 고민으로는 학습 수준이 각기 다른 학생이 모두 수업에 참여하는 행복한 수업을 하는 방안을 이야기할 수 있다. 이러한 현상이 나타나는 이유는 교사가 자기 수업을 온전하게 성찰하지 못했거나 현재 수업코칭이 불편하다고 느꼈기 때문이다. 그러므로 무리하게 직면하기로 접근하는 것보다 나중에 개별적으로 만나 해당 문제를 별도로 다루는 편이 좋다. 수업자가 자기 마음을 연 만큼만 수업코치가 다가가는 것이 가장 좋다.

- **수업코치가 수업자에게 정서적 공감이 쉽지 않으면 '인지적 공감'하기**

수업코칭은 공감(共感)이 이루어져야 깊은 수업 이야기를 나눌 수 있다. 공감이 이루어지려면 먼저 역지사지(易地思之)의 관점에서 접근해야 한다. 하지만 나와 너는 다르다. 내가 경험하지 못한 부분에 온전히 역지사지하기는 힘들다. 수업코치도 사람이라 자기 스타일대로 수업코칭에 접근하기 쉽다. 사랑의 욕구가 높은 수업코치는 정서적 공감을 잘한다. 하지만 생존, 힘, 즐거움의 욕구가 높은 수업코치는 상대적으로 정서적 공감이 어렵다. 하지만 수업코칭은 공감이 이루어져야 깊은 수업 이야기를 나눌 수 있다.

수업코치가 정서적 공감이 어려울 때는 인지적 공감을 하려고 의도적으로 노력해야 한다. 인지적 공감은 이성적인 머리로 상대방 입장에서 해석하고 논리적으로 하는 공감이다. 역지사지를 통해 수업자 입장에서 상상력을 발휘하는 일이다. 정서적 공감이 잘 안되면 인지적 공감을 잘하면 된다. 힘과 즐거움의 욕구가 높은 수업코치는 직관력은 있으나 자칫 돌직구를 날려서 수업자에게 마음의 상처를 줄 수 있다는 사실을 명심해야 한다. 수업코치의 내면이 단순한 경우, 수업자의 복잡한 내면과 변화무쌍한 마음을 이해하기 힘들다. 그래서 수업코치는 인지적 공감 훈련을 충분히 해야 한다. 인지적 공감도 잘할 수 없으면 수업코치로서 자격이 없다.

- **실제 수업코칭 단계에서는 사전 질문지보다 수업자의 이야기에 집중하여 경청하기**

수업코칭 준비 단계에서는 좋은 수업코칭 질문을 만들어야 한다. 하지만 실제 수업코칭 과정에서는 사전 질문지에 충실하게 질문하기보다 수업자의 이야기 흐름을 따라가야 한다. 수업자의 이야기 속에 감추어진 감정과 욕구, 의도를 잘 파악할 수 있어야 한다.

• 수업코칭 활동 시 전략적으로 접근하기

　수업코칭 활동을 진행할 때는 누가 ⇒ 왜 ⇒ 무엇을 ⇒ 어떻게 순서로 접근한다. 1회차 수업코칭에서는 교사의 내면과 철학, 신념, 그리고 교사와 학생과의 관계에 초점을 두어 이야기한다. 교육과정과 수업 방법, 구체적인 문제 해결 방안은 2, 3회차 수업코칭에서 다루면 좋다. 한 번의 수업코칭 활동에서 수업코치가 너무 많은 문제를 다루면 수업코칭의 논점이 흐려지고 결과적으로 수업코칭 효과도 줄어든다. 수업 나눔은 탐색 질문으로 시작해서 집중 질문으로 진행하면 좋다. 수업자에게서 바라보기, 학생 배움 입장에서 바라보기 단계에서는 탐색 질문으로 살펴본다. 하지만 수업자의 핵심 문제가 나오면 그것에 초점을 맞추어 집중 질문을 통해 깊이 있게 대화를 끌어가야 한다.

• 수업자의 내면 문제를 다룰 때는 '알아차림'에 초점을 두고, 그 이상은 다른 상담 전문가의 도움을 받도록 하기

　수업코칭은 수업 문제 해결이 목적이고, 수업상담은 수업자의 내면 상처 치유가 목적이다. 수업코칭을 하다 보면 수업자의 내면 상처를 발견하게 된다. 내면 상처를 다루고 치유하려면 많은 시간과 전문성이 필요하다. 수업코치가 준비되지 않은 상태에서 수업상담을 하기보다는 내면 상처의 원인을 찾고 알아차리는 데까지만 하고, 내면 상처 치유는 별도의 상담 활동으로 해결하도록 한다. 이 경우, 수업코치가 수업자에게 맞는 전문 상담가와 연결해 주면 좋다. 수업코치와 수업자는 심리적 융합의 오류에 빠지지 않고, 어느 정도의 심리적 거리를 유지할 필요가 있다. 수업코치는 수업자가 자기 문제를 스스로 해결할 수 있도록 도와주는 역할을 해야 한다.

• **수업코칭 맥락에 맞게 진행하기**

　수업코칭 활동이 학교 차원에서 진행되는 경우, 현실적으로 특정 맥락이 존재한다. 학교에서 요구하는 수업코칭의 목적과 방향이 있다. 학교나 교사의 요구에 맞춰 수업코칭 활동을 진행하도록 한다. 참여 인원수에 따라 개별 코칭과 집단 코칭으로 구분할 수 있고, 수업코칭 유형에 따라 수업코칭 방식도 약간씩 달라진다. 그러므로 해당 수업코칭 맥락에 맞게 수업코칭 활동을 진행해야 한다.

• **수업자가 과거 상처와 트라우마에서 벗어나도록 돕기**

　긍정 방향 수업 행동과 부정 방향 수업 행동의 선택은 수업자 자신에게 달렸다. 어떤 교사는 과거의 상처와 경험이 현재를 긍정적으로 살아가는 원동력이 된다. 반대로 어떤 교사는 과거의 상처와 경험이 현재 수업 행동의 발목을 잡는 걸림돌이 되기도 한다. 수업코치는 수업자가 '지금 여기'를 자각함으로써 과거의 상처를 스스로 끊어 내도록 격려한다.

• **시행착오의 시간은 수업자마다 다르다는 것을 인식하기**

　생존의 욕구가 높은 교사는 수업코칭 활동으로 짧은 시간 안에 긍정적인 변화를 만들어 낸다. 하지만 자유의 욕구가 높은 교사는 변화하는 데 시간이 상대적으로 많이 걸린다. 힘과 즐거움의 욕구가 높은 교사는 구체적인 해결 방안을 제시하지 않아도 자각(自覺)이 이루어지면 스스로 알아서 변화하려고 노력한다. 수업자의 수업 성장 속도는 각기 다르다. 절박한 심정으로 수업코칭을 신청한 수업자는 놀라운 변화를 경험할 수 있다. 하지만 수업을 잘하는 교사라도 수업 성장 의지가 낮고, 절박한 마음과 열린 마음이 없으면 수업 성장이 더딜 수밖에 없다. 그러므로 수업코치는 수업자의 성장 속도에 따라 마음이 흔들리지 않아야 한다.

• **수업자 마음의 문을 여는 열쇠는 관계성과 전문성이라는 것을 기억하기**

  수업코치가 수업자의 마음 문을 열 수 있는 열쇠는 관계성과 전문성이다. 수업코치와 수업자가 친밀한 관계, 서로 신뢰하는 관계, 평화로운 관계를 맺고 있으면 수업자가 자기 마음의 문을 열고 이야기할 수 있다. 비록 수업자가 수업코치와 처음 만났더라도 자기의 수업 문제를 해결해 줄 수 있다는 믿음이 있으면 마음을 열고, 깊은 고민을 말할 수 있다. 동료 교사와의 수업코칭 활동에서 관계성이 더 중요하다면, 수석교사나 외부 전문가와의 수업코칭 활동에서는 전문성이 더 중요하다.

• **인간에 대한 이해와 존중을 기본 전제로 진행하기**

  수업코치는 수업자를 최대한 존중하고 배려해야 한다. 수업코치가 수업자보다 우월하다고 생각하거나 가르쳐 주어야 한다는 마음으로 접근하면, 수업자가 이를 알아차리고 부담스러워할 수 있다. 수업코칭의 기본 전제는 인간에 대한 깊은 이해와 존중이다.

  그래서 수업코치는 끊임없이 학습해야 한다. 수업코칭 역량은 이론 학습만으로 이루어지지 않는다. 수업코칭 실천과 경험, 그리고 전문적인 피드백(Head coaching, Supervising)이 있어야 한다. 수업코치는 수업코칭 활동을 통해 많은 것을 배운다. 수업코치는 수업코칭 보고서나 일지를 기록하여 피드백의 기초 자료를 남기는 습관을 지녀야 한다.

• **수업코치 자신의 선입견과 편견을 알아차리고 극복하기**

  수업코치는 수업자에게 선입견과 편견이 없어야 한다. 수업자의 외모나 일부 행동만 보고 쉽게 판단하여 접근하면 안 된다. 수업자는 인격을 지닌 동료라는 사실을 기억하며 의사소통해야 한다. 수업자의 행동을 도덕적으로 판단하거나 비난하면 수업코칭이 이루어질 수 없다. 수업의 단면을 보고 수업 전체로 이해하는 성급한 일반화의 오류에 빠져서는 안된다. 이때 수업코치도 자기의 수업관찰 관점과 가치 판단의 근거에 대하여 성찰하면 좋다. 수업자의 행동을 관찰한 수업코치가 자기 지식과 경험에 비추어 문제 원인을 유추할 수는 있지만, 직관력에 의존한 판단은 잘못된 판단으로 이어질 수 있다. 원인 분석은 실제 수업자의 이야기나 학생 반응 등을 통해서 검증해 나간다.

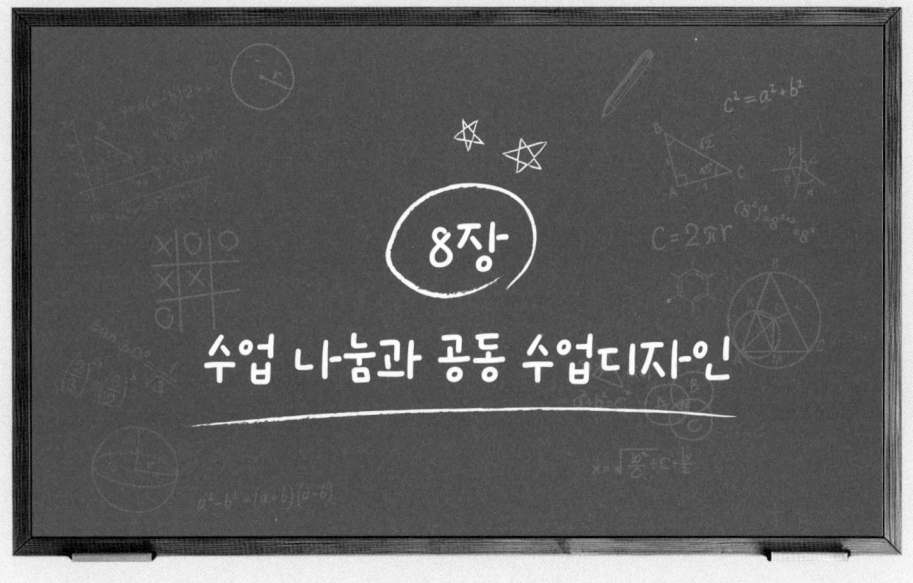

8장
수업 나눔과 공동 수업디자인

8장.
수업 나눔과 공동 수업디자인

수업 나눔이란?

　수업 나눔이란 넓은 의미로는 '수업 관련 지식과 경험을 공유하는 일'이다. 일부 교육청에서 추진하는 수업 나눔 축제 등의 표현은 넓은 의미의 수업 나눔 사용 사례라고 볼 수 있다. 좁은 의미로는 '수업자의 수업을 참관하고 나서 수업자의 수업 이야기와 고민에 초점을 맞추어 집단 지성을 활용하여 문제 해결을 모색하는 대화 모임'을 말한다. 즉, 집단 코칭 방식으로 수업 대화를 하는 모임이다. 수업 나눔은 기존 수업 강평회 문화의 문제점을 비판하며 수업 코칭 맥락에서 개발된 수업 대화 모임이다.

　'수업 나눔' 용어는 원래 좁은 의미로 사용되다가 점차 넓은 의미로 확대

되었다[1]. 수업 나눔은 수평적 관계에서 교사들이 인격적으로 만나 이야기하는 모임이다. 수업 나눔에서는 문제 해결을 넘어 공감과 격려를 더 강조한다.

수업 나눔의 진행 단계

수업 나눔의 진행 단계는 다음과 같다[2].

• 수업자 입장에서 수업 바라보기

수업 나눔에서 수업자의 수업 철학과 의도, 주안점, 숨은 감정과 욕구 등을 살펴보는 일이 매우 중요하다. 이를 통해 수업자가 생각하는 자기 수업 모습을 살펴보기 때문이다. 수업 나눔에서는 수업 완성도를 판단하기에 앞서 수업자 입장에서 수업을 파악하라고 강조한다. 수업자 입장이 아니라 수업 참관자 입장에서만 수업을 바라보는 경우가 많다. 이 경우, 자칫 수업 참관자의 철학이나 세계관, 지식과 경험, 직관 등에 빠져서 수업자의 수업을 '있는 그대로' 보기 힘들 수 있다.

• 수업자의 장점을 찾아 칭찬하기

수업자의 장점을 찾아 칭찬하는 이유는 수업자의 수업 강점을 강화하고, 수업자와 심리적 유대감을 형성하기 위해서다. 그래서 수업코칭의 칭찬은 단순한 칭찬이 아니라 수업자의 마음을 읽어 주고, 긍정의 힘을 불어넣을 수 있어야 한다. 칭찬 시 수업 나눔 참여자들이 자유롭게 칭찬하도록 하고, 칭찬 후 수업자의 소감을 간단하게 물어본다. 이때 칭찬을 넘어 격려까지 나아가면 더욱 좋다. 칭찬은 상대방의 긍정적인 행동에 대한 피드백이나 격려는 상대방이 실

---

1) 김태현(2012), 『교사, 수업에서 나를 만나다』, 좋은교사
2) 김태현(2012), 위의 책
　 김현섭(2018), 『수업공동체』, 수업디자인연구소

패해도 줄 수 있는 피드백이기 때문이다.

- **학생 배움 입장에서 수업 바라보기**

교사가 적극적으로 가르쳐도 학생의 배움이 잘 일어나지 않았다면, 이를 좋은 수업이라고 평가하기 힘들다. 수업을 바라볼 때 학생의 배움을 놓쳐서는 안 된다. 전반적인 배움이 어떻게 이루어지고 있는지, 개별 학생의 배움이 어떻게 이루어지고 있는지, 모둠 활동 시 모둠 안에서 사회적 상호작용이 어떻게 이루어지고 있는지 꼼꼼하게 살펴볼 필요가 있다. 배움이 어디에서 일어나고, 어디에서 멈추는지를 잘 살펴서 이를 질문하도록 한다. 수업에서 학생 배움이 멈칫하는 순간을 포착하고, 배움이 멈추는 이유를 분석할 수 있어야 한다. 배움을 잘 이해하려면 교사와 학생들과의 관계 문제를 먼저 분석해야 한다. 왜냐하면 관계를 기반으로 학생의 배움이 이루어지기 때문이다. 또한 질서 세우기를 위한 훈육 문제와 수업 방해자 학생에 대한 개별 지도 문제 등도 자세히 살펴보아야 한다.

- **수업자가 자기의 수업 고민을 이야기하기**

수업자 입장과 학생 입장에서 이야기가 충분히 이루어지면 자연스럽게 수업자와 수업코치 간에 심리적 유대감이 생긴다. 수업 나눔 공간이 안전하고 따뜻한 분위기가 되면 수업자가 자기 수업 문제를 솔직하게 말할 수 있다. 이때, 수업자가 자기 수업 고민을 추상적이거나 두루뭉술하게 이야기하지 않고, 구체적으로 말하도록 해야 한다. 문제를 구체적으로 이야기해야 구체적인 해결 방안을 모색할 수 있다. 추상적인 수업 고민은 직접 와닿지 않으므로 수업자에게 큰 도움이 되지 않는다. 그리고 많은 문제를 이야기하기보다 선택과 집중의 원리에 따라 핵심 수업 고민에 초점을 맞추어 이야기하는 편이 좋다.

- **집단 지성으로 수업자 문제의 해결 방안 모색하기**

　수업자가 자기 수업 문제를 솔직하게 말하면 이에 초점을 맞추어 수업 나눔 참여자들이 자유롭게 이야기한다. 그런데 수업 나눔 참여자들이 생각한 정답이 수업자에게는 정답이 아닐 수 있다. 그러므로 수업자 입장에 서서 수업 문제를 생각하고 그에 맞는 해결 방안을 모색하면 좋다. 수업 참관자가 해결 방안을 일방적으로 제시하기보다 해결 방안을 함께 찾아가는 방식으로 이야기가 진행되어야 한다. 개인 지성의 힘보다 집단 지성의 힘이 더욱 크다.

- **수업자가 자기 수업 성장을 위한 도전과제를 선택하고 공언하기**

　수업 나눔 참여자들이 다양한 해결 방안을 제시하면, 수업자가 이 중에서 자기 수업 성장을 위한 도전과제를 직접 선택한다. 수업자는 도전과제를 선택하고 공개적으로 말한다. 공언(公言)하면 자기 말에 자기 행동이 영향을 받는다. 만약 수업자가 도전과제를 직접 선택하기 어렵다면, 도전 과제 선택 대신 수업 나눔 활동을 통해 느낀 점을 이야기해도 좋다.

- **수업 나눔 활동에 대하여 느낀 점 나누기(메타인지 활동)**

　마무리 단계에서는 수업자에 대한 이야기가 아니라 수업 나눔 참여자들이 이번 수업 나눔 활동에 참여하면서 느낀 점, 배운 점, 보완할 점 등을 이야기하면 좋다. 수업 나눔 활동에서 한 번도 말하지 못한 사람이 있다면, 이 단계에서 말할 기회를 주면 더욱 좋다. 메타인지 활동은 수업자와 수업 나눔 참여자의 역량을 기르고 한 단계 발전하도록 도와주는 길잡이 역할을 한다.

　수업 나눔 참여자가 12명 이상으로 많을 때는 본격적으로 수업 나눔 활동을 하기 전에 수업 나눔 참여자끼리 모둠을 구성하여 자유롭게 수업 관련 이야기를 하면 좋다. 수업 관찰 소감을 나누면서 전반적인 수업 관찰 내용을 살펴보는 시간을 가진다. 모둠 토의 동안 수업 나눔 진행자(수업코치)와 수업자는 따로 이야기를 나눈다. 이때는 수업 나눔에서 다룰 내용을 미리 이야기하지 말고, 가벼운 사적인 대화를 통해 수업 나눔 전에 긴장한 수업자의 마음을 편안하게 만들어 주는 것이 좋다. 특히 수업 나눔 진행자가 수업자의 감정과 욕구를 알아차리고 그에 맞는 격려를 하면 좋다.

수업 나눔 질문 사례와 그 의미

수업 나눔에서 사용하는 질문 사례와 그 의미를 살펴보면 다음과 같다.

- **"선생님을 간단히 소개한다면요?"**

이 질문을 통해 수업자의 성별, 나이, 학교, 담당 학년 및 교과, 교직 경력, 보직 여부 등 기초 정보를 파악한다. 수업자의 나이에 비해 교직 경력이 적을 수도 있다. 이 경우, 교직에 늦게 입문하게 된 이유를 물어보면 좋다. 저경력 교사라면 예비 교사 시절과 현직 교사 경험을 비교하여 질문해도 좋다.

- **"오늘 수업에 대한 자평 점수는 몇 점이고, 그 이유는 무엇인가요?"**

이 질문은 수업자에게 자기 수업 만족도를 물어본다. 수업자는 대개 60~80점 사이를 이야기한다. 수업코치가 생각하는 객관적인 점수와 수업자가 생각하는 자기 수업 만족도 점수가 크게 차이 나는 경우, 그 이유를 집중 질문 형태로 추가로 물어보면 좋다. 수업코치가 볼 때 수업을 잘했는데도 불구하고, 수업자는 20~30점 정도로 낮은 점수를 주기도 한다. 이 경우, 수업자가 자기 수업 기대 수준이 높고, 완벽주의를 추구하기 때문일 수 있다. 때론 교사의 자존감이 떨어져서 스스로 점수를 낮게 주기도 한다.

반대로 수업코치는 70~80점 정도로 생각했는데, 수업자가 90점 이상을 주는 때도 있다. 이는 수업자가 자기 수업을 과대평가한 결과라고 볼 수 있다. 과대평가 현상은 자기 수업 성찰이 충분히 이루어지지 않을 때 나타난다. 또한 자기 수업에 부족한 점이 있지만, 그래도 자신은 최선을 다해서 수업했다고 판단하여 높은 점수를 주기도 한다. 이 경우는 건강한 답변이라고 볼 수 있다. 이 질문에 정답은 없지만, 이 질문의 답변은 수업자의 내면을 이해하는 데 큰 도움이 된다.

- **"오늘 수업과 일상 수업과의 싱크로율(일치율)이 어느 정도인가요? 일상 수업과 다른 부분이 있다면 구체적으로 무엇일까요?"**

공개수업에서 수업자는 대체로 자기 수업의 강점을 드러내고 약점을 숨기기 위해 노력한다. 누군가의 시선을 의식하는 것은 자연스러운 행위이다. 하지만 다른 사람의 시선을 너무 의식하여 보여 주기용 수업을 진행하는 경우, 해당 수업은 수업자의 일상 수업과 괴리가 크기에 이를 토대로 수업 나눔 활동을 해도 큰 의미가 없다. 수업코칭의 핵심은 보여 주기용 이벤트 수업을 잘하는 것이 아니라 일상 수업의 성장을 추구하는 데 있다. 오늘 수업과 일상 수업의 일치율이 높으면 해당 수업을 중심으로 코칭을 진행한다. 하지만 일치율이 낮으면 해당 수업보다는 일상 수업에 초점을 맞추어 이야기를 진행하는 편이 낫다.

- **"선생님이 생각하는 내 수업의 강점은 무엇이고, 그렇게 생각하는 이유는 무엇일까요?"**

이 질문은 수업자가 자기 강점을 알아차리도록 도와준다. 수업자가 자기 강점을 말하는 과정에서 자기 강점이 명료해진다. 수업코치는 수업자가 말한 강점이 오늘 수업에서 잘 드러났는지 확인하면 좋다. 수업코치는 강점 자체보다는 강점이 나오게 된 원인을 살펴볼 수 있어야 한다.

- "선생님이 생각하는 내 수업의 약점은 무엇이고, 그렇게 생각하는 이유는 무엇일까요?"

이 질문은 수업자가 자기 약점을 알아차리도록 돕는다. 수업자가 자기 약점을 말하는 과정에서 자기 약점이 명료해진다. 수업코치는 수업자가 말한 약점이 오늘 수업에서 잘 드러났는지 확인하면 좋다. 오늘 수업에서 수업자가 말한 약점이 잘 보이지 않았다면, 해당 수업에서 수업자나 학생들이 외부 관찰자를 의식했다고 해석할 수 있다. 수업코치가 발견한 수업자의 약점을 수업자가 인식하지 못했다면, 이후 수업 나눔 활동에서 이를 본격적으로 다룬다.

- "선생님이 수업에서 강조하는 철학과 방향성은 무엇입니까? 교과 수업에서 강조하는 부분은 무엇인가요?"

수업 철학은 수업 행위의 일관된 선택 기준이라고 할 수 있다. 수업자마다 자기 수업에서 강조하는 부분이 있다. 예컨대, 국어 수업을 할 때 기초적인 언어 기능인 말하기, 듣기, 읽기, 쓰기 등을 중심으로 수업할 수도 있고, 국어 자체에 대한 관심과 흥미 유발에 초점을 둘 수도 있고, 입시 시험에 맞추어 수업을 진행할 수도 있다. 수업자의 철학과 방향성에 따라 수업디자인 방식이 달라진다. 그래서 이 질문은 수업자의 수업 의도를 파악하는 데 매우 중요하다.

수업자에게 직접적으로 "선생님의 수업 철학이 무엇입니까?"라고 질문하면 수업자가 당황할 수 있다. 갑자기 수업코치가 추상적으로 질문하면 수업자는 답변하기 힘들어하거나 두루뭉술한 추상적 답변을 할 가능성이 크다. 그러므로 수업코치가 다양한 선택지를 사례로 들어, 수업자가 자기 수업을 생각하면서 답변하도록 한다. 예컨대, "오늘 수학과 수업의 방향은 방정식에 대한 흥미 유발일까요? 주어진 방정식 문제를 짧은 시간에 효과적으로 풀 수 있도록 하는 것일까요? 방정식의 개념과 원리에 초점을 맞추어 진행한 걸까요? 실생활에서 방정식을 적용하는 것일까요? 아니면 다른 맥락과 강조점이 있을까요?"와 같이 다양한 선택지를 사례로 제시하면서 수업자의 반응을 끌어내면 좋다.

- "오늘 수업의 핵심 메시지는 무엇입니까? 오늘 수업의 주안점은 무엇입니까?"

수업자의 수업 철학이 오늘 수업에 구체적으로 어떻게 반영되었는지 물어본다. 수업 철학이 잘 반영되었다면 어떤 부분이고, 그렇지 않다면 그 이유가 무엇인지 확인하면 좋다. 오늘 수업의 핵심 메시지가 무엇인지 확인하는 질문을 통해 수업자가 자기 수업 철학을 성찰할 수 있도록 도와준다. 좋은 수업은 학생들이 수업 목표에 도달한 수업이다. 그러므로 수업자의 수업 목표가 구체적으로 무엇인지, 오늘 수업에서 어디에 방점을 찍고 수업을 진행했는지를 파악하는 일이 매우 중요하다. 수업자가 수업을 잘했는지, 그렇지 않은지 판단하기 전에 수업자의 의도를 먼저 물어보아야 한다. 왜냐하면 수업자의 의도를 알아보지 않고, 수업코치 입장에서만 수업을 바라보면 수업을 있는 그대로 바라보기 힘들기 때문이다. 수업은 맥락이 중요하다.

- "우리(이번) 학급과 학교의 전반적인 특성은 어떠합니까?"

우리(이번) 학급의 학습 수준과 일상생활 태도를 살피면 학생 배움 상태를 파악하는 데 큰 도움이 된다. 주로 상위권 학생이 많은 학급인지, 아니면 중하위권 학생이 많은 학급인지에 따라 학생 배움의 상태가 크게 차이 난다. 학교의 지역적 위치나 특성을 파악하는 일도 매우 중요하다. 대도시 학교와 중소도시 학교, 그리고 농산어촌 학교의 특성이 각기 다르다. 특히 고등학교는 일반고, 특목고, 특성화고 등 학교 유형에 따라 학생 배움 상태가 많이 달라진다. 만약 중하위권 학생이 많은 학급에서 수업이 잘 진행되었다면 교사의 수업 역량이 뛰어나다고 볼 수 있다. 부모의 경제력과 학생 학습 수준이 비례하는 경향이 있으므로 이를 파악하는 것도 학생들의 배움 상태를 이해하는 데 도움이 된다. 또한 학생들의 사교육 실태나 선행학습 여부도 파악해야 한다. 전반적으로 학생들의 성적이 뛰어나다면 학교 교육력인지, 사교육의 효과인지, 부모의 관심인지를 알아야 한다.

- **"관계 세우기와 질서 세우기가 구체적으로 어떻게 이루어지고 있습니까?"**

수업에서 관계와 질서의 조화가 이루어져야 의미 있는 배움이 일어날 수 있다. 이 질문을 통해 관계 및 질서 세우기를 위해 일상 수업에서 교사가 구체적으로 어떤 노력을 기울이고 있는지 점검할 수 있다. 수업 규칙을 구체적으로 어떻게 만들었고, 해당 내용이 무엇이고, 해당 규칙을 잘 지키지 않았을 때 페널티가 무엇인지 꼼꼼하게 확인한다. 수업코치는 수업자가 오늘 수업에서 수업 규칙을 어떻게 적용하고 운영하는지를 확인해야 한다.

- **"선생님이 수업할 때 주로 어떤 학생에게 초점을 맞추어 수업을 진행합니까? 그 이유는 무엇입니까?"**

수업은 기본적으로 모든 학생을 대상으로 책무성을 가지고 진행해야 한다. 하지만 현실적으로 모든 학생의 특성을 고려하여 다차원적으로 수업을 진행하기는 그리 쉽지 않다. 대다수 교사는 특정 학생에게 초점을 맞추어 수업을 진행한다. 이 경우, 초점 대상이 아닌 나머지 학생은 수업에 집중하지 못할 가능성이 크다.

어떤 수업자는 수업 운영 시 일부 우수한 학생을 의식하여 수업을 진행한다. 대부분의 수업자는 중위권 학생에게 초점을 맞추어 수업을 진행하지만, 일부 특목고 교사는 몇몇 우수 학생에게만 초점을 맞추어 수업을 진행하기도 한다. 이 경우, 중하위권 학생이 수업에서 소외될 가능성이 크다. 어떤 일반계 고교는 대부분의 학생이 수시 전형으로 대학에 진학하는데도 불구하고, 상당수 교사가 정시 전형에 맞추어 수업을 진행한다. 이 경우, 소수 학생만 해당 수업에 집중하고 나머지 학생은 포기하는 현상도 나타난다.

- "평상시 학생 생활 지도와 관련하여 관심을 기울이는 학생은 누구이며, 그 이유는 무엇입니까?"

대개 수업자는 수업 방해자 학생에게 관심이 많다. 수업코치는 수업 방해자 학생이 구체적으로 누구이고, 그 이유가 무엇인지 확인해야 한다. 수업 방해자 학생의 성격 특성과 가정 환경, 학습 수준, 학습 의욕 등을 구체적으로 알아본다. 수업자가 일상 수업에서 수업 방해자 학생을 어떻게 생활 지도하고 있는지 파악한다. 수업자가 수업 방해자를 지도하는 방법이 합리적인 접근인지 그렇지 않은지를 살핀다. 그래서 수업자가 수업 방해자를 잘 지도할 수 있도록 돕는다. 수업자가 일부 수업 방해자를 잘 지도하지 못하면 전반적인 수업 분위기가 좋지 않고, 일부 학생 페이스에 교사가 끌려가게 된다.

- "오늘 수업 활동시 ~한 활동(관찰 내용)을 시도한 이유는 무엇인가요?"

수업코치가 수업을 관찰하면서 인상적으로 본 장면을 중심으로 질문한다. "선생님, 오늘 수업 도입 시 영상을 보여 주셨는데, 해당 영상을 보여 준 이유는 무엇인가요?", "선생님이 오늘 수업에서 토의 토론 활동을 했는데, 토의 토론 활동에서 일부 학생이 토의 토론 주제와 상관없는 이야기를 하는 모습을 보았어요. 선생님은 이것을 알고 계셨나요?", "수업 시간에 열심히 참여하지 않는 ○○ 학생이 보였는데, 해당 학생은 어떤 학생인가요?" 등 다양한 질문이 가능하다. 수업 관찰 시 꼼꼼하게 살펴보고 기록해야 세밀하고 다양한 질문을 할 수 있다.

- "욕구별 점수는 구체적으로 어떤가요?", "선생님의 교수 유형은 어떤가요?"

수업자는 백인백색이다. 수업자의 개별 특성에 맞게 수업 나눔 활동을 진행해야 한다. 하지만 짧은 시간 안에 수업자의 내면과 행동을 이해하기는 현실적으로 쉽지 않다. 미리 심리검사를 실시해 수업자의 내면과 행동을 진단하면 수업코칭 활동이 원활해진다. 수업자의 욕구 강도 포트폴리오 결과를 알면 교사의 내면과 행동 특성을 파악해 수업코칭 활동을 진행하는 데 큰 도움이 된다. 수업코치가 욕구 유형별 교사 수업 행동 특징을 숙지하면 수업자의 내면과 행동을 깊이 이해할 수 있다. 수업코치가 욕구 간 역동과 욕구 딜레마 상황까지 파악하면 수업자의 복잡한 내면과 행동을 이해하는 데 큰 도움이 된다. 욕구코칭을 포함해 다양한 심리 유형 도구를 활용하면 수업자의 교수 유형을 이해하는 데 좋다.

- "오늘 수업 나눔에서 다른 선생님과 함께 해결하고 싶은 수업 고민은 무엇인가요?"

수업자가 수업 나눔을 통해 해결하고 싶은 수업 문제를 직접 말하도록 한다. 수업 성찰이 잘 이루어지면 수업자가 핵심적인 수업 고민을 말한다. 만약 수업 성찰이 잘 이루어지지 않거나 수업자가 오늘 수업 나눔 활동이 안전하지 않다고 느끼면 비본질적인 문제를 자기 수업 고민으로 이야기한다. 수업자가 어떤 문제를 이야기하든 간에 수업 나눔 참여자는 수업자의 고민에 맞추어 이야기를 진행하면 좋다. 수업자가 비본질적인 문제를 제시하더라도 그에 따라 수업 대화를 진행한다. 대신 본질적인 핵심 문제는 수업 나눔 활동 이후 별도의 만남을 통해 다른 방식으로 다른 장면에서 풀어 가는 노력이 필요하다. 수업코치는 한 번의 기회로 모든 문제를 풀려고 하는 성급한 자세를 가지지 않아야 한다. 수업 문제가 심각할수록 여러 번의 만남과 수업코칭이 필요하다.

- "오늘 수업 나눔 활동을 통해 수업 성장과 관련한 도전과제를 선택한다면요? 오늘 수업 나눔에서 느낀 점을 나눠 주시겠어요?"

가급적 수업자가 스스로 자기 도전과제를 선택하면 좋다. 다른 사람이 도전과제를 제시하면 수업자는 심리적으로 부담이 된다. 무엇보다 수업자가 수동적인 입장에서 도전과제를 수행하기 쉽다. 그러므로 수업자가 직접 자기 수업 도전과제를 선택하도록 기회를 준다. 그래야 자기의 언어로 자기 행동을 규정할 수 있다. 만약 수업자가 수업 나눔을 통해 구체적인 도전과제를 선택하기 어려운 상황이라면, 수업자가 이번 수업 나눔에서 배우고 느낀 점을 말하면 좋다. 수업자가 저경력 교사이거나 구체적인 도움을 요청하는 경우, 수업 컨설팅적 접근도 가능하다. 수업 나눔 활동 시 수업 전문가가 있다면 이 단계에서 수업자의 수업 성장을 위해 제언할 수 있다.

수업 나눔 활동 시 유의 사항

- **수업자의 수업을 비판하지 않기**

수업자의 수업을 절대로 비판하거나 지적하면 안 된다. 비판과 지적은 수업자가 마음 문을 닫아 버리게 만들기 때문이다. 한 시간 동안 수업을 보고, 다시 한 시간 동안 수업자에게 피드백을 했어도 수업자가 외부 피드백을 수용하지 않으면 두 시간이 무의미해진다. 수업자의 약점이 보인다면 비판과 지적 대신에 질문을 통해 수업자가 스스로 성찰할 수 있도록 한다.

- **수업 나눔 참여자가 3분 이상 이야기하지 않기**

　수업 나눔 참여자(수업 관찰자)가 수업자보다 길게 이야기해서는 안 된다. 수업 나눔 활동을 하다 보면 수업 나눔 참여자가 수업자의 문제에 공감하거나 문제의식이 생겨서 자기도 모르게 길게 말하거나 자기중심적으로 이야기를 진행하곤 한다. 수업 나눔의 주인공은 수업자이다. 그러므로 수업자 중심으로 수업 나눔 활동을 진행해야 한다. 수업 나눔 전체 진행자(수업코치)는 수업 나눔 참여자가 길게 이야기하지 않도록 사전에 규칙을 제시하고, 수업 나눔 참여자의 이야기가 3분을 초과하는 경우, 적절하게 이를 관리해야 한다. 수업 나눔 진행자는 수업자와 수업 나눔 참여자의 이해관계가 충돌할 때, 철저하게 수업자 입장에서 수업 나눔을 진행해야 한다. 수업 나눔 참여자는 질문과 경청의 덕목을 지켜야 한다. 만약 수업 나눔 참여자가 자기 수업 이야기를 더 하고 싶어 하면, 나중에 해당 교사가 자기 수업 공개를 하고 이를 바탕으로 수업 나눔을 할 때 이야기하도록 유도한다.

- **수업자가 자기 수업 고민을 이야기하기 전에 수업 나눔자가 미리 해결책을 이야기하지 않기**

　수업 나눔에서 해결책을 제시해야 할 때도 있다. 이 경우, 해결책을 말하는 타이밍이 중요하다. 수업 나눔 참여자는 수업자가 스스로 자기 수업 문제와 고민을 이야기하고 나서 그에 맞추어 해결책을 모색해야 한다. 수업자가 자기 수업 고민을 이야기하기 전에 미리 해결책을 말해서는 안 된다. 성급한 해결책 제시는 수업자에게 심리적 부담감만 주기 때문이다.

- **수업 나눔 참여자가 되도록 수업 나눔 활동에 참여하도록 유도하기**

　수업 나눔에 참여하는 인원수가 많을수록 일부만 활동에 참여하고 나머지

다수는 구경만 하기 쉽다. 수업 나눔 진행자(수업코치)는 가급적 모든 사람이 이야기할 수 있도록 모둠 구성 및 모둠 토의 시간을 마련하도록 한다. 수업 나눔 마무리 소감을 말할 때, 여태까지 이야기하지 않았던 사람에게 말할 기회를 주면 좋다. 수업 나눔 참여자 모두가 수업 나눔에서 발언할 수 있어야 수업 나눔이 풍성해진다.

수업 나눔 진행 시나리오

수업 나눔 진행자는 다음의 수업 나눔 진행 시나리오를 활용하면 안정적으로 수업 나눔을 진행할 수 있다.

수업 나눔 진행 시나리오

1. 인사말
- "안녕하세요. 저는 이번 수업 나눔 활동의 진행을 담당한 ○○○입니다. 이번 수업 공개 및 나눔이 수업 고민을 함께 풀어 가는 의미 있는 자리가 되길 바랍니다."
- 수업 나눔 활동에 참여한 분들의 간단한 소개가 있겠습니다.
  (참여자끼리 잘 알고 있으면 생략 가능)

2. 수업코칭(수업 나눔)의 흐름과 참여 규칙 소개하기
- "수업 나눔은 다음 7단계로 진행하도록 하겠습니다. 첫째, 수업자 입장에서 수업 바라보기, 둘째, 수업의 장점을 찾아 칭찬하기, 셋째, 학생 배움 입장에서 수업 바라보기, 넷째, 수업 고민을 집중적으로 이야기하기, 다섯째, 수업 고민에 대한 공동의 해결 방안 모색하기, 여섯째, 도전과제 선정하고 공언하기, 일곱째, 수업 나눔 활동에 대한 전반적인 소감 말하기 순서로 진행하겠습니다. 본격적으로 수업 나눔을 진행하기에 앞서서 두 가지 규칙을 말씀드립니다. 첫째, 수업자를 비판하거나 지적하지 않습니다. 비판하면 수업자가 자기 마음을 닫기 쉽기 때문입니다. 둘째, 수업 관찰자(나눔 참여자)가 3분 이상 이야기하지 않도록 합니다. 수업자 중심으로 수업 나눔이 진행되는 것이 좋기 때문입니다."

3. 수업자의 주안점과 의도, 소감 나누기
- "이번 시간에는 수업자가 수업 소감을 간단하게 이야기해 보도록 하겠습니다."
- "이번 수업의 주안점과 의도를 들어 보도록 하겠습니다."

《수업 동영상 시청》(대면 수업 참관일 경우에는 생략)

4. 모둠별 수업 소감 나누기
- "수업 관찰일지를 각자 정리해 보는 시간을 갖도록 하겠습니다. 5분 동안 관찰하신 내용을 중심으로 기록해 주세요."
- "수업 관찰 소감을 주변의 선생님 3~4명 정도가 소그룹을 지어 나누어 보는 시간을 가지겠습니다. 시간은 약 10분 드리겠습니다. 자유롭게 이야기하세요. 모둠별로 수업 나눔 질문을 세 가지 정도 준비해 주시면 더욱 고맙겠습니다."
- 모둠별 소감 나누기 활동

(수업 나눔 진행자와 수업자가 일대일로 대화를 진행한다. 긴장을 풀어 주고 편안하게 풀어 갈 수 있는 대화를 진행한다.)

5. 수업자 입장과 맥락에서 수업 바라보기(공통 질문)
- "선생님의 수업을 자평한다면 구체적으로 몇 점을 주실 수 있고 그 이유는 무엇입니까?"
- "일상 수업 루틴은 어떻게 진행됩니까?"
- "일상 수업과의 일치율(싱크로율)은 어느 정도이고 일상 수업과 차이가 난다면 구체적으로 어떤 부분인가요?"
- "선생님이 생각하는 내 수업의 강점과 약점은 무엇일까요?"
- "관계 세우기 활동을 어떻게 진행했나요? 교사와 학생과의 관계는 어떠한가요?"
- "질서 세우기 활동을 어떻게 진행했나요? 수업 규칙이 구체적으로 무엇인가요? 규칙을 어기는 경우, 어떻게 지도하나요?"
- "선생님의 욕구 강도 점수는 어떠합니까? 선생님의 교수 유형은 어디에 해당하나요?"

6. 수업의 장점을 찾아 칭찬하기

- "오늘 수업을 보면서 선생님의 장점을 구체적으로 찾아 이야기해 보는 시간을 갖겠습니다. 자유롭게 이야기해 주시죠."
- (여러 선생님에게 자유롭게 이야기할 기회를 부여한다.)
- "제가 수업을 보면서 느꼈던 좋은 점은 이러합니다." (수업 관찰하면서 느낀 수업자의 장점을 구체적으로 칭찬한다.)
- (칭찬 시 유의 사항 : 후천적인 노력을 선천적인 특성으로 전환하거나 두루뭉술하게 칭찬하지 않기, 구체적으로 사실에 근거하여 칭찬하기, 결과보다 과정에 중점을 두고 칭찬하기)

7. 학생 배움 입장에서 바라보기

《개별 관찰 질문》

- "선생님 수업을 보면서 ~~~을 발견했는데, 어떤 의미가 있나요?" (수업에서 궁금한 점을 찾아 질문하기)
- "다른 선생님도 수업을 바라보시면서 궁금한 점이 있으면 질문해 주세요." (모둠별로 수업 나눔 질문을 돌아가며 던지기)

《자유질문》

- "오늘 수업 관련 학생 설문조사 결과를 소개하겠습니다. 아이들이 선생님 수업에 대하여 다음과 같이 이야기했습니다." (학생 설문조사 결과 내용 읽기)
- "학생 설문조사 내용을 듣고, 선생님은 어떠세요?"
- "수업 중 일부 학생이 ~~~한 행동을 했는데, 그에 대하여 선생님은 어떠합니까?" (수업 관찰한 내용으로 질문 던지기)
- "일상 수업에서 선생님이 지도하기 힘든 학생이 있었다면 어떤 학생이고 어떻게 지도하고 계셨나요?"
- "수업을 참관하신 선생님들께서 학생들에게 의미 있는 배움이 어떻게 이루어졌는지 관찰한 부분이 있으면 이야기해 주세요." (수업 관찰자에게 배움 관찰 내용을 이야기 하도록 유도하기)

8. 수업자가 자기 수업의 문제와 고민을 이야기하기
- "오늘 수업을 준비하면서 선생님이 가졌던 핵심 고민과 문제는 무엇이었습니까?"
- "오늘 수업 나눔에서 주로 ~한 이야기가 나왔는데, 어떠한 문제를 집중적으로 이야기 하면 좋을까요?"

9. 수업 고민에 대하여 집단 지성을 이용하여 공동의 해결 방안 모색하기
- "오늘 선생님이 ○○ 주제로 수업 고민을 이야기하셨는데, 수업 관찰하신 선생님들이 함께 고민을 풀어 가면 좋겠습니다. 좋은 의견이나 제안이 있으면 말씀해 주세요." (다양한 해결 방안을 제시하도록 유도하기)

10. 수업자가 도전과제 공언하기 내지 전반적인 소감 말하기
- "여러 선생님께서 선생님의 고민 해결 방안을 많이 제시해 주셨는데요, 이 중에서 선생님이 교실에서 도전과제로 실천할 만한 것이 있다면 무엇일까요?"
- (도전과제를 선택하기 힘든 경우) "오늘 수업 나눔에서 느낀 점이 있다면 이야기해 주실래요?"

11. 최종 피드백 (체크아웃/메타인지 활동)
- (외부 전문가가 있는 경우) "오늘 수업을 보면서 ~~~을 느꼈습니다. 이 부분과 관련하여 저는 이렇게 생각합니다." (수업 관찰하면서 함께 나누고 싶은 주제를 한두 가지 포인트를 정하여 이야기한다. 수업 관찰자가 아직 성찰하지 못하거나 발견하지 못한 것이 있으면 이를 나누어도 좋다.)
- (외부 전문가가 없는 경우) "이 시간에는 아직 발언하지 않은 수업 나눔 참여자들을 중심으로 이번 수업 나눔 활동의 소감을 1분 이내로 간단하게 이야기해 주시면 좋겠습니다."

12. 마무리 발언
- "오늘 수업을 공개하신 ○○○ 선생님의 수고에 감사드립니다. 참여하신 모든 분에게 감사드립니다. 박수로 오늘 수업 나눔 모임을 마무리하도록 하겠습니다. (짝짝짝) 감사합니다."

수업디자인이란?

　수업디자인이란 수업을 효과적으로 설계하고 구현하는 일련의 과정이다. 단순히 수업을 준비하는 일 이상으로, 수업의 목표, 내용, 학습 활동, 평가 방법 등을 체계적으로 계획하고 조화롭게 연결하는 일을 의미한다. 즉, 수업이 어떤 목표를 가졌는지, 어떤 내용을 다룰지, 어떻게 학습 활동을 구성할지, 평가를 어떻게 할지를 명확하게 설정하고, 이것들을 서로 연결하여 수업의 전체 흐름을 만들어 가는 과정이다. 수업디자인이란 수업 대상인 학생들의 특성을 파악하고, 교육과정 전반을 살펴보며 수업 목표와 성취 기준에 따라 핵심 질문을 정하고, 교육과정을 재구성하여 교재에 접근하고, 학생 참여 활동과 수업모형 및 기법을 기획하여 그에 맞는 수업지도안을 작성하고 학생용 학습지를 제작하고, 학습도구 등을 준비하고, 평가 및 피드백을 준비하는 것 등이다[3].

　수업디자인 방식은 개념과 원리를 제시하는 방식에 따라 크게 연역적 수업디자인과 귀납적 수업디자인으로 구분한다. 연역적 수업디자인은 개념과 원리를 먼저 제시한 다음, 관련 사례나 이유를 들어 설명하거나 활동을 통해 익힌 뒤 복습하고 피드백하는 과정으로 진행된다. 귀납적 수업디자인은 질문과 탐구, 일반화를 통해 개념과 원리를 도출하고 이를 토대로 심화 내지 적용하는 과정으로 진행된다.

　연역적 수업디자인은 여러 지식과 정보를 전달하고 특정 기술과 기능을 익히는 데 효과적인 수업디자인 방식이다. 기존 수업은 대개 연역적 수업디자인 방식으로 진행된다. 짧은 시간 안에 정답을 찾을 수 있도록 노력하고, 객관식 선다형 평가로 마무리한다. 수업 시간이 지나갈수록 학생 배움의 몰입도가 떨어져서 용두사미형으로 흐르기 쉽고, 창의적인 대안을 모색하는 데는 한계가 있다.

　귀납적 수업디자인은 학생 주도성을 강조하고, 깊이 있는 학습을 추구한다.

---
3) 김현섭(2015), 『질문이 살아 있는 수업』, 수업디자인연구소

수업 시간이 흐르면서 점차 중요한 내용이 나오기 때문에 점층적으로 고조되는 형태로 수업이 진행된다. 실험 실습 수업, 프로젝트 수업, 문제 해결 수업 등이 여기에 해당한다. 수업 시간을 블록타임제 형태로 운영하면 좋다. 다만, 교사의 수업 기획력과 운영 능력이 필요하고, 효율성은 다소 떨어질 수 있다. 개념 기반 탐구학습은 연역적 수업디자인과 귀납적 수업디자인을 변증법적으로 결합한 형태의 수업디자인 방식이라고 할 수 있다.

연역적 수업디자인 방식의 과정

귀납적 수업디자인 방식의 과정

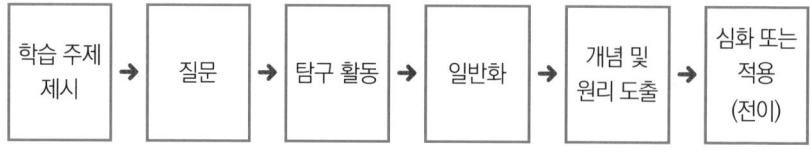

수업디자인 방식은 수업관에 따라 과학적 수업디자인과 예술적 수업디자인, 그리고 기예적 수업디자인으로 구분할 수 있다[4]. 대부분의 기존 수업디자인은 과학적 수업디자인에 해당한다. 과학이라는 관점으로 수업에 접근해 각 요소와 단계를 합리적인 방식으로 연결하여 운영한다. 예술적 수업디자인은 통합적이고 직관적인 형태로 진행된다. 발도르프 수업, 교육연극 수업 등이 여기에 해당한다. 과학적 수업디자인 방식과 예술적 수업디자인 방식을 변증법적으로 결합한 것이 기예적 수업디자인이라고 할 수 있다.

---

4) 존 반 다이크, 김성수 역(2003), 『가르침은 예술이다』, IVP

수업디자인 방식은 구조화 정도에 따라 비구조화된 수업디자인, 구조화된 수업디자인, 자율적인 수업디자인으로 구분한다. 비구조화된 수업디자인은 수업자가 핵심 아이디어와 기본 개념만 사전에 준비하고 즉흥적으로 수업하거나, 교과서 내용을 그대로 전달하는 데 초점을 두는 접근이다. 구조화된 수업디자인은 기존 수업모형에 따라 충실하게 수업을 진행하는 수업 형태이다. 세밀한 진행 단계로 구성되고, 학생 개인별 역할이 세분되어 있다. 사전에 계획한 운영시간에 맞추어 수업 진행 단계에 따라 꼼꼼하게 진행되는 수업이다. 자율적인 수업디자인은 기존 수업모형을 그대로 적용하는 것이 아니라 수업목표에 따라 다양한 수업모형을 복합적으로 결합하거나 다양한 수업 기술 등을 유연하게 수업에서 활용하는 방식이다. 수업모형이란 어떤 목표를 위해 수업기법을 체계화한 것이다. 수업모형을 실제 수업 상황에 따라 창의적이고 유연하게 변형하거나 새로운 방식으로 접근한 것이 자율적 수업디자인이다[5].

구조화된 수업디자인을 기성복에 비유한다면, 자율적인 수업디자인은 맞춤복에 비유할 수 있다.

자율적 수업디자인 개념도

---

5) 스펜서 케이건, 중앙기독초 협동학습모임 역(1999), 『협동학습』, 디모데

수업디자인 방식은 교사와 학생의 주도성 정도에 따라 직접적 교수전략, 간접적 교수전략, 참여적 교수전략으로 구분한다[6]. 직접적 교수전략은 교사 중심, 지식 중심으로 진행된다. 간접적 교수전략은 학생 중심, 흥미 중심으로 진행된다. 참여적 교수전략은 교사의 기획과 학생의 주도적 학습이 결합한 형태로 진행된다.

수업디자인 방식 중 질문 기반 수업디자인 방식을 소개하면 다음과 같다[7].

질문 기반 수업디자인 방식의 과정

학생 이해 → 교육과정 이해 → 핵심 질문 → 교육과정 재구성 → 학습구조 디자인 → 수업 실행 및 피드백

핵심 질문이란 수업 목표와 연결된 질문이다. 수업 시간에 꼭 가르쳐야 할 내용을 질문 형태로 만든 것이다. 핵심 질문이 추상적이면 학습 주제와의 차별성이 적어져서 그리 효과적이지 못하다. 핵심 질문은 구체적인 질문으로 만들고, 출발 질문 - 전개 질문 - 도착 질문을 아우를 수 있는 질문이어야 한다. 학생 배움 입장에서 흥미를 유발하는 질문이면 더욱 좋다. 교사의 수업 주안점이 핵심 질문에 반영되면 좋다. 핵심 질문이 만들어지면 해당 핵심 질문에 도달할 수 있는 세부 질문이 뒷받침되어야 한다.

---

6) 게리 보리크, 박승배 외 역(2006), 『효과적인 교수법』, 아카데미프레스
7) 김현섭(2015), 『질문이 살아 있는 수업』, 수업디자인연구소

구분	기능	내용 및 사례
학습 주제	학습단원 및 주제	해류(海流)
핵심 질문	학습 목표 및 수업 주안점	"만약 바닷물이 호수처럼 고여 있다면 어떻게 될까?"
출발 질문	흥미 유발 학생 참여 유도	"인천 앞바다에 병 편지를 던졌다면 1년 뒤 어디에서 발견될까?" "1980년대 후반 호주 해상에서 화물선이 좌초되었는데, 그 결과 화물칸에 있던 고무오리(러버덕)가 유출되는 해상 사고가 발생했다. 6개월 뒤 고무오리는 주로 어디에서 발견되었고, 그 이유는 무엇인가?"
전개 질문	지식 이해	"해류란 무엇인가?" "해류의 특징은 무엇인가?" "해류의 종류는 무엇인가?"
도착 질문	심화 및 적용 전이하기	"한국에서 미국으로 배를 타고 이동할 때 가장 빠른 바닷길은 어디인가? 반대로 미국에서 한국으로 이동하는 바닷길은?"

공동 수업디자인 모임

　기본적으로 수업디자인은 교사 개인이 진행한다. 왜냐하면 팀 티칭이 아닌 이상 교사 개인이 수업을 운영하기 때문이다. 그런데 일단 수업자의 일상 수업 루틴이 형성되면 여기에서 벗어나지 못하고 그대로 유지하는 경향이 있다. 이를 개선하자는 취지에서 공동 수업디자인이 시작됐다. 공동 수업디자인은 수업자가 수업디자인 초안을 만들고, 동료 교사들과 상호 피드백 활동을 하면서 함께 수업디자인을 하는 방식이다. 이를 통해 교사 개인의 수업 루틴에서 벗어나고, 수업에서 집단 지성의 힘을 경험하게 된다[8]. 공동 수업디자인 모임은 서울 한울중에서 시작해 혁신학교를 중심으로 전국에 확산된 수업공동체 유형이다[9].

공동 수업디자인 모임은 핵심 질문 중심 모임, 학습지 중심 모임, 수업지도안 초안 중심 모임 등으로 진행할 수 있다. 먼저 핵심 질문 중심 모임은 학습목표와 관련한 핵심 질문, 흥미 유발을 위한 출발 질문, 지식 이해를 위한 전개 질문, 심화 및 적용을 위한 도착 질문을 구성하여 피드백하는 모임이다.

학습지 중심 모임은 학생용 활동지를 중심으로 피드백하는 모임이다. 학습지를 중심으로 하면 별도의 수업지도안을 만들지 않아도 이야기할 수 있고, 학습지를 통해서 수업 전반을 다룰 수 있다. 교사 입장에서는 심리적인 부담이 가장 적은 형태이다. 초기 공동 수업디자인 모임은 학습지 중심 모임 형태로 진행되었다.

수업지도안 초안 중심 모임은 수업지도안 완성본이 아니라 1~2쪽짜리 초안을 중심으로 상호 피드백한다. 대개 공개수업용 수업지도안은 5쪽 이상이다. 정식 수업지도안 내용은 수업 목표, 성취 기준, 수업과정안, 수업 평가 계획, 학생용 활동지, 교사용 PPT뿐 아니라 교과 목표, 교육과정 재구성 방식, 수업모형의 이론적 배경, 학생 좌석표, 학생들 특성 등을 포함한다. 정식 수업지도안을 준비하려면 수업자 입장에서 많은 시간과 노력이 필요하다. 그런데 다른 사람이 수업지도안 정식 완성본에 피드백을 주면 수업자는 이를 반영하기가 쉽지 않다. 이미 완성한 정식 수업지도안을 수정 보완하려면 수업자가 처음부터 다시 작성해야 하고, 자칫 수업자의 의도가 흐려질 수 있기 때문이다.

---

8) 김현섭(2018), 『수업공동체』, 수업디자인연구소
9) 남경운 외(2014), 『아이들이 몰입하는 수업디자인』, 맘에드림

공동 수업디자인 질문 사례와 의미

수업 나눔에서 사용하는 질문 사례와 그 의미를 살펴보자.

- "선생님, 이번 수업의 목표와 주안점은 무엇입니까?"

수업자의 수업 목표와 주안점을 파악하는 일이 매우 중요하다. 교사마다 동일 단원을 다르게 해석하고 강조할 수 있다. 우선 수업자의 의도와 강조점을 이해해야 한다.

- "선생님이 작성한 수업지도안 초안에 대하여 설명해 주세요."

수업자가 작성한 수업지도안 초안 관련 설명을 들으면서 전반적인 수업 진행과 활동이 어떻게 이루어지는지 이해한다.

- "오늘 수업지도안 내용에서 궁금한 것이 있으면 질문해 주시면 고맙겠습니다."

초안 설명 후 추가로 궁금한 부분을 구체적으로 질문한다. 자유롭고 편안한 분위기에서 대화가 이루어지면 좋다.

- "선생님, 다른 선생님들에게 도움받고 싶은 부분이 있다면 구체적으로 이야기해 주세요."

다른 교사들이 세부적으로 피드백하기 전에 수업자가 먼저 원하는 부분을 이야기하도록 하면 좋다. 수업자의 요구에 맞추어 이야기하면 수업자가 해당 피드백을 수용할 가능성이 높아지기 때문이다. 다른 교사의 피드백 내용과 수업자의 의도가 다른 경우, 수업자의 의도대로 진행하는 편이 좋다.

- "선생님이 작성한 수업지도안 초안이나 학생용 활동지(학습지)를 토대로 자유롭게 피드백해 주세요."

다른 교사들이 수업자의 지도안 초안과 학생용 활동지에 대하여 자유롭게 피드백한다. 해결책을 제시하는 접근이 아니라 공동의 해결책을 모색하는 과정으로 진행하면 좋다.

- "오늘 공동 수업디자인 활동을 통해 느낀 점, 배운 점, 보완할 점이 있다면 무엇일까요?"

메타인지 활동을 통해 공동 수업디자인 활동을 성찰하고 반성한다. 공동 수업디자인 모임에서 느낀 점, 배운 점, 보완할 점을 이야기하면서 다음번 공동 수업디자인 모임을 좀 더 풍성하게 진행할 수 있게 된다.

핵심 질문 중심 모임 진행 시나리오

공동 수업디자인 모임 중 핵심 질문 중심 모임 진행 순서와 시나리오는 다음과 같다.

핵심 질문 중심 모임 진행 시나리오

※ 지난번 모임에서 만든 핵심 질문을 수업에서 어떻게 적용했는지 간단하게 나눈다.

1. 핵심 질문 만들기
- 참여자가 각자 교과서 및 참고 자료를 토대로 자기 수업에 맞는 핵심 질문과 출발-전개-도착 질문을 만든다.

2. 수업자가 작성한 핵심 질문에 대하여 돌아가며 이야기하기
- "제가 이번에 준비한 학습 주제는 ○○입니다. 이에 맞추어 만든 핵심 질문과 출발-전개-도착 질문은 다음과 같습니다."

- "○○○ 선생님이 만든 핵심 질문에 대하여 자유롭게 질문해 주세요."
- "오늘 학습 주제는 어떤 성격과 특징이 있습니까?"
- "이번 수업의 핵심 메시지와 주안점은 무엇입니까?"

3. 핵심 질문 피드백 활동
- "다른 선생님들께서 수업자 선생님의 핵심 질문에 피드백해 주세요. 좋은 점이 있다면 구체적으로 무엇인지, 보완할 부분이 있다면 무엇인지, 핵심 질문과 출발-전개-도착 질문 내용 중 이해하기 어려운 부분이 있다면 구체적으로 질문해 주시면 좋겠습니다."
- 동료 상호 피드백 활동

4. 모임 활동 소감 나누기
- "오늘 핵심 질문 모임을 통해 느낀 점, 배운 점, 보완해야 할 점은 무엇입니까?"

핵심 질문 점검 체크리스트

다음의 핵심 질문 점검 체크리스트를 활용하면 핵심 질문 중심 모임에서 상호 피드백하는 데 도움이 된다.

핵심 질문 점검 체크리스트

1. 핵심 질문이 수업 목표와 성취 기준에 부합하고 수업자의 철학을 잘 반영했는가?
- 핵심 질문 내용이 수업 목표와 성취 기준에 맞는가?
- 핵심 질문 내용이 구체적이고, 세부 질문(출발-전개-도착 질문)을 잘 아우르는가?
- 수업자의 철학과 주안점이 핵심 질문에 잘 반영되었는가?
- 핵심 질문이 학생 입장에서 직관적이고 이해하기 쉬운가?
- 학생 흥미 유발에 도움이 되는가?

2. 출발 질문이 학생 흥미 유발에 도움이 되는가?
- 출발 질문이 학습 주제와 잘 연결되는가?

- 출발 질문이 전 차시 학습 내용과 연결되는가?
- 출발 질문이 학생 입장에서 잘 이해되고 참여하기 좋은 질문인가?
- 출발 질문이 재미를 넘어 주제에 관심을 불러일으키는가?

3. 전개 질문이 학습 내용을 이해하는 데 도움이 되는가?
- 전개 질문이 교과서 내용을 충실하게 반영한 질문인가?
- 전개 질문이 지식과 정보를 이해하는 데 도움이 되는가?
- 전개 질문이 너무 적거나 많지 않은가?

4. 도착 질문이 심화 또는 적용에 도움이 되는가?
- 전개 질문을 잘 이해해야 반응할 수 있는 도착 질문인가?
- 심화 지식을 안내하거나 탐구할 수 있는 질문인가?
- 삶 속에서 실천하거나 적용할 수 있는 질문인가?
- 제한된 수업 시간 안에 구현하고 확인할 수 있는 질문인가?
- 차시 수업 내용과 잘 연결되는 질문인가?

학습지 중심 모임 진행 시나리오

공동 수업디자인 모임 중 학습지 중심 모임 진행 순서와 시나리오는 다음과 같다.

학습지 중심 모임 진행 시나리오

1. 학습지 배부
- 복사한 학습지를 모임에서 배부한다.

2. 수업자가 자기가 작성한 학습지에 대하여 이야기하기
- "수업의 목표와 주안점은 무엇입니까?"
- "수업의 기본 흐름은 어떻게 진행되었습니까?"
- "오늘 학습지를 어떻게 활용하여 수업을 진행했습니까?"
- "지난 학습지를 다시 한번 만들어 본다면 어떻게 수정 보완하겠습니까?"

3. 학습지 피드백 활동
- "다른 선생님들께서 수업자 선생님의 학습지에 대하여 피드백해 주세요. 좋은 점이 있다면 구체적으로 무엇인지, 보완할 부분이 있다면 무엇인지, 또 학습지 내용 중 이해하기 어려운 부분이 있다면 구체적으로 질문해 주시면 좋겠습니다."
- 동료 상호 피드백

4. 모임 활동 소감 나누기
- "오늘 학습지 모임을 통해 느낀 점, 배운 점, 보완해야 할 점은 무엇입니까?"

학습지 점검 체크리스트

다음의 학습지 점검 체크리스트를 기억하면 학습지 중심 모임에서 수업자의 학습지를 피드백하는 데 도움이 된다.

학습지 점검 체크리스트

1. 핵심 질문이 학습지에 잘 나타나 있는가?
- 학습지 내용이 학습 목표와 어느 정도 관련이 있는가?
- 학습 내용이 너무 많아서 핵심 질문이 잘 드러나지 못하고 있지 않은가?
- 핵심 질문이나 키워드가 학습지 제목으로 설정되었는가?

2. 학생이 답변하기 좋은 질문인가?
- 학습지 질문이 추상적 질문이나 복합 질문이라 학생이 반응하기에 애매하지 않은가?
- 학습지에서 제시하는 텍스트나 이미지가 학생의 흥미를 유발할 수 있는 소재인가?
- 질문의 의도를 학생이 분명하게 이해할 수 있는가?

3. 학습지 질문 분량이 적절한가?
- 학습지 질문 개수가 정해진 수업 시간 안에 소화하기에 적절한가?
- 몇 차시 분량을 전제로 만든 학습지인가? 1차시 안에서 소화하기에 질문이 너무 많거나 적지 않은가?

4. 학습지 질문 유형이 다양한가?

- 특정 질문 유형만 사용하였는가?
- 해당 질문이 기억, 이해, 적용, 분석, 종합, 평가, 창조 중 어디에 해당하는 질문인가? (블룸의 교육목표분류체계학 참조)
- 독서 수업의 경우, 해당 질문이 사실, 해석, 평가, 감상, 상상 질문 유형 중 어디에 속하는가?

5. 학습지 질문 수준이 학생의 배움 눈높이에 적합한가?

- 질문 형태가 너무 단순하여 학생이 질문만 읽고도 교사의 의도대로 학습 활동을 전개할 수 있지 않은가? 반대로 제시문이나 질문이 너무 복잡하거나 애매하여 질문의 의도를 파악하기 힘들지 않은가?
- 수업 단계에 따라 적절한 질문 수준과 유형으로 구성되었는가? 도입 질문은 흥미 유발, 전개 질문은 내용 이해, 도착 질문은 심화 학습 내지 실천에 맞게 구성되었는가?
- 학습지 질문이 학생의 발달 단계에 적합한가? 혹시 너무 어렵거나 쉽지 않은가?
- 수준별 학습지의 경우, 학생 수준에 맞는 질문 문항이 적절하게 배치되었는가?

6. 학습구조(수업모형)에 따라 학습지가 구성되었는가?

- 학습지 활동 단위가 개별학습-(짝 활동)-모둠 활동-학급 전체 순서로 구성되었는가?
- 일제 학습, 개별학습, 경쟁학습, 협동학습 중 어떠한 학습구조에 맞추어 학습지가 구성되었는가?
- 어떠한 수업모형을 위한 학습지인가?

7. 학습지 질문에 학생이 반응할 여백이 충분히 확보되었는가?

- 남학생이 다소 큰 글씨로 쓸 수 있을 만큼의 반응 여백이 충분히 제공되었는가?
- 학생의 반응 여백이 너무 적거나 많아서 공간 활용이 잘 이루어지지 않고 있는가?
- 메타인지 질문(학습 상태를 성찰할 수 있는 질문, 배움 일지)이 포함되었는가?

8. 학습지 내용의 가독성이 뛰어난가?

- 학습 내용과 직접 관련되지 않는 질문, 이미지, 내용 등이 있는가?
- 글자 크기가 너무 작아 학생이 학습지를 읽는 데 부담되는가?
- 글자 모양이 현란하여 예쁘기는 하지만 내용의 가독성이 떨어지지 않는가?
- 이미지, 사진, 도표가 잘 인쇄되었는가?
- 글자 및 이미지 크기가 작아 원하는 정보를 알아보기 힘들지 않은가?
- 디자인 측면에서 학생 발달 단계에 맞추어 시각적으로 잘 구성되었는가?

수업지도안 초안(약안) 중심 모임 진행 시나리오

공동 수업디자인 모임 중 수업지도안 초안(약안) 중심 모임 진행 순서와 시나리오는 다음과 같다.

수업지도안 초안 중심 모임 진행 시나리오

1. 수업자의 마음 열기(체크인)
- 수업자가 수업 공개를 신청한 일에 대하여 진행자가 환영하고 격려한다.
"오늘 ○○○ 선생님이 수업 공개와 공동 수업디자인 활동에 참여하게 되어 기쁩니다. 자기 수업을 공개하고 수업을 함께 만들어 가겠다고 도전한 것 자체가 매우 의미 있다고 생각합니다."
- 공동 수업디자인 모임의 목적과 주의 사항을 간단히 환기한다.
"이번 공동 수업디자인 모임의 목적은 수업 공개 전에 함께 수업디자인을 해 보며 수업디자인 역량을 기르고, 집단 지성을 발휘해 학생 눈높이에 맞는 수업을 함께 만들어 가는 데 있습니다. 참여자 선생님들이 수업자의 수업을 쉽게 판단하거나 해결책을 제시하는 방향으로 흐르지 않도록 주의하면 좋겠습니다. 만약 이러한 방향으로 흘러가는 경우, 진행자로서 적절하게 개입하도록 하겠습니다. 수업자 선생님도 열린 마음으로 함께 수업디자인을 풀어 가면 좋겠습니다."

2. 수업자가 학습 주제와 수업의 주안점을 이야기하기
- 수업자가 학습 주제를 간단히 소개한다.
- 다른 참여자들에게 질문을 받으며 수업의 주안점 등을 이야기한다.
"수업자 선생님께서 오늘의 학습 주제를 간단히 설명해 주시면 고맙겠습니다."
"오늘 수업지도안 약안(초안) 내용에 대하여 궁금한 것이 있으면 질문해 주시면 고맙겠습니다." (범교과 모임인 경우에 특히 중요함)
"오늘 공동 수업디자인 모임을 통해 다른 선생님들로부터 도움받고 싶은 부분이 있다면 구체적으로 이야기해 주세요."

3. 수업자의 수업지도안 초안 내용에 대하여 참여자들이 피드백하기
- 수업자의 수업지도안에 대하여 참여자들과 피드백 활동하기
"수업자의 수업에 대하여 나머지 선생님들께서 자유롭게 피드백해 주세요."

- 교육과정 재구성, 교수학습 방법, 학습지 등에 대하여 피드백한다.
"교육과정 재구성, 교수학습 방법, 학습지 등과 관련하여 구체적으로 제안하고 싶은 사항이 있으면 이야기해 주세요."
"다른 선생님들이 많은 제안을 해 주셨는데, 수업자 선생님께서 이에 대하여 이야기해 주세요."
- 진행자는 이야기가 수업지도안에 대한 날카로운 비판이나 성급한 해결책 제시 등으로 흐르지 않도록 관리한다.

4. 수업자가 전체 공동 수업디자인 활동에 대한 소감 말하기
- 수업자가 공동 수업디자인 활동에 대한 소감을 말한다.
"이제 수업자 선생님이 오늘 공동 수업디자인 활동에 참여한 소감을 들어 보도록 하겠습니다."

5. 참여자들이 돌아가며 간단히 소감 말하기 (체크아웃/메타인지 활동)
- 마무리 활동으로 수업자를 제외한 나머지 참여자들이 간단하게 참여 소감을 말한다. (참여자들이 되도록 짧게 말하도록 진행자가 유도한다.)
"끝으로 참여자 선생님들이 공동 수업디자인 활동에 참여한 소감을 간단하게 나누어 보도록 하겠습니다. 되도록 짧게 말해 주시고 1인당 1분이 넘지 않도록 주의해 주세요."
"오늘 늦은 시간까지 모두 함께 공동 수업디자인 활동에 참여해서 매우 의미 있었습니다. 수고 많으셨습니다. (짝짝짝)"

수업공동체 유형과 단계

수업공동체 유형에는 수업친구, 수업 수다, 독서모임, 수업 나눔, 공동 수업디자인 모임 등이 있다[10]. 위에서 제시한 수업 나눔과 공동 수업디자인 모임 외에도 다양한 형태의 수업공동체 유형이 존재한다.

---

10) 김현섭(2018), 『수업공동체』, 수업디자인연구소

• 수업친구

　수업친구란 수업 고민을 나눌 수 있는 동료 교사를 말한다. 친구는 친밀한 호감이 있는 사람이고, 항상 내 편이라고 지지해 주는 사람이고, 자기 고민을 편하게 말할 수 있는 사람이다. 수업친구는 친밀한 동료 교사로서 내 수업의 고민거리를 말할 수 있고, 내 수업을 응원해 주는 사람이다. 수업친구가 한 명이라도 있으면 교직 생활에서 큰 힘을 얻을 수 있다. 수업친구를 사귀려면 수업자가 먼저 주변 동료 교사에게 다가가는 용기를 내야 한다.

• 수업 수다

　수다란 주제 없이 자기가 하고 싶은 말을 편하게 하는 대화이다. 수다를 통해 자기 감정과 욕구가 자연스럽게 드러나고 상대방 이야기를 경청하고 공감하게 된다. 수업 수다는 동료 교사가 모여 수업 고민을 자유롭게 나누는 대화이다. 수업 수다에서는 구태여 상대방의 수업 문제 해결 방안을 이야기하지 않아도 된다. 그저 수업 고민을 공유하고 서로의 수업에 공감하고 격려하는 자리이다. 대개 수업 수다는 친한 동료 교사끼리 사적인 대화에서 이루어진다. 그런데 학년협의회나 교과협의회, 교사 학습공동체 등 공적인 대화 자리를 수업 수다로 시작하면 더욱 좋다.

• 수업 독서모임(책 나눔)

　수업 독서모임에서는 수업 관련 책을 읽고 책 나눔을 한다. 책을 통해 자기 수업을 성찰하고, 수업 노하우와 경험을 간접적으로 공유하게 된다. 책 나눔 활동에서 자기 수업 고민을 간접적으로 표현하면서 문제 해결 방안을 모색할 수 있다. 책 내용을 학습하면서는 새로운 수업에 대한 지식과 정보, 그리고 수업 관련 인사이트를 얻을 수 있다. 수업 관련 연수보다 수업 독서모임이 교사의 수업 성장에 더 좋다. 왜냐하면 연수는 강사의 이야기를 수동적으로 듣는 방식이 많지만, 독서모임은 저자의 주장에 대해 동의, 수용, 비판, 재해석하면서 독자가 능동적으로 성장할 수 있기 때문이다.

독서모임 운영 방법에는 세미나식 모임, 강독 토의 모임, 하브루타 독서토론 모임 등이 있다. 세미나식 모임은 발제자를 정해서 발제자가 책 내용을 요약 설명하면 나머지 참가자가 자유롭게 책 나눔을 하는 형태다. 강독 토의 모임은 참여자들이 모여서 함께 책을 읽고 토의하는 형태다. 세미나식 모임은 사전에 책을 읽고 모여서 진행하는 방식이고, 강독 토의 모임은 참가자들이 책만 들고 모여서 함께 읽고 이야기하는 방식이다. 하브루타 독서모임은 사전에 참가자들이 책을 읽고, 책 내용 관련 자유질문을 만든다. 그중 대표 질문을 정해 자기 생각을 기록하고, 이를 토대로 책 나눔 활동을 한다. 각 진행 방법은 장단점이 있기에 독서모임 상황에 맞는 운영 방법을 선택하면 된다.

• **수업 나눔**

수업 나눔은 수업자의 수업을 보고 나서 수업자 입장에서 수업을 바라보고, 또 학생의 배움 관점에서 수업을 바라보고 이야기한다. 그리고 수업자의 수업 고민을 중심으로 공동의 해결 방안을 모색하는 대화 모임이다. 처음에는 직접 수업을 보지 않고 수업 고민을 이야기하는 약식 형태의 수업 나눔으로 시작해도 좋다. 참가자 사이에 어느 정도 심리적 유대감이 형성되면 실제 수업을 참관하고 나서 수업자의 고민을 나누는 수업 나눔 활동으로 발전시켜 나가면 좋다. 수업장학 맥락에서 이루어지는 기존 수업 강평회와 달리 수업 나눔은 수업코칭 맥락에서 진행한다.

• **공동 수업디자인 모임**

  동료 교사들이 집단 지성을 활용하여 공동으로 수업디자인을 하고 실행하는 모임이다. 개인 차원의 수업디자인 방식에서 벗어나 동료 교사와 토의 토론하면서 함께 수업디자인을 준비해 가는 방식이다. 공동 수업디자인 모임을 통해 자기 일상 수업 루틴을 초월할 기회를 얻을 수 있다.

  학교 안의 교사 학습공동체라면, 학교 특성과 상황에 맞는 수업공동체 유형을 선택하여 운영한다. 수업 및 학교 문화가 소극적인 경우, 수업친구와 수업수다로 분위기를 형성하면 좋다. 학교 교사들이 어느 정도 수업에 관심이 커지면 자연스럽게 독서모임으로 발전시킨다. 수업 및 학교 문화가 적극적이라면 수업 나눔과 공동 수업디자인 모임으로 진행하면 좋다. 공동 수업디자인 모임이 활성화되면 자연스럽게 교육과정 재구성이나 개발을 할 수 있는 교육과정 디자인 모임으로 발전해 나갈 수 있다. 학교 관리자는 교사의 수업 성장에 관심을 가지고 지속적인 수업 성장을 위한 지원 체제를 구축하여 운영해야 한다.

9장
학습 동기 유발 전략과 학습코칭

9장.
학습 동기 유발 전략과 학습코칭

교사의 다양한 수업 고민

    교사에게는 다양한 수업 고민이 있다. 수업 고민이 없는 교사는 거의 없다. 만약 어떤 교사가 수업 고민이 없다면 자기 스스로 수업을 완벽하게 하고 있다고 생각하거나 자기 수업 성찰이 충분히 이루어지지 않았기 때문이다. 교사의 내적인 수업 고민들과 딜레마를 정리하면 다음과 같다.

- 사전 수업 계획대로 수업을 진행할까? 학생의 배움 리듬에 맞추어 진행할까?
- 어떤 학생에게 초점을 맞추어 수업을 진행할까? 중위권 학생에게 초점을 맞추면 상위권 학생과 하위권 학생은 소외되지 않을까? 모든 학생을 위한 수업이 가능할까?

- 학습 동기 유발을 어떻게 해야 할까? 하위권 학생도 수업에 적극적으로 참여하게 하려면 어떻게 해야 할까?
- 내가 하고 싶은 수업의 방향과 우리 학교나 사회가 요구하는 수업의 방향이 다를 때 어디에 초점을 둘까? 이 둘을 적당히 타협해야 할까?
- 수업디자인을 할 때, 깊이와 넓이 중 어디에 초점을 둘까? 학습 분량에 맞추어 다양한 지식과 정보를 전달할까? 과감하게 교육과정을 재구성하여 소수 핵심 내용을 깊이 있게 다루어 지식을 심화 내지 적용할 수 있도록 수업할까?
- 지식 전달에 초점을 둔 강의식 설명법과 문답법을 중심으로 수업할까? 학생 참여 수업을 위해 다양한 교수학습 모형을 활용할까?
- 수업 준비를 할 때, 어떤 가치에 초점을 맞출까? 재미있는 수업인가? 기초 지식과 기능을 익히는 수업인가? 실용적인 수업인가? 주제에 흥미를 느끼게 만드는 수업인가?
- 교육과정 재구성을 어떠한 방향으로 진행해야 할까? 가급적 많은 학습 분량을 다룰까? 핵심 내용과 기능에 초점을 맞추어 재구조화할까? 교과서 중심 수업으로 진행해야 할까? 참고서나 문제집을 중심으로 진행해야 할까? 내가 직접 만든 학습지를 중심으로 수업을 진행해야 할까?
- 수업 운영에서 관계와 질서 중 어디에 더 초점을 둘까? 일부 학생이 문제행동을 할 때 어떻게 지도할까? 정서·행동 위기 학생을 방치할 것인가? 학습된 무기력을 보이는 학생은 어떻게 지도해야 하는가? 끝까지 포기하지 않고 훈육할 것인가? 학생의 요구를 어디까지 수용할까?
- 평가 시 선다형 평가, 수행 평가, 논서술형 평가의 비중을 어떻게 정할까? 수행 평가나 논서술형 평가에서 실용도를 어떻게 올릴까? 수행 평가 과제를 잘 제출하지 않은 하위권 학생들 때문에 학급 편차가 벌어지는데, 이 문제를 어떻게 해결해야 할까?
- 인공지능 활용 수업이나 AIDT 활용 수업에서 스마트 기기를 적극적으로 활용할까, 신중하게 활용할까? 되도록 사용하지 않고 다른 일반 교구 등을 활용할까?

지금까지 수업코칭과 수업 나눔 활동 경험에 근거해 수업자가 자주 토로하는 고민 사례를 정리하면 다음과 같다.

- 학습 수준이 각기 다른 학생을 어떻게 가르칠 것인가?
- 무기력한 학생에게 어떻게 학습 동기를 유발할 수 있을까?
- 효과적으로 발문하려면 어떻게 질문해야 할까?
- 모둠 활동이나 협동학습을 어떻게 할 것인가?
- 문제 학생을 효과적으로 지도하는 방법은 무엇일까?
- 전반적으로 질서 세우기가 잘되지 않아 수업 진행이 어려운데, 이 문제를 어떻게 해결해야 할까?
- 잠자는 학생들을 어떻게 지도해야 할까?
- 내 수업에 부족함이 많다고 생각하는데 이를 어떻게 보완할까?
- 수업 시간에 기초 학력 부진 학생을 어떻게 지도할까?
- 학생들의 성적 향상을 위해 어떠한 노력을 기울여야 할까?
- 모든 학생이 토의 토론 수업에 적극적으로 참여하게 하는 방법은 무엇인가?
- 프로젝트 기반 수업에서 기대보다 학생 참여가 잘 이루어지지 않는데, 어떻게 운영해야 할까?
- 다른 교사들에 비해 수업 진도가 느린 편인데, 학습 분량을 어떻게 소화하여 수업을 진행하면 좋을까?
- 변화하는 입시 제도와 경향에 맞추려면 수업을 어떻게 진행하면 좋을까?
- 수행 평가나 논서술형 평가를 어떻게 진행하면 좋을까? 등

학습 동기 유발을 위한 12가지 수업 운영 원칙

많은 교사가 가진 공통된 수업 고민 중 하나는 "학생들이 수업에 적극적으로 참여하도록 하려면 어떻게 노력해야 할까?"이다. 학생의 배움과 성장을 위해 교사가 어떻게 노력해야 할지 고민이 된다. 여기에서는 학습 동기 유발 전략과 학생의 배움과 성장을 위한 학습코칭에 대하여 다루고자 한다.

학습 동기 유발을 위한 일반적인 수업 운영 원칙을 제시하면 다음과 같다.

1. 무엇보다 교사가 자기 수업에 열정이 있어야 한다

무엇보다 교사가 자기 수업에 열정이 있어야 한다. 교사가 자기 수업에 열정이 있어야 그 에너지가 학생들에게 전이된다. 만약 교사가 자기 수업에 열정이 없어서 자기 수업이 지루하다고 느끼면, 그 지루함이 그대로 학생들에게 전달된다. 교사가 수업 열정을 지속적으로 유지하려면, 우선 교사로서 정체성이 확립되어야 한다. 교직 사명감을 바탕으로 수업을 연구하고 실천하며 거둔 성공 경험이 반복되어야 한다. 수업 열정이 있는 동료 교사들과 교류하며 자극받고 수업공동체 활동에서 에너지를 받아야 한다. 교직 업무 중 수업이 우선순위에서 밀리지 않도록 주의해야 한다.

2. 학습 주제를 학생의 관심사나 선행 지식, 경험에 연결한다

학습 주제가 아무리 중요해도 학생 관심사와 거리가 멀면 학습 동기 유발이 쉽지 않다. 그래서 교사가 학습 주제와 학생의 삶을 연결하는 노력이 필요하다. 학생들의 선행 지식과 경험을 학습 주제에 연결하면 지식을 이해하고 기억하는 데 도움이 된다. 수업 준비할 때 학습 주제와 연결된 다양한 지식과 정보를 찾고, 그중 학생들이 흥미를 느낄 만한 부분을 선택해야 한다. 이를 위해서는 학생들이 무엇을 좋아하고, 어디에 관심이 있는지 알아야 한다. 학생들과 좋은 관계를 형성하고, 친밀한 관계를 바탕으로 학생들과 대화하면서 학생들의 관심사를 찾는 노력이 필요하다.

3. 학생 입장에서 학습 과제를 재구성한다

학생 입장에서 학습 과제가 너무 어렵거나 쉬우면 학습 동기 유발이 어렵다. 학생의 학습 수준을 고려하여 적절하게 학습 과제를 재구성해야 한다. 교사가 학생의 필요와 요구에 맞추어 교육과정을 재구성하여 가르치는 교육과정 디자인 역량이 매우 중요하다. 즉, 교사가 교과서만 가지고 수업하는 대신, 학생 수준에 맞춰 교육과정을 재구성한 학습지나 워크북을 만들어 활용해야 한다. 교육과정을 개발해 저자 직강 수업 형태로 진행하면 더욱 좋다. 다른 사람이 만든 학습지를 아무 생각 없이 다운받아 사용하기보다는, 기존 학습지를 사용하더라도 자기 학생 수준이나 교사 스타일에 따라 재구성하여 활용할 수 있어야 한다.

4. 학생들의 흥미 유발을 통해 수업에 몰입하게 한다

재미는 즐거움이고, 흥미는 대상을 향한 몰입이다. 재미보다 흥미가 좀 더 깊은 단계의 학습 경험을 제공한다. 몰입은 학생들의 참여와 탐구 활동을 통해 이루어진다. 강의식 설명법만으로는 몰입 단계로 들어가기 힘들다. 질문하고 답변하는 과정에서 학생들의 참여를 유도하고, 수업에 몰입하도록 끌어가야 한다. 소크라테스의 산파법처럼 질문으로 학생들의 사고를 열고, 학생들이 답변하며 주제에 대한 자기 생각을 표현하도록 해야 한다. 좋은 질문이 학생들의 사고에 변화를 준다. 또한 탐구 활동을 통해 학생 스스로 질문의 해답을 찾도록 해야 한다. 수업 시간에 학생들이 구경꾼이 아니라 참여자가 되도록 바꿔 주어야 한다.

5. 학생 스스로 선택하고 결정할 기회를 준다

학생 스스로 학습 과제를 직접 선택할 수 있도록 교사가 기회를 주는 것이 좋다. 학생들에게 다양한 선택의 기회를 주지 않고, 일방적인 선택을 강요하면 학생들의 자발성을 끌어내는 데 한계가 있다. 프로젝트 수업의 경우, 교사가 일방적으로 탐구 과제를 부여하지 말고, 학생 개인의 의사에 따라 또는 모둠 단위로 협의해서 학생 스스로 학습 주제를 선정하게 한다. 과제 수행 방법,

탐구(콘텐츠) 내용, 산출물 형태, 보고서 구성 방식 등에서 학생들에게 자율성을 부여한다. 동료 평가 방식을 도입하여 학생들이 평가 과정에도 참여하도록 하면 수업 내용에 보다 몰입할 수 있다. 협동학습의 경우, 모둠 안에서 개인별 역할을 학생들이 직접 선택하게 하는 방법도 좋다. 교사가 이끎이, 칭찬이, 기록이, 지킴이 등의 역할을 충분히 설명하고 나서 학생들이 내부 협의 과정을 통해 각자 맞는 역할을 담당하도록 한다.

6. 학생들이 속한 학습 집단(모둠, 학급, 학교)을 사랑하고 소속감을 느끼도록 한다

자기가 속한 학습 집단(모둠, 학급, 학교)에 대한 애정과 소속감, 공동체 의식을 심어 주어야 학생들이 수업 시간에 적극적으로 참여한다. 사람은 사회적 존재로서 자기 소속 집단 안에서 인정받고자 하는 기본 욕구가 있다. 자기 학습 집단에 소속감과 애정이 있어야 학생들이 자기가 속한 학습 집단에 헌신과 노력을 기울이게 된다. 예컨대, 수업 시간에 프랑스 혁명에 대하여 모둠별로 토의하고 발표하는데 어떤 학생은 역사에 별로 흥미가 없을지도 모른다. 이 학생은 개인별로 글을 써서 발표하라고 하면 대충 하겠지만, 모둠원끼리 친하고 우리 모둠이 성공하기를 바라는 상황에서 모둠별 과제로 주어진다면 최소한 다른 모둠원에게 피해를 주지 않기 위해서라도 열심히 노력할 것이다. 왜냐하면 자기가 열심히 참여하지 않아서 자기 모둠이 실패나 손해를 경험하는 일을 원하지 않기 때문이다. 하지만 모둠원끼리 관계 형성이 충분히 이루어지지 않았으면 모둠 과제 수행에 소극적인 태도를 취할 수도 있다. 그래서 교사는 모둠 세우기 활동, 학급 세우기 활동, 학교 세우기 활동을 통해 학생들에게 자기 학습 집단에 대한 애정과 소속감을 심어 주어야 한다. 모둠 세우기 활동(Team-Building)은 모둠에 정체성을 심는 활동이다. 모둠 세우기 활동이 잘 이루어지면 모둠 학습 활동에 참여하기 싫어도 모둠원과의 관계성을 위해 모둠 학습 활동에 적극적으로 참여하게 된다. 학급 세우기 활동(Class-Building)은 학급에 대한 정체성과 애정을 심어 준다. 모둠 단위를 넘어 학급을 하나의 단위로 하여 공동체 의식을 심어 주는 것이다.

7. 교사와 학생 사이에 인격적 관계를 형성한다

교사와 학생 사이에 인격적인 관계가 전제되어야 진정한 배움이 일어날 수 있다. 교사와 학생 간에도 상호 존중과 배려가 필요하다. 사람은 누구나 주변 사람에게 인정받고자 하는 욕구가 있다. 특히 권위자로부터 인정받는 것을 좋아한다. 교실에서 학생은 교사에게 인정받고자 노력한다. 교사와 학생 사이에 인격적인 관계가 형성되고, 학생이 좋아하고 존경하는 교사에게 인정받는 기회가 생기면 열심히 학습 활동에 참여하게 된다. 예컨대, 학생이 영어 선생님을 좋아하게 되면 그 선생님이 가르치는 영어과 수업에도 열심히 참여하게 된다. 반대로 영어 선생님이 싫으면 영어 선생님만이 아니라 영어과 수업도 싫어져서 영어 성적이 떨어질 가능성이 크다. 교사는 성적이 상위권인 모범생과 문제 학생인 하위권 학생에게 주로 관심을 보이는 경우가 많다. 그러다 보면 상대적으로 소심하거나 내성적인 학생에게 관심을 놓칠 수 있다. 존재감이 작은 학생에게도 교사가 의도적으로 질문을 던지고, 그러한 학생이 긍정적인 행동을 할 때 의도적으로 과도하게 칭찬할 필요가 있다. 물론 현실적으로 교사가 모든 학생에게 N분의 1 형태로 동일하게 관심을 가지기는 어렵다. 이러한 상황에서는 교사의 관심과 손길이 가장 필요한 학생에게 우선 에너지를 집중해야 한다.

8. 교사가 학생의 마음을 설레게 하는 무엇을 학생들에게 던진다

교사가 학생들에게 공부해야 하는 이유와 가치를 제시할 수 있어야 한다.

많은 학생이 공부해야 하는 이유도 모른 채 수업 시간에 참여한다. 학생들에게 공부하는 이유를 물어보면 '대학에 들어가기 위해서', '좋은 직장에 취직하기 위해서', '엄마가 공부하라고 하니까' 등의 대답이 나온다. 이러한 이유는 학생들에게 학습에 열심히 참여할 동기로 작동하기 힘들다. 교사가 학생들에게 설레는 무엇을 제시할 수 있어야 한다. 대학 진학이나 취직, 사회 인정 등이 학습 동기 유발에 어느 정도 효과는 있지만, 장기적으로 학생들의 마음을 설레게 할 수는 없다. 학생들의 마음을 움직이려면 현실적인 필요 이상의 의미와 가치를 제시해야 한다. 학생들이 자기에게 주어진 소명을 발견하고 자기 인생에서 열정을 쏟을 수 있는 무엇을 발견하게 해야 한다. 이를 위해서는 교사가 먼저 자기 마음에 설레는 그 무엇을 품어야 한다. 교사가 소명의식과 사명감이 있고, 인생의 목표가 분명하며 열정이 있어야 학생들에게 그것들을 전해 줄 수 있다. 그리고 자신이 가르치는 지식이 지닌 의미와 가치를 충분히 경험하고 고민해야 한다. 교사는 자기가 가르치는 학습 내용과 연관하여 진로와 소명 교육이 이루어지도록 해야 한다.

9. 구체적인 학습 목표를 제시하고 목표에 도달할 수 있도록 피드백한다

학생이 자신이 발견한 비전과 가치를 이루려면 현실적이고 도달하기 쉬운 작은 목표가 함께 제시되어야 한다. 즉, 큰 목표를 이루기 위한 중간 단계의 작은 목표들이 체계적으로 구성되어 제시되어야 한다. 학습 활동 이후에는 성취도에 따른 피드백이 이루어져야 한다. 이러한 과정을 체계적으로 운영하는 것이 학습 플래닝이다. 스케줄링은 단순한 일정 관리라면, 학습 플래닝은 자기 인생 목표에 따른 체계적인 시간 관리법이다. 학습 플래닝은 학생들이 자기 주도적 학습을 하는 데 큰 도움이 된다. 학습 플래닝을 통해서 학생들이 꾸준히 학습 활동에 참여하고 반성하도록 돕는다.

교사가 수업 시간에 형성평가를 통해서 매시간 학습한 내용을 점검하도록 하면 좋다. 배움일지를 통해서 학생들의 배움 정도를 확인해도 좋다. 수업 시간에 무엇을 배웠고 무엇이 이해가 덜 갔는지, 그리고 선생님에게 하고 싶은 말이 무엇인지 학생들에게 간단하게라도 꾸준히 쓰게 하면 교사가 학생들의 학습 상황과 수준을 이해하는 데 큰 도움이 된다.

10. 학생들이 지적 호기심을 가지고 새로운 도전을 하도록 한다

교사가 수업을 통해 학생들에게 지적 호기심을 불러일으킬 수 있어야 한다. 현장 체험 학습을 자주 간다고 학생들이 많이 느끼고 배우는 것이 아니다. 만약 박물관에 방문한다면, 가기 전에 박물관에 전시된 전시물의 중요성을 인식하고, 수업 시간에 관련 내용을 충분히 다룬 다음에 박물관을 방문해야 한다. 꿈의학교는 외부 초청 특별 수업을 진행한다. 이 학교에서는 어떤 유명 소설가를 초청한다고 하면, 한 학기 동안 수업 시간에 그 소설가의 작품을 중심으로 소설을 읽고 분석하고 토론하고 프로젝트 과제를 수행한다. 그리고 학기 말에 해당 소설가를 초청하여 하루 내내 특강, 토크쇼, 프로젝트 발표 등을 종합적으로 진행한다. 오전에는 학생들이 준비한 프로젝트 결과물을 해당 소설가 앞에서 발표하고 피드백을 받은 뒤에 저자 특강을 한다. 오후에는 학생들이 질문하면 강사가 답변하는 토크쇼 형태로 진행한다. 학생들은 소설가의 작품을 충분히 이해한 상태에서 외부 강사 초청 수업이 이루어지기 때문에 깊이 있는 질문과 몰입, 참여와 배움이 이루어진다. 외부 강사도 학생들이 자기 작품을 잘 이해하고 적극적으로 참여하기에 감동을 받는다. 외부 밴드팀 공연이 있으면 공연 전 1주일 동안 밴드팀 음반을 점심 시간 방송을 통해 학생들에게 들려준다. 이렇게 하면 밴드팀 공연 시 모든 학생이 떼창으로 참여하기에 밴드팀도 감동을 받는다.

학생들에게 학습 주제에 대한 지적 호기심과 도전 의식을 심어 주기 위해서는 우선 교사가 학습 과제를 흥미 있게 재구성해야 하고, 학습 수준에 맞는 수준별 과제를 제시할 수 있어야 한다. 교사가 그만큼 수업 고민과 준비를 많이 해야 한다.

11. 학생들이 잘하는 방식으로 수업에서 성공을 경험하게 한다

학생들이 수업 과정에서 공부 상처를 입는 이유는 성공을 얻을 기회가 상대적으로 적기 때문이다. 학생마다 학습 능력과 적성이 다르다. 어떤 학생은 공부를 잘하지만, 운동은 잘하지 못한다. 어떤 학생은 공부보다 노래를 잘 부른다. 학생들이 자기가 잘하는 방식으로 수업에서 성공을 맛보게 하는 일은 매우 중요하다. 다중지능이론에 따르면 사람에게는 언어 지능과 논리수학 지능 이외에도 공간 지능, 신체 지능, 음악 지능, 대인 지능, 자성 지능, 자연 이해 지능 등이 있다. 사람은 누구나 강점 지능과 약점 지능이 있기 마련이다. 다중지능 수업에서는 자기가 원하는 방식으로 과제를 선택하여 수행하도록 한다. 일반 수업에서도 수행평가 시 여러 가지 수행평가 과제 형태로 제시하고 학생들이 이 중에서 선택할 수 있도록 하면 좋다.

12. 학생이 성공하면 교사는 칭찬하고, 실패하면 격려한다

교사는 학생들이 수업 시간에 성공하면 칭찬하고 실패할 때는 격려해야 한다. 칭찬은 긍정적인 행동을 유지하도록 만든다. 칭찬할 때는 단순한 칭찬보다는 구체적인 이유를 들어서 칭찬하거나 존재 자체를 칭찬하는 것이 좋다. 학생이 실패했을 때는 격려하며 힘든 감정 자체를 공감하고 수용해야 한다. 학생이 실패했을 때 교사가 학생을 야단치거나, 학생에게 책임을 강하게 물으면 학생들은 수업에 대한 자신감을 잃어버리고 소극적인 태도를 가지게 된다.

교사는 학생의 부정적인 감정도 있는 그대로 인정하고 공감하면서 힘을 북돋아 주어야 한다.

학습 동기 유발의 두 가지 접근

학습심리학의 핵심적인 주제가 학생들의 학습 동기 유발 문제이다. 학습 동기 유발과 관련하여 두 가지 기본 접근이 있다. 첫 번째는 토큰이나 점수 등 외부 요인을 이용해 학생들이 학습에 참여하도록 유도하는 외재적 동기 유발 방식이다. 외재적 동기 유발 전략으로는 선물 주기, 토큰 제도 운영, 상장 부여, 수행 평가 점수 반영 등이 있다. 두 번째는 가치 부여, 학습 호기심, 사회적 인정 욕구 등 학생 내부 요인의 영향으로 자진해서 적극적으로 학습에 참여하게 하는 내재적 동기 유발 방식이다. 학생들에게 과제 선택 기회 부여하기, 학습하는 이유를 분명히 하고 가치를 부여하기, 또래 학생과 친밀한 관계 형성하기, 흥미 있게 학습 내용을 재구조화하기, 칭찬과 격려하기 등이 여기에 해당한다.

외적 동기 유발

강화 전략

행동수정 이론에서 가장 중요한 활용 수단이 강화이다. 강화란 행동의 반응 비율을 높이거나 행동 수준을 심화하기 위해 행동 발생 직후에 후속 자극을 제시하는 행동수정 전략이다. 긍정적인 행동은 더욱 빈번하고 지속되도록 하고 부정적인 행동은 감소하게 하는 것이다.[1]

---

1) 정순례 외(2004), 『행동수정의 이론과 실제』, 문음사
　김미경(2019), 『행동수정 및 긍정적 행동 지원의 이해』, 박영스토리

• 긍정적인 강화(정적 강화)과 부정적인 강화(부적 강화)

　강화의 종류에는 긍정적인 강화(정적 강화)와 부정적인 강화(부적 강화)가 있다. 긍정적인 강화란 보상을 통하여 반응이나 행동을 증가시키는 것이다. 예를 들어 긍정적인 행동을 했을 때 즉각적으로 선물, 수행 평가 점수, 칭찬하기 등을 후속 자극으로 보상하는 식이다. 긍정적인 강화 전략을 사용할 때는 주의할 원칙이 있다. 목표 행동이 발생하면 즉각 그리고 반드시 보상한다. 목표 행동과 보상 행동에 일관성 있는 태도를 유지해야 한다. 또 목표 행동을 정확하게 관리해야 한다.

　부정적인 강화(부적 강화)란 긍정적인 행동이 발생한 직후에 혐오적인 자극을 제거해 줌으로써 바람직한 행동을 증가시키는 것을 의미한다. 예를 들어 안전띠를 매지 않으면 경고음이 울리고, 안전띠를 매면 경고음이 멈추는 경우가 여기에 해당한다. 부정적인 강화물로는 꾸중, 잔소리, 처벌, 경고카드 등이 있다.

• 계속 강화와 간헐 강화

　계속 강화는 행동이 발생할 때마다 후속 자극을 제시하는 방법이다. 새로운 행동을 습관화할 때 효과적이다. 예컨대, 침묵 신호에 가장 빨리 반응하는 모둠에 모둠 칭찬토큰을 주면, 나머지 모둠에도 영향을 주어 모든 학생이 집중 신호에 빠르게 반응을 보이게 된다.

　간헐 강화는 선택적으로 강화하는 방법으로 행동을 유지 또는 지속시키기 위해 사용한다. 학생들이 보상을 기대하지 않고 긍정적인 행동을 하도록 하는 것이다. 그래서 보상의 횟수를 줄여 가면서 결국에는 보상하지 않아도 행동이 유지되도록 한다.

　두 방식은 시기별로 구분해서 사용하면 좋다. 예컨대, 1주차에는 집중 신호에 대하여 계속 강화를 하지만, 2주차부터는 간헐 강화 방식으로 전환하고, 3주차부터는 토큰 등의 강화가 없이도 모든 학생이 자연스럽게 침묵 신호에 반응하도록 하는 것이다.

• **1차 강화와 2차 강화**

1차 강화는 행동을 증가시키기 위해 학생들의 요구를 충족하는 자극으로 강화물을 제시하는 일이다. 예를 들어 학생들이 긍정적인 행동을 했을 때, 학생들이 좋아하는 과자, 음료수, 공책, 각종 학용품 등을 선물로 주는 것이다.

2차 강화는 강화의 성격이 없는 자극이 1차 강화물과 연합하여 행동을 강화하는 일이다. 예를 들어 토큰(도장, 스티커, 싸인, 쿠폰), 상품권, 돈 등이 여기에 해당한다.

기존 보상(인센티브) 제도 운영의 문제점

외재적 동기 유발의 대표적인 방법은 보상(인센티브) 제공이다. 보상과 관련하여 교사가 쉽게 실수하는 사례는 다음과 같다.

• **학습 과정에서 과정 중심 보상을 거의 하지 않는다**

상당수 교사는 결과 중심으로 보상한다. 자연히 학생들은 학습 과정과 상관없이 학습 결과에만 관심을 둔다. 그래서 토의 결과를 정리해서 발표하지 않고 모둠에서 가장 뛰어난 개인의 의견을 전체 의견처럼 발표하는 경우가 생긴다. 모둠 활동의 결과가 아니라 우수한 개인의 결과를 발표한다. 그러다 보면 무임승차자나 일벌레 학생 등이 나타난다.

• 보상 기준이 단순하다

한두 가지 기준을 중심으로만 보상한다. 예를 들어, 학습 문제를 잘 풀었는데 발표를 잘한 경우에만 보상하는 것이다. 그러다 보면 제시된 기준에만 맞추어 학습 활동에 참여하기 쉽다. 해당 보상 기준이 아닌 다른 긍정적인 학습 행동은 기대하기 힘들어진다.

• 보상 수준이 너무 인색하다

소수 학생에게만 보상하면 다수 학생이 보상에 반응하지 않는다. 왜냐하면 열심히 노력해도 보상받을 수 있는 기회가 적기 때문이다. 그리고 시간이 지나가면 개인 및 모둠 간 편차가 점차 벌어지기 마련인데, 중하위권 학생이나 모둠은 보상받기를 포기하고 처음부터 노력하려고 하지 않을 수 있다. 인색한 보상은 오히려 학생 참여를 방해할 수 있다. 그런데 대다수 교사가 소수 학생에게만 보상을 제공한다. 모둠에 보상할 때도 가장 우수한 한두 모둠 정도에만 보상을 준다.

• 보상 운영 방식이 경직되어 있다

교사가 보상 자체에만 매달려 보상 제도를 융통성 있게 운영하지 못하는 경우가 생긴다. 예컨대, 발표하는 학생에게만 보상하면 내성적인 학생은 수업 시간에 열심히 경청해도 보상받을 기회가 없다. 향상점수제처럼 자기 과거의 학습 태도와 역량에 비교하여 얼마나 향상이 이루어졌는지를 기준으로 보상하면 하위권 학생들도 보상받을 기회가 생긴다. 모둠 활동시 어떤 학생이 다른 친구들을 자발적으로 돕는다면 이를 교사가 포착하여 보상하면 좋다. 개인 보상만 하면 개인별 경쟁학습이 될 수 있고, 모둠 보상만 하면 모둠간 경쟁학습이 될 수 있다. 모든 모둠이 긍정적인 행동을 했다면 학급온도계 활동처럼 학급 전체에 보상하면 좋다.

보상 제도의 원래 목적은 학생들이 학습 활동에 적극적으로 참여하는 것이다. 그런데 언제부터인지 보상 자체가 학습 목표로 변질되어 보상이 없으면 아예 학습 활동에 참여하지 않으려는 경우가 발생한다. 이를 막기 위해 교사가 학습 주제와 수업 상황에 따라서 적절하게 보상을 운영하면 좋다.

보상 제도 운영 원리[2]

- **긍정적인 강화 전략(플러스 전략)**

긍정적인 강화 전략은 일명 플러스 전략으로서 긍정적인 행동을 할 때 후속 자극을 주는 것이다. 부정적인 강화나 처벌은 학생들에게 심리적 거부감을 일으킬 가능성이 크다. 긍정적인 행동에만 보상하는 경우, 아무런 행동을 하지 않는 경우에도 상대적인 손해를 보기 때문에 학생들이 수업에 적극적으로 참여할 수 있다.

토큰 제도(칭찬 스티커, 쿠폰, 티켓, 도장 등)를 적절하게 활용하면 좋다. 문제행동을 하는 경우에 토큰을 회수하거나 벌점을 주는 방식도 있지만 타임아웃이나 반응 대가, 소거 등의 다른 방법으로 통제하는 것이 좋다. 이미 준 토큰을 회수하려 하면 학생들이 정서적으로 거부감을 느낄 수 있기 때문이다.

- **즉각적인 보상**

보상에서 중요한 원칙이 긍정적인 행동을 하면 즉각 보상해야 한다는 점이다. 즉각적인 보상이 다음 행동 변화를 강화한다. 즉각 보상하지 않으면 다음 학습 행동에서 동기 부여 효과가 즉각적으로 나타나기 힘들다. 때로는 교사가 수업을 진행하다가 보상을 주는 것 자체를 잊어버리기도 한다. 이 경우 학생

---

[2] 김현섭 외(2012), 『협동학습3』, 한국협동학습센터

들에게 신뢰감을 잃을 수 있다.

하지만 즉각적인 보상을 하게 되면 교사가 학생들에게 보상을 주는 과정에서 시간이 많이 소요되고 수업 흐름이 끊길 가능성이 크다. 이러한 부작용을 줄이기 위해 학생들 스스로 보상을 챙기도록 하는 것도 좋은 방법의 하나이다.

• 행동 단위를 고려한 보상 제도 운영

학생들이 긍정적인 행동을 하는 경우, 그 행동 단위에 따라서 보상해야 공정하고 합리적인 보상 방식이 된다. 개인 활동을 잘하면 개인 보상을 하고, 모둠 활동을 잘하면 모둠에 보상하고 학급 전체가 잘하면 학급 전체에 보상하는 것이다. 예를 들어 어떤 학생이 자발적으로 질문하거나 교사의 질문에 대답을 잘하면 개인 칭찬토큰을 준다. 모둠 토의가 잘 이루어지면 모둠 칭찬토큰을 준다. 학급 내 모든 모둠이 제한 시간 안에 학습 과제를 성공적으로 완성하면 학급온도계 등을 통하여 학급 전체에 보상한다.

• 과정 보상

기존 수업에서는 주로 결과만 가지고 보상한다. 예컨대, 발표를 잘하거나 퀴즈의 정답을 말하면 보상하는 식이다. 결과만 가지고 보상하는 것이 가장 손쉬우면서 객관성과 공정성을 유지하는 방법이다. 하지만 수업에서는 학습 과정 자체도 매우 중요하기에 결과뿐 아니라 과정에도 보상해야 한다. 내용 지식뿐 아니라 과정 지식도 평가하고 보상해야 한다. 즉, 학습 과정에서 긍정적인 행동을 보일 때 보상해야 한다. 예컨대, 열심히 필기하거나 다른 친구를 돕거나 경청할 때 보상할 수 있다. 보상 기준에 수업 과정을 포함하려면 다양한 보상 기준을 마련해야 한다. 다양한 보상 기준에 대하여 미리 학생들에게 이야기하면 좋다. 사전에 제시한 기준 이외의 경우에는 보상하는 이유를 학생들에게 이야기해 주고 공개적으로 칭찬하도록 한다.

• 사회성 기술(관계기술) 보상

  사회성 기술(관계기술, Social skill)이란 공동 학습 목표를 이루기 위해 서로가 배려하는 대인관계 기술이다. 즉, 남과 더불어 잘 살 수 있는 협동 기술이다. 다음은 사회성 기술의 사례이다.

> · 다른 친구들의 이야기를 경청하기
> · 제한 시간 안에 과제를 완성하기
> · 적당한 소리로 이야기하기
> · 다른 친구의 긍정적인 행동을 칭찬하기
> · 다른 사람을 존중하기
> · 교사나 친구에게 먼저 인사하거나 공손하게 인사하기 등

  이러한 사회성 기술과 관련하여 학생들이 긍정적인 행동을 할 때 교사가 보상해야 한다.

• 누구나 성취 가능하다고 생각하는 수준에서의 보상

  수업에서 보상 제도를 활용할 때 보상의 범위와 수준을 잘 조절해야 한다. 모둠 활동을 한 후 한두 개 모둠에만 보상이 주어지면 모둠 간 학습 편차가 벌어지기 쉽고, 이 경우 학습 수준이 떨어지는 모둠이 다음 학습 활동에 아예 참여하려고 하지 않는 부작용이 생긴다. 그렇다고 거의 모든 모둠에 보상을 주면 보상 자체가 의미를 상실하게 되어 별다른 교육적 효과를 기대하기 힘들어진다.

  그러므로 보상할 때는 누구나 어느 정도 해 볼 만하다고 느끼는 심리적 가능성 안에서 보상하는 것이 좋다. 모둠 활동의 경우, 일반적으로 전체 모둠 수

의 3분의 1이나 40퍼센트 선에서 모둠 보상을 한다. 개인 활동의 경우, 모둠 안에서 가장 적은 토큰을 받은 친구들에게 별도의 보너스 퀴즈를 풀게 해서 손쉽게 토큰을 얻을 기회를 준다. 이때는 의도적으로 난이도가 낮은 퀴즈를 출제한다. 교사가 의도적으로 토큰 수를 조절해서 모둠 안에서 토큰을 가장 많이 가진 학생의 토큰 수와 가장 적게 가진 학생의 토큰 수의 차가 너무 벌어지지 않도록 조절해야 한다.

외적 동기 유발 전략에 따른 다양한 보상 방법

- **선물(1차 강화물)**

1차 강화물을 제공하는 방식이다. 사탕, 과자류 등의 먹거리, 공책, 볼펜 등의 학용품류 등을 직접 학생들에게 제공하는 방법이다. 이때 학생들이 좋아하는 것을 강화물로 제공해야 효과적이다. 다만, 자극의 법칙에 따르면 점점 자극 정도가 커져야 강화 효과를 낼 수 있으므로 계속해서 1차 강화물에만 의지하여 보상하면 문제가 생길 수 있다.

- **토큰**

보상 운영에서 가장 활용하기 쉬운 방법이 토큰 제도이다. 토큰이란 대표적인 2차 강화물로, 다른 1차 강화물로 교환할 수 있다. 칭찬 티켓, 스티커, 쿠폰, 도장 등을 의미한다. 일정량의 토큰을 모아 오면 다양한 선물이나 수행 평가(수업 태도) 점수 등으로 교환할 수 있다.

- **수행 평가 점수 반영**

수행 평가의 수업 태도 점수를 이용해 평가할 수 있다. 이때, 바로 점수를 부여하는 방식과 토큰을 활용하여 점수를 부여하는 방식이 있다. 이 중에서 토큰을 활용하여 수업 태도 점수로 반영하는 편이 좋다. 왜냐하면 수업 시수 문제, 학급 간 편차 현상 등의 문제점이 생겼을 때 이를 조절할 수 있기 때문이다.

• 향상 점수제 운영

향상 점수란 개인의 평균 점수를 기준으로 성적이 향상된 폭을 점수로 환산한 것이다. 예를 들어, 10점 이상 향상되거나 만점이면 3점, 5점에서 9점 사이로 향상되면 2점, 2점에서 4점 사이로 향상되었으면 1점, 1점에서 -1점 사이면 0점, -2점에서 -4점이면 -1점 등의 방식으로 향상 점수를 환산하여 부여한다. 협동학습에서는 모둠 구성원의 향상 점수를 더해 모둠 점수로 부여할 수 있다. 모둠 성취 분담(STAD) 모형에서는 향상 점수제를 활용해 모둠 보상을 하여 성적이 우수한 학생이 자연스럽게 성적이 좋지 못한 학생들을 돕도록 만든다.

• 칭찬 주인공 코너 및 명예의 전당 코너 운영

제한된 기간(하루나 일주일 등) 동안 가장 많은 토큰을 얻었거나 칭찬 주인공으로 선정된 경우, 칭찬 주인공을 사진에 담아 구체적인 칭찬 내용과 함께 교실 벽면에 설치된 칭찬 주인공 코너에 붙인다. 다음 칭찬 주인공이 선정될 때까지 교실에 게시한다. 다음 칭찬 주인공이 선정되면 칭찬 코너에 붙인 게시 자료를 명예의 전당 코너로 옮겨 놓으면 좋다. 시간이 흐를수록 많은 학생이 명예의 전당 코너에 차곡차곡 게시된다. 이러한 방법은 학생들에게 자부심과 지속적인 관심을 불러일으킬 수 있다.

• 다양한 상장 부여

학급 담임 교사나 교과목 담당 교사로서 상장을 수여하는 방식이다. 교과 수업 시간에 우수한 학생에게는 교과 담임으로서 상장을 수여할 수 있고, 학급 운영과 관련해서는 학급 담임 교사로서 상장을 수여할 수 있다. 이때, 다양한 기준을 도입하여 시상하면 좋다. 수업 시간에 짝이나 모둠원을 잘 도운 학생에게 도움상을, 교실 정리와 청소를 성실하게 한 개인이나 모둠에는 깔끔상을, 모둠 활동에 적극적인 모둠에는 모둠상을, 수업 분위기를 즐겁게 만든 학생에게는 기쁨상을, 경청 등 사회성 기술을 통해 다른 친구들의 모범이 된 학생에게는 배려상 등을 수여할 수 있다.

내적 동기 유발

외적 동기 유발에 따른 보상 제도는 다음과 같은 문제점이 있다[3].

- 외적 보상은 모든 학생에게 효과 있지는 않다.
- 관찰 가능한 행동만을 강화하기 때문에 주의집중과 같은 행동은 완전히 관찰할 수 없다.
- 도전적인 과제를 기꺼이 하려고 하지 않는다.
- 학습 과제의 해결이 아니라 보상 자체가 목표가 될 수 있다.
- 보상은 내적 동기 유발을 방해한다.
- 보상한다고 수행이 크게 향상되지 않는다.
- 보상은 뇌 기반의 학습 원리를 어긴다.

학습심리학에서 연구한 내재적 학습 동기 유발의 요소를 분석하면 다음과 같다[4].

첫째, 사람은 흥미와 즐거움 때문에 어떤 일에 몰두하는 경향이 있는데, 이를 심리적 욕구라고 한다. 이러한 심리적인 욕구와 관련한 학습 동기 요소로

---

[3] 김현섭 외(2007), 『아이들과 함께 하는 협동학습2』, 한국협동학습센터
데보라 스티펙, 전성연 외 역(1999), 『학습동기』, 학지사
[4] 존 마샬 리브, 2003

자기 결정, 역능, 친교 등이 있다. 자기 결정이란 학습 목표, 학습 과제 선정, 학습 방식, 평가 등의 선택 과정에서 학생들이 선택할 기회를 주는 것이다. 역능이란 자기가 지닌 능력을 개발하고 향상해 발전하고자 하는 욕구로 학생들 스스로 성적 향상을 통해 자기가 원하는 수준까지 도달하고자 노력하게 하는 것이다. 친교란 다른 사람과 친밀한 정서적 유대와 애착을 형성하려는 욕구로서 정서적으로 원만한 대인 관계를 맺으려는 소망을 말한다.

둘째, 다른 사람과의 상호작용과 관련한 사회적 욕구가 있다. 사회적 욕구와 관련한 학습 동기 요소로는 성취, 친애와 친밀, 힘 등이 있다. 성취는 우수한 수준에 도달하고자 하는 욕구이다. 어떤 학습 과제를 부여하면 학생들이 우수한 수준으로 학습 과제를 성취하고자 하는 욕구가 있다는 의미다. 친애와 친밀은 다른 사람과 좋은 대인 관계를 형성하고 유지하거나 회복하려는 것이다. 힘은 다른 사람이나 집단을 통제하거나 영향을 주려는 욕구이다.

셋째, 인지적 욕구는 아는 만큼 행동하도록 도와준다. 인지적 욕구와 관련한 학습 동기 요소로 성취 목표 수립, 목표 추구, 피드백 등이 있다. 성취 목표를 수립하면 그 목표에 도달하려 노력하고, 도달하지 못했을 때 수정 보완하여 노력하려는 의지를 보인다. 인지적 욕구가 있는 경우, 공부하는 이유가 구체적으로 무엇이고 해당 학습 목표를 이루기 위해 어떠한 노력을 기울여야 할지를 구체적으로 이해한다면 열심히 노력할 수 있다.

넷째, 자기 정체성을 세우고 자기와 사회를 관련짓고 자기 잠재력을 발견하고 개발하려는 자아 정체성과 자기 의지가 있다. 학생 스스로 자신을 어떻게 규정하느냐에 따라 그에 맞는 행동을 하려고 노력한다. 학생에게 인생의 의미를 부여하고 인생의 가치를 올바로 정립하게 하면 학생이 그 가치를 실현하기 위해 의지적 노력을 기울일 수 있다.

다섯째, 선천적인 개인차도 있다. 타고난 성격에 따라 특정 행동을 자주 하기도 하고 자아실현을 하기 위해 노력하기도 한다. 성장 배경이나 문화적 배경에 따라 무의식적으로 하는 행동도 있다. 어떤 학생은 다른 사람과의 경쟁에서 지기 싫어하는 성향이 크다. 어떤 학생은 가정 분위기와 성장 과정의 영향으로 공부하는 것을 당연하게 생각하고 학습 자체를 즐겁다고 생각할 수 있다.

학습 동기 요소

동기의 차원	학습 동기 요소
심리적 욕구	자기 결정, 역능, 친교 등
사회적 욕구	성취, 친애와 친밀, 권력 등
인지적 욕구	성취 목표 수립, 목표 추구, 피드백 등
자기 의지	인생의 의미 부여, 의지적 노력 강화 등
개인차	개별 성격, 자아실현 욕구, 무의식적인 동기 등

내적 동기 유발이 잘 이루어진 학생은 다음과 같이 행동한다.

· 학습 활동을 자발적으로 시작한다.

· 도전적인 과제를 선호하거나 과제의 도전적인 측면을 추구한다.

· 학교에서 배운 것을 학교 밖 활동으로 연결하고 흥미와 자발성을 가진다.

· 필수적인 지식과 과제뿐 아니라 다른 영역에도 관심을 가진다.

· 미처 완성하지 못한 과제를 중간에 쉽게 포기하지 않는다.

· 보상과 상관없이 과제를 수행한다.

· 과제를 수행할 때 미소를 지으며 즐겁게 수행한다.

· 자신의 성취 결과에 자부심이 있다.

학습코칭이란?

수업코칭에서 다루는 주제 중 하나가 학생들의 배움 향상과 전인적 성장이다. 대다수 교사가 학생들이 스스로 학습할 수 있도록 도와주는 데 관심이 많다. 학생들의 학습 향상을 위한 코칭은 학습코칭이다.

학습코칭이란 '학생들의 학습이 촉진하도록 도와주는 전략과 방법'을 말한다. 학생이 학습 문제를 해결하거나 학습 목표에 도달하기 위해 스스로 학습 목표를 설정하고 효과적으로 학습할 수 있도록 학습코치가 지원하는 모든 행위이다. 학습코칭에서는 '공부를 왜 해야 하는가?', '무엇을 공부해야 하는가?', '어떻게 공부해야 하는가?' 등의 질문에 여러 가지 학습 대안을 제시한다. 학습코칭의 영역은 다음과 같이 다양하다[5].

학습코칭의 기본 철학은 다음과 같다[6].

· 학생은 독특하고 개별적인 방식으로 학습한다.
· 학생은 학습을 통해 스스로 의미를 구성해야 한다.

---
5) 김선자 외(2020), 『별별학습코칭』, 함께교육
6) 제키 턴불, 이영만 역(2014), 『교사를 위한 학습코칭』, 학지사

- 학생은 공감과 존중의 관계 속에서 잠재력을 개발할 수 있다.
- 학생은 자신이 필요한 모든 학습자원을 지니고 있다.
- 학습코치와 학생은 수평적 동반자 관계이다.

학습코칭은 기존 전통적인 학습지도 방법과 구별되는 차이점이 있다. 먼저 공부하는 목적이 다르다. 전통적인 학습지도 방법에서는 공부를 '입신양명'의 관점에서 사회적 성공 도구로 이해한다. 그에 비해 학습코칭에서는 공부를 사회에 기여하고 자아실현 하는 도구로 이해한다. 전통적인 학습지도 방법에서는 미래의 성공을 위해 현실에서 어느 정도 희생을 감수하라고 강조한다. 그래서 학생의 특성이나 의지에 상관없이 타율적인 훈육 방식으로 지도한다. 하지만 학습코칭에서는 자기 주도성에 기반을 두고 스스로 공부하는 태도와 습관을 기르는 데 초점을 둔다. 그래서 보상과 처벌이라는 외재적 동기 유발보다는 격려와 자기 선택권 등 내재적 동기 유발을 강조한다. 전통적 학습지도 방법에서 일부 우등생의 학습 성공 경험을 바탕으로 개발한 표준화된 학습법을 강조한다면, 학습코칭에서는 학습심리학을 기반으로 다양한 학습 유형을 고려한 개인 맞춤형 학습 방법을 강조한다[7].

기존 전통적 학습지도 방법	학습코칭
공부를 사회적 성공 도구로 이해함	공부를 사회적 기여와 자아실현의 도구로 이해함
타율적 훈육 강조	자기 주도적 학습 강조
외적 동기 유발 강조	내적 동기 유발 강조
보상과 처벌	격려와 자기 선택권 부여
획일적인 학습 방법 강조	학습 유형에 따른 학습 방법 강조
우등생의 학습 경험 바탕	학습심리학 바탕

7) 김현섭 외(2024), 『에듀코칭』, 수업디자인연구소

개인 맞춤형 학습코칭 전략

욕구별 학습 유형의 특징과 학습코칭 전략을 제시하면 다음과 같다[8].

- **생존의 욕구가 높은 아이들을 위한 학습코칭 전략**

생존의 욕구가 높은 아이들은 학습 태도에서 다음과 같은 특징을 보인다.

· 학습 습관과 태도가 좋고, 시간 관리를 잘함.

· 노트 필기를 꼼꼼하게 체계적으로 잘함.

· 완벽주의를 지향하고 열심히 노력하여 실제로 잘해 내지만, 스스로 스트레스를 많이 받음.

· 융통성이 떨어지고 도전적인 과제를 싫어함.

· 자신이 못하는 부분에 치중함.

· 모범생이 많고 성적도 좋은 편임.

· 전반적으로 수행 평가를 잘함.

이에 맞는 학습코칭 전략은 다음과 같다.

· 교사가 학습 과제 부여 시 세부 지침을 제공하면 좋다.

· 교사가 내실 있게 수업해야 학생들이 좋아한다.

· 수업 시간에 교사가 딴 이야기를 하지 않는 것이 좋다.

· 시간을 체계적이고 세부적으로 관리하는 표준 시간 관리 방법(기존 학습 플래너)을 사용하면 좋다.

· 수업 시간에 체계적으로 노트 필기(개조식 필기, 코넬 노트 등)를 하도록 지도하면 좋다.

---

8) 김현섭 외(2024), 위의 책

- 조금만 실수해도 스트레스를 많이 받으므로 교사가 학생들에게 스트레스를 주지 않도록 해야 한다.

• **사랑의 욕구가 높은 아이들을 위한 학습코칭 전략**

사랑의 욕구가 높은 아이들은 학습 태도에서 다음과 같은 특징을 보인다.

- 공부에 자신감이 부족하고 학습 전략에서 목표와 계획 능력이 낮음.
- 공부를 하나의 의무로 생각함.
- 관계에 관심이 많다 보니 상대적으로 공부에 대한 열정이나 학습 의지가 약하며 외부 환경에 휘둘리는 경우가 많음.
- 시각형, 운동감각형이 많음.
- 환경 탓을 잘함.
- 감정 조절이 어려워 공부에 몰입하거나 시간을 관리하기가 힘듦.
- 부모나 교사의 영향을 많이 받는 편임.
- 좋아하는 선생님 수업에는 집중하나 그렇지 않은 선생님 수업에는 잘 집중하지 못함.

이에 맞는 학습코칭 전략은 다음과 같다.

- 공부에 자신감을 불어넣어 준다.
- 교사와 학생이 일대일로 만나 관계를 중심으로 문제를 풀어 가면 좋다.
- 플래닝 교육을 통해 학습 목표를 세우고 추진하고 피드백할 수 있도록 한다. (과업 중심의 이동 시간 관리법 활용)
- 교사나 부모의 학습코칭이 가장 많이 필요한 학생 유형이다.
- 먼저 자기 자신을 현실적으로 이해하고 문제를 해결하도록 한다.
- 수업 시간에 함께하는 협동학습 활동을 통해 학생의 참여를 유도한다.

- 노트 필기 시 지나치게 꾸미는 데 초점을 두지 않도록 지도한다.
- 외부 유혹에 빠지지 않도록 유혹하는 환경에서 스스로 분리할 수 있게 지도한다. 편안한 집보다는 공부 환경이 잘 갖추어진 학교나 독서실 등에서 공부하면 좋다.
- 시험 기간에 친구들과 함께 공부하면 학습 효율성이 떨어지기 쉬우므로 혼자서 시험공부하도록 지도한다.
- 교사가 수업 시간에 매체 활용 수업이나 비주얼씽킹, 마인드맵 등 이미지 활용 수업 방법을 활용하면 좋다.

• 힘의 욕구가 높은 아이들을 위한 학습코칭 전략

힘의 욕구가 높은 아이들은 학습 태도에서 다음과 같은 특징을 보인다.

- 수업 시간에 토의 토론을 좋아함.
- 공부 욕심은 많으나 세부 계획 능력이 부족함.
- 흥미와 보상이 없으면 쉽게 성적이 떨어짐.
- 교사와 의견이 다르면 자기 의견을 제시하거나 교사 의견을 거부함.
- 장소보다 학습 동기 유발이 더 중요함.
- 이해력은 뛰어나지만, 노트 정리를 싫어하는 편임.
- 학습에 흥미를 잃으면 핑계를 대고 거짓말을 함.
- 관심을 한곳에 집중하면 자기 중심 목표까지 바뀔 수 있음.
- 노력했는데 성적이 오르지 않으면 아예 포기하기도 함.
- 자신의 목적은 분명하나 세부적인 것을 잘 챙기지 못함.
- 목표가 정해지면 이루려고 열심히 노력함.
- 사회적으로 인정받거나 칭찬 또는 보상을 받을 수 있는 상황이면 더 열심히 공부함.

이에 맞는 학습코칭 전략은 다음과 같다.

- 교사가 먼저 분명한 목적을 제시한다.
- 플래닝 지도 시 세부 계획을 짜도록 지도한다.
- 학생은 교사와 다른 의견을 제시하는 데 주저함이 없는데, 교사가 이를 오해하고 기분 나쁘게 반응할 필요는 없다.
- 노트 정리를 잘하지 않는 편이므로 노트 정리하는 방법을 가르쳐 주고 노트 필기를 잘할 수 있도록 훈련한다.
- 학업 성취도 향상 시 칭찬과 격려를 해 주면 좋다.
- 수업에서 약간의 경쟁 요소를 활용하면 열심히 참여한다.
- 성적 하락 시 슬럼프에 빠져서 포기하지 않도록 세심한 관심과 피드백이 필요하다.
- 성적이 잘 나오지 않는 과목은 포기할 가능성이 크므로 이러한 과목도 놓치지 않도록 지도한다.
- 근거 없는 자신감에 빠지지 않도록 지도한다.

- **자유의 욕구가 높은 아이들을 위한 학습코칭 전략**

자유의 욕구가 높은 아이들은 학습 태도에서 다음과 같은 특징을 보인다.

- 공부에 잘 집중하지 못함.
- 학습 계획 및 실천력이 부족함.
- 어려운 문제를 풀 때 쉽게 포기하고 시험 볼 때 실수가 잦음.
- 학교 및 교실 규칙에 따르기를 싫어하거나 어려워하고 자유로운 분위기를 원함.
- 공부할 때 산만하고 학습 준비물 챙기기에 소홀함.

- 자기가 좋아하는 과목이나 주제에만 관심을 기울임.
- 노트 정리를 힘들어함.
- 기존 수업이나 암기식 수업에서는 매우 힘들어할 수 있음.
- 프로젝트 수업이나 문제 해결 수업은 상대적으로 잘 수행함. 하지만 기초 지식이 부족하면 이러한 학습 활동에 참여하기 힘들 수 있음.

이에 맞는 학습코칭 전략은 다음과 같다.

- 왜 공부해야 하는지 동기 부여가 필요하다.
- 자기가 원하는 것이 구체적으로 무엇인지 파악하도록 한다.
- 자기가 원하는 학습 방법이나 생활 규칙을 선택할 수 있도록 한다.
- 아이에게 전적으로 자율권을 주기보다 제한된 선택지를 주고 그 안에서 선택하게 한다.
- 진로지도 시 문화예술 방면이나 창업 쪽으로 지도하는 것이 좋다.
- 오늘 해야 할 일에 우선순위를 매기고 실천하도록 하는 이동 시간 관리 방법을 활용하면 좋다.

- **즐거움의 욕구가 높은 아이들을 위한 학습코칭 전략**

즐거움의 욕구가 높은 아이들은 학습 태도에서 다음과 같은 특징을 보인다.

- 수업 시간이나 쉬는 시간에 농담이나 장난으로 다른 친구 웃기기를 좋아함.
- 새로운 지식과 경험에 호기심이 있음.
- 배우는 일 자체를 좋아함.
- 관심 있는 주제에 몰입도가 높음. 다만, 관심의 지속 기간은 길지 않음.
- 수업 시간에 산만하게 움직이고, 재미없는 수업은 잘 참여하지 않음.
- 강의식 설명 수업은 힘들어하지만, 활동 중심 수업에는 적극적으로 참여함.

이에 맞는 학습코칭 전략은 다음과 같다.

- 강제로 시키기보다 스스로 선택하여 공부하도록 한다.
- 공부 과정 자체가 늘 즐거운 과정은 아니라는 사실을 인식시킨다.
- 공부에 몰입할 기회와 환경을 마련한다.
- 놀이나 게임에 너무 시간을 낭비하지 않도록 한다. 인터넷 게임 시간 제한 등의 노력이 필요하다.
- 단순 반복보다는 창의적으로 문제를 해결할 기회를 부여한다.
- 작은 목표와 단계를 만들고 작은 목표를 달성했을 때 일종의 자기 보상 (먹기, 놀기, 게임, 콘서트 참여 등)을 해도 좋다.

10장

수업 질서 세우기와 금쪽이 지도 방안

10장.
수업 질서 세우기와 금쪽이 지도 방안

수업 질서 세우기

    개인적인 수업코칭 경험에 비추어 보면, 교사의 수업 고민 문제들은 대부분 수업 질서 세우기 문제와 문제 학생들[1]을 효과적으로 지도하는 문제인 경우가 많다. 수업 속에서 관계와 질서 세우기가 이루어지면 수업을 안정적으로 운영할 수 있다. 하지만 관계와 질서 세우기가 잘 이루어지지 않으면 수업디자인을 잘해도 수업 운영이 쉽지 않다. 일부 교사는 학생들과 좋은 관계를 추

---

1) 요즘은 문제 학생을 지칭하는 용어로 정서·행동 위기 학생, 위기 관리 학생, 금쪽이 학생 등을 사용한다. 정서·행동 위기 학생은 정서적으로 어려움을 겪거나 행동 문제가 있어 수업을 방해하거나 학교 환경에 부정적인 영향을 미치는 학생, 심리적, 정서적 또는 행동상의 문제 때문에 일상적인 교육활동 참여를 어려워하는 학생을 의미한다. 이들은 주의력결핍과잉행동장애(ADHD), 품행장애, 우울증, 불안, 무기력 등을 겪을 수 있다.

구하다가 수업 질서를 놓치고, 질서를 추구하다가 관계를 놓친다. 그렇다면 관계와 질서는 상반된 개념으로서 상호 모순적인 관계일까?

한마디로 그렇지 않다. 어떤 교사는 학생들에게 무섭고 단호하지만, 학생들이 선생님을 좋아한다. 반대로 어떤 교사는 학생들이 원하는 것을 모두 허용하지만, 학생들은 교사를 좋아하지 않고 심지어 무시하기도 한다. 교사와 학생 간에 신뢰 관계가 잘 형성되면 그 안에 질서가 살아 있다. 관계와 질서는 공존할 수 있다. 다만 관계와 질서의 조화가 현실적으로 쉽지 않을 뿐이다.

교사와 학생 사이에 경계를 세우는 것은 수업 운영의 기본이다. 경계선 수준은 획일적이지 않다. 교사의 교수 유형에 따라 경계 수준이 달라진다. 생존의 욕구와 힘의 욕구가 높은 교사는 교사와 학생들과의 경계선이 상대적으로 높다. 반대로 사랑의 욕구와 자유의 욕구가 높은 교사는 경계선이 상대적으로 낮다. 만약 경계선이 너무 높아 학생들과의 관계 형성에 악영향을 미친다면 경계선을 다소 낮추면 된다. 반대로 경계선이 너무 낮아 무질서 상태에 빠져서 학생들의 배움이 잘 일어나지 못한다면 경계선을 배움이 일어나는 수준으로 높여야 한다. 중요한 것은 교사와 학생의 인격을 상호 존중하고 학생들의 성장과 배움이 일어나도록 하는 것이다.

수업 속 질서 세우기는 일반 학생을 위한 수업 규칙 운영과 정서·행동 위기 학생(문제 학생, 위기 관리 학생, 금쪽이)을 위한 개별 지도 방안으로 이원화하여 접근해야 한다. 즉, 보편성과 특수성의 이원화된 접근이 필요하다. 왜냐하면 정서·행동 위기 학생은 기존 일반적인 수업 규칙만으로는 지도하기 힘들기 때문이다. 정서·행동 위기 학생들은 대개 적극적인 수업 방해자 역할을 한다. 그래서 교사가 수업 운영 시 정서·행동 위기 학생을 효과적으로 지도하는 방법에 대한 고민이 크다. 최근에는 사회적인 인구 감소 현상과 함께 한 자녀 가정이 늘면서 과잉보호 환경에서 성장하는 아이가 많아지고 있다. 과보호 받으며 자란 아이는 개인주의적 태도를 넘어 이기적인 태도를 가지거나 의존적인 태도로 살아가기 쉽다. 반대로 경제적인 문제, 가정불화 문제 등으로 방임된 환경에 자란 아이는 거칠게 행동하거나 무기력한 태도를 보일 수 있다. 정서·행동 위기 학생이 점차 늘어나는 추세이고, 일부 학부모가 교사에게 과도한 요구를 하거나 교사의 권위를 인정하지 않는 경우도 늘어나고 있다.

일반 학생을 위한 수업 규칙 운영은 아들러의 개인심리학에 근거한 '학급긍정훈육법'이나 행동수정 이론에서 시사점을 얻을 수 있다. 정서·행동 위기 학생을 이해하고 내면과 행동을 해석할 때는 '욕구코칭'이 의미 있다. '긍정적인 행동 지원'은 정서·행동 위기 학생의 문제행동을 수정하는 데 좋은 대안 중 하나이다[2].

여기에서는 네 가지 담론을 중심으로 수업 질서 세우기 문제를 살펴보고자 한다.

학급긍정훈육법의 질서 세우기

학급긍정훈육법(Positive Discipline in the Classroom, PDC)은 심리학자인 아들러(Alfred Adler)와 드라이커스(Rudolf Dreikurs)의 이론을 교실에 적용한 훈육 방법이다. 학급긍정훈육법에서는 '친절하지만 단호한 교사'를 강조한다. 친절하다는 것은 학생을 대할 때 인격적으로 존중하고, 학생의 감정과 욕구를 인정한다는 의미이다. 단호하다는 것은 공동체 구성원으로서 살아가기 위한 약속과 책임에 대해 단호해야 한다는 뜻이다. 예컨대, 어떤 학생이 화를 냈다면 화라는 감정에 친절하게 공감한다. 하지만 화가 난다고 해서 친구들에게 공격적인 행동을 보였다면 단호하게 규칙과 약속에 근거하여

---

[2] 우리나라에서 긍정적 행동 지원은 주로 특수 학생 지도 방안으로 많이 알려졌지만, 정서·행동 위기 학생에게도 큰 도움이 된다.

지도해야 한다.

학급긍정훈육법에서 강조하는, 학생들이 배워야 할 일곱 가지 신념은 다음과 같다.[3]

- 나는 능력이 있다.
- 나는 의미 있는 도움을 주며 꼭 필요한 사람이다.
- 나의 결정은 나와 학급에 일어나는 문제에 긍정적인 영향을 미친다.
- 나는 원칙이 있고, 자기 조절력이 있다.
- 나는 다른 사람을 존중하며 행동한다.
- 나는 내 행동이 다른 사람에게 영향을 미친다는 것을 안다.
- 나는 꾸준한 연습을 통해 지혜와 판단력을 발달시킨다.

학급긍정훈육법에서는 보상과 처벌 대신 소속감과 사회적 맥락에서의 자존감을 강조한다. 지속적인 상호 존중이 일어날 때 다른 사람에게 가장 영향을 미칠 수 있다. 그래서 보상과 처벌보다는 공감하고 믿고 협력해서 문제를 해결할 수 있도록 노력하며 친절하고 단호한 태도를 강조한다. 문제행동에 대처할 때도 비난과 처벌보다는 행동수정 전 공감하기를 강조하고, 문제 학생에 대한 도덕적 판단보다는 문제 해결에 초점을 둔다. 학생 행동 속에 숨은 신념을 살펴보도록 한다. 문제행동이 발생하면 교사가 문제행동이 왜 잘못된 행동인지 설명하기보다 질문을 통해 학생 스스로 문제행동을 수정할 기회를 부여한다.

- 수업 전에 무엇을 준비하면 좋을까?
- 수업이 끝나기 전에 과제를 다 하려면 어떻게 해야 할까?
- 책상 정리와 교실 청소에 도움이 필요하니?

---

3) 제인 넬슨 외, 김성환 외 공역(2014), 『학급긍정훈육법』, 에듀니티

- 우리 학급 규칙은 무엇일까? 규칙을 어기는 경우, 어떻게 할까?
- 이 문제를 어떻게 해결하면 좋을까?

기존 훈육 방식의 처벌은 학생들이 부정적인 반응을 보이기 쉽다.

- 반항 : "선생님이라도 나를 통제할 수 없어. 내 멋대로 할 거야."
- 보복 : "난 어떻게 되든 상관없어. 내가 야단맞은 만큼 복수하고 상처를 줄 거야."
- 후퇴 : "그래, 난 나쁜 사람이야."(낮은 자존감), "다음에는 걸리지 말아야지."(속임수)

학급긍정훈육법에서 교사는 다음과 같은 기본 관점과 기술을 갖춰야 한다.

- 학생은 경험에서 배운다.
- 실수는 배움의 기회다.
- 칭찬과 보상 대신 격려를 사용한다.
- 학생들과 함께 학급 일정을 만든다.
- 학급 역할을 나눈다.
- 교사와 부모, 학생이 함께 간담회에 참여한다.

학급긍정훈육법에서 바라보는 문제 학생 유형과 지도 방법은 다음과 같다.

유형	비합리적인 신념	숨은 메시지	긍정훈육법	격려의 말
지나친 관심 끌기	내가 사람들의 관심을 받을 때 나는 오히려 소속감을 느껴.	나를 봐 주세요. 나도 함께 하고 싶어요.	· 특별 대접을 하지 않고 긍정 행동으로 관심을 받을 수 있도록 이끌기 · 문제 해결 과정에 참여시키기 · 작은 행동은 무시하기 등	· 잘 들었어. 지금은 수업 시간이니 쉬는 시간에 대답해 줄게. · 너에게 늘 관심이 있어. 그래도 지금은 안 되겠구나. · 재미있긴 한데, 지금은 아니야.
힘의 오용	누구도 나를 어찌할 수 없어.	도와줄게요. 선택권을 주세요.	· 긍정적인 힘을 사용할 수 있도록 도움을 요청하기 · 제한된 선택지를 제안하기 · 말하지 않고 행동하기 · 관철하기 등	· 우리 반 약속을 읽어 보겠니? · 네가 도와주었으면 좋겠어. 이 문제를 해결하려면 어떻게 하면 좋을까? · 그렇게 생각하는구나. 내 생각은 좀 다른데, 들어 볼래?
보복	내가 상처받은 만큼 다른 사람에게도 상처를 줄 거야.	난 상처를 받았어. 내 마음을 알아줘.	· 상처받은 감정을 인정하기 · 감정에 상처 주지 않고 표현하기 · 배려하고 격려하기 · 처벌하지 않고 신뢰 쌓기 등	· 마음이 상한 것 같구나. · 우선 마음을 좀 가라앉히고 다시 이야기해 보는 것이 어떻겠니? · 다른 사람의 마음에 상처를 줄 때 너는 어떤 느낌이 드니?
무기력	난 잘하는 것이 없어. 난 무능한 인간이야.	날 포기하지 말아 줘. 나에 대한 기대를 낮춰 줘.	· 할 일은 작은 단계로 나누기 · 비난하지 않고 시도 자체를 격려하기 · 성공할 기회를 제공하기 등	· 쉬운 단계부터 해 보면 어떨까? · 실수해도 괜찮아. 그렇게 배우는 거야. · 함께 해 보자.

학급긍정훈육법에서는 교사가 교실 규칙을 일방적으로 제시하기보다 학생들과 함께 만들어 가기를 강조한다. 일반적인 교실 규칙을 만드는 단계는 다음과 같다[4].

- 우리가 원하는 학급의 방향과 철학을 각자 메모지에 기록하기
- 분류하고 제목 정하기
- 교실에서 해야 할 말과 행동을 모둠별로 이야기하기
- 발표 및 동의하기
- 동의 사인하기
- 게시 및 돌아보기

수업 규칙을 세울 때 교사가 수업 문제가 될 만한 상황을 질문 형태로 학생들에게 제시하고 학생들이 관련 규칙과 페널티를 함께 만들면 좋다.

- 수업 시간에 떠들거나 잠자거나 딴짓하는 경우
- 수업 시간 안에 할 수 있는 과제를 제대로 수행하지 못한 경우
- 숙제나 수행 평가 과제를 미제출한 경우
- 수업 시간에 교실에 늦게 온 경우
- 수업 시간에 거짓말하거나 친구들에게 공격적인 언행을 한 경우 등

상황에 맞는 페널티도 함께 만든다. 그래야 문제 발생 시 규칙대로 지도할 수 있기 때문이다. 예컨대, 수업 시간에 떠드는 경우, 1차 구두 주의, 2차 경고, 3차 타임아웃으로 정하는 식이다. 교실 규칙은 많을 수 있지만, 수업 규칙은 가급적 세 가지 이내로 정한다. 그래야 기억하기 좋고, 지속적으로 질서를 유지하는 데 도움이 된다. 수업 규칙이 많으면 관계를 유지하는 데 방해될 수

---

[4] 정호중, 「친절하면서도 단호한 교사로 거듭나기 위한 학급긍정훈육법」, 『서울교육』 2019 가을호

있다. 학생들이 정한 규칙이나 페널티가 과도하거나 비현실적이면, 교사가 대안 규칙이나 페널티를 제안한다. 만약 학생들의 요구가 강력하면, 일단 수업 규칙으로 인정하여 운영하되 한시적으로 운영하면 좋다. 교사의 예상대로 문제가 발생하면 이를 계기로 해당 수업 규칙이나 페널티를 수정하면 된다.

행동수정 이론의 질서 세우기

행동수정 이론은 학습된 행동이 환경 요인에 의해 변할 수 있다는 가정하에, 바람직하지 않은 행동을 줄이고 바람직한 행동을 증가시키는 것을 목표로 한다. 즉, 강화, 처벌, 모델링 등의 기법을 통해 외적 행동을 변화시키려는 이론이다. 행동수정 이론에서는 모든 행동은 학습된다고 전제한다. 행동은 생물적 또는 유전적 요인이 아닌, 환경과의 상호작용을 통해 학습된다고 강조한다. 또한 현재 행동을 중요시한다. 과거 경험보다는 현재의 행동 패턴에 초점을 맞추어 변화를 시도한다. 행동수정의 방법으로는 강화, 처벌, 모델링, 소거 등의 기법을 활용한다. 행동수정 프로그램은 다음 절차에 따라 진행된다.

- **타임 아웃**

행동수정 기법 중 하나가 타임아웃(Time out)이다. 타임아웃은 학생이 수업 시간에 바람직하지 못한 행동을 했을 때 정해진 시간 동안 수업에 참여하지 못하도록 하는 조치이다. 타임아웃에는 구경 타임아웃, 배제 타임아웃, 완전 타임아웃, 리본 타임아웃, 자발적인 타임아웃 등이 있다. 구경 타임아웃은 수업 참여는 직접 하지 않지만, 수업 활동을 볼 수 있는 것이다. 배제 타임아웃은 학생이 교실에 있긴 하지만, 수업 활동은 볼 수 없다. 완전 타임아웃은 학생이 해당 교실이 아닌 다른 장소로 분리된다. 리본 타임아웃은 학생에게 리본을 붙이거나 이름 게시판에 리본을 단다. 리본이 붙어 있는 동안 교사는 해당 학생에게 참여 기회를 주지 않는다[5]. 자발적인 타임아웃은 교사가 학생을 타임아웃하는 것이 아니라 학생이 자발적으로 타임아웃 공간으로 이동하는 것이다.

· **토큰 제도 운영**

수업 시간에 토큰 제도를 운영하는 경우, 교사가 토큰 제도의 장단점을 잘 알고 활용해야 한다. 자칫 잘못 활용하면 여러 가지 부작용을 일으킬 수 있다.

토큰은 긍정적인 행동을 강화하기 위한 수단이라는 것을 잊지 말아야 한다. 토큰은 일종의 사탕발림이나 시럽과 같은 역할을 한다. 어린아이는 감기약을 쓰다고 먹지 않으려고 하기에 감기약에 시럽을 섞는다. 시럽은 감기를 치료하는 데는 아무런 도움이 되지 않지만, 어린아이가 감기약을 먹도록 도와주는 역할을 한다. 시럽이 달다고 시럽만 먹으면 오히려 몸에 해로울 수 있다. 토큰도 마찬가지이다. 토큰 자체는 교육 목표가 아니며, 교육 목표를 이루도록 도움을 주는 수단일 뿐이다.

토큰 제도의 장점은 다음과 같다.
- · 1차 강화물(사탕 등)에 비해 좀 더 복잡한 수준의 행동을 학습시킬 수 있다.
- · 토큰을 사탕, 점수, 선물 등 1차 강화물로 바꿀 수 있다.
- · 1차 강화물처럼 바로 소비되지 않기 때문에 관리하기가 쉽다.

---

[5] 김미경(2019), 『행동수정 및 긍정적 행동 지원의 이해』, 박영스토리

・토큰으로 개인의 선호에 맞게 강화물을 교환해 줄 수 있다.

하지만 토큰 제도를 잘못 사용하면 다음과 같은 부작용이 발생한다.

・토큰이 제거되었을 때 긍정적인 행동을 하지 않을 수 있다.
・부당한 방법으로 토큰을 가질 수 있다.
・과도한 토큰 사용은 내적 동기 유발에 방해가 된다.

토큰 제도 운영 시 다음 유의 사항을 기억하면 좋다.

첫째, 토큰 사용 시 계속 강화에서 간헐 강화로, 간헐 강화에서 무강화 내지 칭찬과 격려의 방법으로 옮겨 간다. 즉, 토큰을 처음에는 많이 사용하지만, 점차 의도적으로 토큰의 양을 줄이는 것이다. 궁극적으로는 토큰 제도 없이도 자연스럽게 내적 동기 유발로 진행될 수 있어야 한다. 새로운 학습 행동을 습득할 때나 어려운 학습 과제를 수행할 때는 긍정적인 행동을 할 때마다 즉각적으로 토큰을 주지만 어느 정도 새로운 학습 행동을 습득하고 학생들이 익숙해지면 선택적으로 토큰을 준다.

둘째, 부당한 방법으로 토큰을 가질 수 없도록 교사가 몇 가지 장치를 개발하여 활용한다. 칭찬 스티커의 경우, 시중에 나온 스티커를 쓰기보다는 별도로 제작한 스티커나 교사가 직접 만든 스티커를 활용한다. 학생들이 다른 학생의 스티커나 쿠폰 등을 강제로 빼앗거나 훔치는 경우가 때로 발생할 수 있다. 이 경우, 도장이나 스탬프로 바꾸고, 아예 칭찬 스티커 점수판을 교사가 직접 관리하는 것도 좋은 방법이다.

셋째, 토큰을 무엇으로 교환할지 교사가 미리 고민해야 한다. 토큰을 일정량 모으면 주유소 쿠폰처럼 토큰 수량에 따라 학생들이 좋아하는 1차 강화물로 교환할 수 있다. 수행 평가 시 수업 태도 점수로 환산하여 수행 평가 점수로 반영할 수도 있다.

넷째, 토큰 제도를 운영할 때 개인 칭찬토큰과 모둠 칭찬토큰으로 구분하여 활용하면 좋다. 협동학습의 경우, 수행 평가 점수로 환산할 때는 개인 칭찬토큰과 모둠 칭찬토큰을 합산하여 점수를 매긴다. 같은 모둠원이라도 동일한 점수가 나가지 않는다. 개인 역할 기여도에 따라 차등적으로 점수가 부여된다.

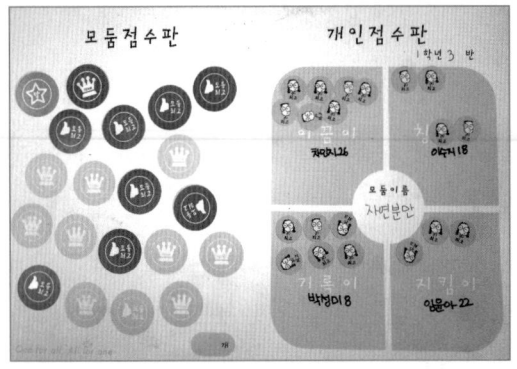
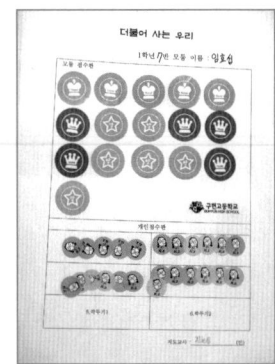

수업 규칙을 정했으면 교사가 규칙대로 일관성 있게 운영해야 한다. 대개 학기 초에 학생들과 함께 수업 규칙을 정하지만, 문제행동 발생 시에 교사가 수업 규칙대로 지도하지 않기도 한다. 일부 학생은 의도적으로 수업 규칙을 어기고, 교사의 반응에 따라 행동하기도 한다. 엄격하고 단호한 교사에게는 한발 물러서고, 만만하다고 느껴지는 교사에게는 함부로 행동하는 식이다. 수업 규칙대로 지도하지 않으면 해당 규칙은 사라지게 된다. 성문법(成文法)보다 관습법(慣習法)이 진짜 수업 규칙이 될 수 있다.

수업 규칙을 상시 게시하면 좋다. 명문화하여 교실에서 잘 보이는 공간에 게시해 둔다. 교사가 중심이 되어 수업 규칙을 정했어도 학생들의 동의를 구하면 좋다. 또한 정서·행동 위기 학생이 문제행동을 해도 문제행동과 학생 인격을 분리하여 접근하도록 한다. 교사가 규칙에 따라 단호하게 행동하지만, 감정적으로 야단치지 않도록 노력해야 한다. 침묵 신호, 집중 신호, 시간 신호

등 약속 신호를 만들어 활용해도 좋다. 때로는 교사의 침묵 행동이 학생들에게 집중 신호가 될 수도 있다.

욕구코칭에서 바라본 정서·행동 위기 학생의 이해와 지도 방법

욕구코칭 관점에서 정서·행동 위기 학생의 내면과 행동을 이해하면 좋다. 행동 속에 감정과 생각이 숨어 있고, 그 너머에 욕구가 있다. 그래서 정서·행동 위기 학생의 내면에 숨은 욕구를 알면 지도하는 데 큰 도움이 된다[6].

- **생존의 욕구가 높은 정서·행동 위기 학생**

  [문제행동 특징]
  - 겉모양과 행동은 모범적이지만, 내면이 복잡하고 스트레스를 많이 받는다.
  - 불안감을 가지고 행동한다.
  - 사소한 것도 교사에게 자꾸 물어본다.
  - 고자질한다(친구의 사소한 잘못을 교사에게 신고한다).
  - 평상시 자주 투덜거리거나 특정 학생을 비판하거나 뒷담화한다.

  [문제행동 지도 방법]
  생존의 욕구가 높은 학생은 사회적으로 큰 문제를 일으키지 않는 편이다. 완벽주의를 추구하고 다른 사람에게 피해 주기를 싫어하기 때문이다. 해당 학생은 다른 유형의 학생보다 유독 내면이 복잡하고 불안해할 가능성이 크다. 완벽주의가 지나쳐서 강박증에 빠질 수 있다. 불안감이 지나쳐서 우울증에 빠질 수 있다. 그러므로 교사는 학생의 복잡한 내면과 불안을 있는 그대로 인정하고 공

---

6) 김현섭·김성경(2018), 『욕구코칭』, 수업디자인연구소

감하려고 노력해야 한다. 해당 학생이 나름대로 성실하게 살려고 노력하는 모습을 인정하고 격려하는 자세가 필요하다. 해당 학생은 칭찬보다는 격려가 필요하다. 상대방의 실패도 비난하지 않고 존재 자체를 인정하면서 힘을 주는 행동이 격려이다. 또 교사는 수업 운영 관련 세부 안내를 해 줄 필요가 있다.

교사가 불안에 빠진 학생에게 핀잔을 주는 대신 불안의 감정을 이해하고 안정감을 주는 행동을 할 수 있어야 한다. 해당 학생이 친구들의 잘못을 고자질하는 이유는 자기에게 적용하는 높은 기대 수준을 다른 학생들에게도 요구하기 때문이다. 이러한 마음을 잘 읽어 줄 필요가 있다.

학생 : "○○가 방과 후 청소를 하지 않고 그냥 도망갔어요."
교사 : "○○가 청소를 하지 않고 도망간 것에 실망했구나. ○○의 몫까지 청소해야 해서 힘들었겠네. 선생님이 어떻게 행동하면 좋을까?"
학생 : "맞아요. 선생님이 따끔하게 야단쳐 주세요."
교사 : "잘 알았어. 네가 ○○처럼 도망가지 않고 열심히 청소해서 너무 기뻐. 너의 성실한 태도를 꼭 기억할게."

다른 친구들의 부정 행동보다 긍정 행동을 바라볼 수 있도록 관점을 바꾸어 주어도 좋다. 교사는 해당 학생이 투덜대는 모습을 비난하지 말고 항상 감사하는 태도를 가질 수 있도록 지도해야 한다.

- **사랑의 욕구가 높은 정서·행동 위기 학생**

[문제행동 특징]
· 교사나 친구들의 관심을 끌기 위해 이상한 행동을 한다.
· 또래 그룹 만들기를 좋아하고, 교우 문제에 민감하다.

- 친한 친구들과 잘 지내는 편이지만 때로는 왕따 문제를 주도하기도 한다.
- 감정 기복이 있고 그에 따라 주변 학생에게 영향을 미친다.
- 친구 따라 강남 간다.
- 사소한 오해 때문에 잘 삐진다.
- 자기 마음에 들지 않으면 어깃장을 놓기도 한다.
- 선생님이 특정 학생을 편애한다고 말하거나 다른 사람의 뒷담화를 한다.
- 학기 초에 선생님을 잘 따르지만, 학기 말에 교사를 가장 힘들게 하는 학생이 되기도 한다.

[문제행동 지도 방법]

사랑의 욕구가 높은 학생은 다른 사람들과의 관계성을 중시한다. 다른 사람에게 사랑받고자 하는 마음이 크다. 그런데 다른 사람에게 사랑받을 만한 행동을 하지 못하거나 관심을 끌 만한 매력이 적으면 바람직한 행동보다 이상한 행동을 해서 주의를 끌려고 한다. 자기의 이상한 행동에 교사가 반응을 보이면 그것이 부정적인 강화라도 해당 학생은 심리적으로 만족감을 경험할 수 있다. 따라서 해당 학생이 관심 끌려고 이상한 행동을 하면, 교사가 별 반응을 보이지 않고 어느 정도 심리적 거리를 두는 편이 좋다. 이러한 계획적 무시는 학생이 주변 사람의 관심을 끌고자 바람직하지 않은 행동을 할 때 사용한다[7].

해당 학생들은 교우 간 갈등으로 힘들어하거나 때로는 왕따 문제를 주도적으로 일으키기도 한다. 자기와 비슷한 또래 학생끼리 어울려 다니며 자기와 다른 학생들을 비난하거나 갈등을 일으킬 수 있다. 이 경우, 교사는 해당 학생이 상대방 입장에서 갈등 문제를 바라볼 수 있도록 노력할 필요가 있다. 역지

---

7) 김미경(2019), 『행동수정 및 긍정적 행동 지원의 이해』, 박영스토리

사지의 자세로 문제를 해결하면 좋다.

교사 : "오늘 소연이와 하늘이가 다툰 일을 알게 되었어. 소연이가 먼저 어떤 일로 하늘이와 다퉜는지 이야기해 줄래?"

소연 : "오늘 점심시간에 하늘이가 저에게 먼저 욕을 했어요. 제가 잘못한 것이 아닌데, 하늘이가 무엇인가를 오해한 것 같아요."

교사 : "하늘아, 소연이가 방금 한 이야기를 그대로 이야기해 줄래?"

하늘 : "제가 소연이에게 먼저 욕했다고 말했어요."

교사 : "좋아. 그런데 소연이는 다툰 이유를 세 가지 말했는데, 하늘이는 한 가지만 이야기했어. 나머지 두 가지 이유도 이야기해 볼래?"

하늘 : "소연이가 말한 나머지 두 가지 이유는...."

교사 : "하늘이가 소연이가 말한 세 가지 이유에 대하여 충분히 말한 것 같네. 그렇다면 하늘이가 소연이와 다툰 이유를 말해 줄래?"

하늘 : "제가 소연이에게 먼저 욕한 것이 아니에요. 사실은...."

교사 : "좋아. 소연아, 하늘이가 말한 내용을 네가 이해한 만큼 있는 그대로 이야기해 줄래?"

    교사는 해당 학생들과 이야기할 때 말의 내용뿐 아니라 말 속에 숨은 감정과 욕구를 잘 알아차려야 한다. 공감적 경청하기를 통해 감정과 욕구에 이름을 붙이면서 대화를 진행하면 좋다.

교사 : "일단 욕을 들으니까 기분 나쁘고 속상했지? 하늘이가 너를 무시하고 존중하지 않는 것 같아 힘들었을 것 같네."

소연 : "맞아요. 제가 잘못한 것도 아니고 오해한 것뿐인데, 먼저 욕한 것은 잘못이라고 생각해요."

    해당 학생들과 대화할 때는 너 전달법(You-Message)이 아니라 나 전달법

(I-Message)을 사용하는 편이 좋다. 나 전달법은 문장의 주어를 '너'가 아닌 '나'로 해서 이야기하는 방식이다.

[너 전달법]

교사 : "하지만 그렇다고 소연이가 하늘이에게 이렇게 행동하는 것은 잘못이야."

[나 전달법]

교사 : "하지만 그렇다고 소연이가 이렇게 행동하면 선생님이 하늘이라도 이해하기 힘들었을 것 같은데, 이에 대하여 넌 어떻게 생각하니?"

사랑의 욕구가 높은 학생을 지도할 때 공개적인 자리에서 야단치는 일은 피해야 한다. 칭찬은 공개적으로 하지만, 야단은 비공개적으로 하는 것이 좋다. 개인적인 만남과 상담 시간을 마련해 지도하도록 한다. 왜냐하면 해당 학생들은 개인적 대면 관계를 소중히 여기기 때문이다. 해당 학생들은 친구 영향을 많이 받기 때문에 친구 사이의 분위기에 따라 우발적인 행동을 할 수 있다. 그러니 좋은 친구들을 사귀도록 도와줄 필요가 있다. 교사가 해당 학생에게 긍정 행동을 직접적으로 부탁하거나 친한 친구에게 해당 학생이 긍정 행동을 할 수 있도록 부탁할 수도 있다. 교사가 해당 학생에게 먼저 간단한 도움을 요청하여 선생님과 좋은 관계를 맺을 기회를 마련하면 좋다. 사후 처리보다 사전 예방 차원에서 개인적인 관계를 좋게 형성해 두는 것이다. 해당 학생들은 주변 환경의 영향을 많이 받기 때문에 짝·모둠 구성 또는 자리 배치에 변화를 주거나 환경 자체를 바꾸어 줄 필요가 있다. 해당 학생이 문제를 일으키기 전에 교사가 먼저 문제가 발생할 환경 자체를 차단하는 것이다.

• 힘의 욕구가 높은 정서·행동 위기 학생

[문제행동 특징]

- 자기 멋대로 한다.
- 집단 활동 시 자기가 모든 것을 주도하려고 한다.
- 자기가 주도하지 못하는 상황이면 아예 빠져 버린다.
- 자기주장이 명료하고 상대방에게 자기주장을 관철하려고 한다.
- 문제행동 후 교사의 반응을 살펴보고 그에 맞추어 행동한다.
- 교사의 권위에 도전하거나 반항, 보복한다.
- 힘의 욕구가 높으나 역량이 없으면 허세 부리기 현상이 나타난다.
- 자기가 만만하다고 생각한 교사에게는 함부로 행동하지만, 그렇지 않은 교사에게는 도전적 행동을 좀처럼 하지 않는다.

[문제행동 지도 방법]

힘의 욕구가 높은 학생이 문제를 일으키면 상대적으로 큰 문제를 일으킬 가능성이 크다. 힘의 욕구가 높은 문제 학생은 수업 시간에 공개적으로 교사의 권위에 도전하거나 반항하는 모습을 보일 수 있다. 얼핏 생활 지도하기가 힘든 것 같지만 교사가 힘의 특성을 이해하면 오히려 생활 지도하기가 어렵지 않다. 힘 자체를 인정하고 존중하면서 우회적으로 문제행동에 접근하는 방식이 좋다. 교사가 생활 지도 과정에서 해당 학생의 자존심을 상하게 하는 행동은 반드시 피해야 한다. 교사가 공개적으로 해당 학생의 기(氣)를 꺾는 행동은 오히려 부작용을 일으킬 가능성이 크다. 힘의 특성상 자기보다 힘이 세거나 권위가 있다고 느끼면 상대적으로 순응하고, 그렇지 않으면 만만하게 생각하여 오히려 함부로 행동하는 경향이 있다. 그래서 교사가 확실하게 해당 학생의 기를 꺾으면 학생이 기가 죽어서 교사에게 함부로 행동하지 않을 수 있다. 하지만 이제는 시

대와 사회 분위기가 달라졌기에 교사가 소위 '기 꺾기' 전략을 사용하면 오히려 민원 대상이 되어서 교사만 더 힘들어지기 쉽다. 만약 해당 학생이 교사에게 도전적인 행동을 하면 잠시 냉각기를 가질 필요가 있다. 해당 학생이 감정적으로 격해지면 절제하기가 어렵기 때문이다. 이때 교사는 소위 '물로 불 끄기' 전략을 구사하면 좋다. 수업을 잠시 멈추고 침묵의 시간을 가져도 좋고, 교사가 감정적으로 지도하기보다 차분하게 말하면서 지도하는 편이 좋다.

해당 학생을 지도할 때는 문제가 발생하기 전에 감정 계좌에 신뢰를 적립하는 행동을 해야 한다. 학기 초부터 해당 학생들은 교사의 눈에 쉽게 들어온다. 긍정적인 행동은 사소한 것까지 찾아서 공개적인 자리에서 매번 칭찬하면 좋다. 해당 학생은 교사가 먼저 나를 인정하고 존중한다고 생각하면 교사에게 함부로 행동하지 않는다. 무엇보다 학생의 힘을 있는 그대로 인정하고 존중하는 태도가 필요하다. 그리고 문제행동이 발생하기 전에 자기 힘을 긍정적으로 사용할 수 있도록 유도하는 노력이 필요하다. 학급 임원이나 모둠 이끎이, 교과 수업 부장 등을 맡겨 자기 힘을 긍정 방향으로 발휘할 기회를 주면 좋다. 자기가 한 문제행동을 인정하는 경우, 책임 행동을 선택할 기회를 주어도 좋다.

동욱 : "다시 보니까 제가 한 행동은 잘못된 행동이라고 생각해요. 그 상황에서 친구에게 그렇게 말하는 것이 아니었는데…."

교사 : "동욱이가 자기 행동의 잘못을 인정했는데, 선생님은 자기 잘못을 인정하는 것이 매우 의미 있는 행동이라고 생각해."

동욱 : "……"

교사 : "그런데 이 문제는 다른 친구들과 연관된 문제이니만큼 선생님에게만 사과한다고 문제가 해결되지는 않아. 선생님은 네가 친구들 앞에서 이 문제에 대하여 공개 사과를 하거나 방과 후 봉사활동을 하거나 다른 방법으로 자기 행동에 책임을 지면 좋겠어. 이 중에서 어떠한 방법을 선택하겠니?"

- **자유의 욕구가 높은 정서·행동 위기 학생**

  [문제행동 특징]

  · 자기가 하고 싶은 대로 한다.

  · 지각을 자주 하고 시간 개념이 약하다.

  · 학습 준비물이나 도구를 잘 챙기지 못하고 자기 물건을 자주 잃어버린다.

  · 규칙과 약속을 잘 기억하지 못하고 규칙을 무시한다.

  · 개별 상담을 하면 짧게 반응한다. (몰라요, 그냥요 등)

  · 싫으면 도망간다. (회피 행동)

  · "네."라고 말하고 해당 행동을 하지 않는다. (수동 공격)

  [문제행동 지도 방법]

  자유의 욕구가 높은 문제 학생이 교사 입장에서는 가장 지도하기 힘들다. 약속과 규칙을 자주 어기고, 교사와의 대화를 잘 기억하지 못하며, 개별 상담을 하더라도 반응을 잘 보이지 않기 때문이다. 싫으면 도망가는 회피 행동이나 "네."라고 말하고 행동하지 않는 수동 공격은 교사가 받아들이기 힘들다. 교사가 해당 학생을 지도할 때는 공개적인 자리보다 개인적인 자리에서 지도한다. 해당 학생에게 길게 말하거나 잔소리하면 오히려 역효과를 줄 수 있다. 교사가 길게 말하면 해당 학생은 딴생각하면서 교사의 이야기를 흘려듣는다. 그래서 해당 학생과 대화할 때는 먼저 공감하되, 스팟 피드백을 하는 것이 좋다. 자유의 욕구가 높은 학생에게는 세밀하고 긴 피드백보다 짧고 굵은 피드백이 효과적이다.

  자유의 욕구가 높은 문제 학생의 행동을 방임하면 더 큰 문제가 생길 수 있다. 그래서 교사가 해당 학생과 함께 자유의 범위를 만들어 가는 노력이 필요하다. 해당 학생만을 위한 별도의 규칙을 함께 만드는 것이다. 교사가 먼저 제한된 선택지를 주고 그 안에서 학생에게 자기 선택의 기회를 준다. 학생이 직접 선택하거나 동의해야 그 약속을 잘 지키기 때문이다.

교사 : "요즘 수업 시간에 지각하는 경우가 많네."
학생 : "……"
교사 : "지각이 바람직한 행동이라고 생각하니?"
학생 : "그렇게 생각하지는 않아요. 앞으로 지각하지 않을게요."
교사 : "좋아. 그렇다면 앞으로 지각하는 경우, 어떻게 책임지면 좋을까? 지각한 시간만큼 늦게까지 남을까? 반성문을 쓸까? 아니면 방과 후 교실 청소나 봉사활동을 할까?"
학생 : "지각한 시간만큼 교실에 남아 있도록 할게요."
교사 : "좋아. 선생님도 너를 믿어 볼게. 네가 선택한 것처럼 앞으로 지각하면 지각한 시간만큼 교실에 남아 있도록 할게."

때로는 소위 '할머니 규칙'을 의미 있게 활용할 수 있다. 할머니 규칙이란 조건부 규칙으로서 "선생님이 원하는 것을 먼저 들어주면 네가 하고 싶은 일을 할 수 있어."이다. 예컨대, "수업 시간에 해야 할 과제를 마치면 쉬는 시간을 가질 수 있어." 등이다. 해당 학생이 원하는 것을 잘 파악하여 그것을 매개로 지도하는 방법이다.

자유의 욕구가 높은 학생은 다른 유형의 문제 학생에 비해 문제행동을 수정하는 데 비교적 긴 시간이 필요하다. 그러므로 교사가 인내심을 가지고 중장기적인 호흡으로 지도해야 한다. 최종 긍정 행동의 목표를 정하되, 중간 단계의 목표를 만들어 학생이 조금씩 변화하도록 유도하는 편이 좋다. 한 번에 여러 가지 문제를 해결하려고 하지 말고, 한 가지 문제행동에만 초점을 두고 지도한다. 특정 문제행동에 초점을 맞춰 지도하고, 나머지 문제행동 지도는 유보하는 선택 강화 방식이다. 해당 문제행동이 어느 정도 개선되면, 그다음 우선순위의 문제행동을 집중적으로 지도한다.

- **즐거움의 욕구가 높은 정서·행동 위기 학생**

[문제행동 특징]

- 일명 장난꾸러기 학생이다. 장난이나 웃긴 말로 수업 분위기를 흐트러뜨린다.
- 컴퓨터 게임이나 놀이에만 집중한다.
- 자기 관심사에는 몰입하지만 오래 지속되지 않는다.
- 수업 시간에 딴짓이나 낙서, 공상을 한다.
- 전반적으로 집중력이 떨어지고 산만하다.
- 진지하거나 무거운 분위기를 기피한다.

[문제행동 지도 방법]

즐거움의 욕구가 높은 문제 학생은 다른 유형의 학생과 비교해 큰 문제를 일으키지는 않는다. 왜냐하면 다른 사람에게 기쁨을 주기 원하고 고통 주는 일을 싫어하기 때문이다. 해당 학생의 장난이나 농담은 수업 분위기를 흩트릴 수 있지만, 힘, 자유, 즐거움의 욕구가 높은 교사에게는 그것이 큰 문제가 되지 않는다. 하지만 생존의 욕구가 높고 자유의 욕구가 낮은 교사는 해당 학생을 지도하는 일로 스트레스를 많이 받을 수 있다. 무엇보다 교사가 해당 학생의 욕구와 특징을 이해하는 것이 중요하다. 해당 학생이 던지는 가벼운 농담이나 장난은 가볍게 받아 주면 된다. 교사가 해당 학생의 즐거움의 욕구를 억제한다고 해서 즐거움의 욕구가 사라지지 않는다. 평상시 활동 중심 수업이나 놀이 등을 통해 즐거움을 어느 정도 채워 주어야 한다.

하지만 짓궂은 장난은 교사가 단호하게 선을 긋고 지도해야 한다. 짓궂은 장난은 즐거움의 욕구와 힘의 욕구가 동시에 높으면 나타나기 쉬운 현상이다. 이 유형에게는 장난의 기준을 알려 주어야 한다. 장난 행동을 했을 때 상대방이 좋아하면 장난이지만, 상대방이 싫어하면 장난이 아니라는 것을 분명하게 이해하도록 해야 한다. 역지사지 관점에서 상대방은 즐거움이 아니라 고통을 느낄 수 있음을 인식시켜야 한다. 즐거움의 욕구가 높은 학생은 고통을 싫어하기 때문에 상대방이 고통당할 수 있다는 것을 강조하면 좋다.

해당 학생은 수업 시간에 산만하게 행동하기도 한다. 수업 시간에 딴짓하거나 동시에 여러 가지 활동을 수행하기도 한다. 해당 학생은 선택과 집중의 원리를 통해 성장할 수 있다. 목표를 정하고 그 목표에 집중하여 행동할 수 있도록 교사가 지도해야 한다. 컴퓨터 게임이나 놀이에만 너무 집중해서 공부에 방해되지 않도록 교사가 해당 학생과 함께 게임 및 놀이 규칙을 만들면 좋다. 해당 학생을 방치하면 다른 학생들에게도 좋지 않은 영향을 미치므로 적절한 범위 안에서 행동을 통제해야 한다.

하지만 즐거움의 욕구가 높은 문제 학생은 주의력 결핍/과잉행동 장애(Attention Deficit/Hyperactivity Disorder, ADHD) 학생과는 다르다. ADHD는 지속적으로 주의력이 부족하여 산만하고 과다활동과 충동성을 보이는 상태를 말한다.

ADHD 학생은 뇌 안에서 주의 집중 능력을 조절하는 신경전달물질(도파민, 노르에피네프린 등)이 불균형해서 발생한다. 주의 집중력과 행동을 통제하는 뇌 부위의 구조 및 기능에 변화가 생긴다. 그래서 ADHD 학생은 의사를 통한 약물치료가 필요하다. 조기 발견 및 치료가 이루어지면 호전될 수 있다.

실제 정서·행동 위기 학생은 여러 욕구가 동시에 높은 경우가 많기에 개별 학생의 욕구를 분석하고 욕구 역동과 욕구딜레마 상황을 복합적으로 이해해야 한다. 그리고 나서 개별 학생의 특성에 맞게 지도 방안을 모색하여 실천해야 한다.

[주의력 결핍/과잉행동 장애
(Attention Deficit/Hyperactivity Disorder, ADHD)의 특징]
(서울아산병원[8])

1. **주의력 결핍 증상**
   - 주의 집중을 못 한다.
   - 멍하게 다른 생각을 한다.
   - 남의 이야기를 귀담아듣지 않는다.
   - 학습 놀이나 놀이 중에 주의력이 쉽게 분산된다.
   - 꼼꼼하지 못하고 부주의해서 발생하는 실수가 잦다.
   - 지시대로 따라 하는 것을 잘 못한다.
   - 주어진 과제를 끝마치지 못한다.
   - 주어진 일을 체계적으로 수행하지 못한다.
   - 물건을 자주 잃어버린다.
   - 해야 할 일이나 약속 등을 잘 망각한다.

2. **과잉행동 및 충동성의 증상**
   - 정신적 노력이 많이 드는 일을 귀찮아한다.
   - 발에 바퀴가 달린 것처럼 계속 움직인다.
   - 자리에 가만히 앉아 있지 못한다.
   - 손발을 꼼지락대고 만지작거린다.
   - 지나치게 말이 많다.
   - 질문이 채 끝나기 전에 성급하게 대답한다.
   - 순서를 지키기 힘들어한다.
   - 다른 사람의 활동을 방해하고 간섭한다.
   - 조용히 놀지 못한다.
   - 참고 기다리기가 어렵다.

---

[8] https://www.amc.seoul.kr/asan/healthinfo/disease/diseaseDetail.do?contentId=31886

긍정적 행동 지원을 통한 정서·행동 위기 학생의 지도 방법

긍정적 행동 지원(PBS)

긍정적 행동 지원은 행동수정 이론을 바탕으로 발전했다. 긍정적 행동 지원(Positive Behavior Support, PBS)이란 문제행동을 예방하고 감소시키며, 필요한 사회적, 학습적 성과를 달성할 수 있도록 돕는 체계적이고 종합적인 접근법이다. 기존 지도 방법은 문제행동을 제거하는 데 초점을 둔다면, 긍정적 행동 지원은 바람직하고 적절한 행동을 보일 가능성을 최대화하도록 환경을 조정하는 데 초점을 둔다. 문제행동의 원인을 파악하고, 환경을 개선하며, 바람직한 행동을 긍정적으로 강화하는 것을 목표로 한다[9]. 다시 말해, 긍정적인 행동 지원은 문제행동의 원인을 탐색하고 문제행동을 바람직한 행동으로 지원하는 방식을 의미한다[10].

긍정적 행동 지원의 전제는 다음과 같다.

- 행동은 학습된다.
- 인간 행동은 사회적, 물리적, 행동적, 환경적 요인에 의해 영향받는다.
- 인간 행동은 변화될 수 있다.

긍정적 행동 지원의 특징은 다음과 같다[11].

- '행동은 학습된다.'는 원리에 근거한다.
- 실용적인 중재를 강조한다.
- 사회적 가치에 초점을 둔다.

---

[9] 김남진(2023), 『김남진 KORSET 특수교육학 1』, 박문각
  특수공방 다해영 https://dahae0.tistory.com/
[10] 김미경(2019), 『행동수정 및 긍정적 행동 지원의 이해』, 박영스토리
[11] 양명희(2016), 『행동수정 이론에 기초한 행동지원(2판)』, 학지사

• 개인이 아니라 체계에 초점을 둔다.

긍정적인 행동 지원에서는 다음과 같은 접근을 강조한다[12].

• 문제 원인 진단을 기반으로 접근한다.
• 중재를 통해 환경과 교육과정을 재구성한다.
• 문제행동을 유지하고 강화하는 요인을 제거한다.
• 혐오적인 중재(고통, 수치감)를 사용하지 않는다. 학생 존중의 원칙을 지킨다.
• 문제행동의 원인을 진단하고 그에 맞는 개인 맞춤형 대안을 찾는다.
• 팀 접근을 강조한다.
• 예방 및 교육적 접근을 강조한다.

긍정적 행동 지원의 진행 단계와 절차

긍정적 행동 지원의 진행 단계와 절차는 다음과 같다[13].

• **표적 행동 설정**

표적 행동이란 행동 지원을 통해 향상해야 할 행동을 말한다. 바람직한 행동을 증가하거나 문제행동을 제거해야 할 경우, 해당 행동을 표적 행동으로 삼을 수 있다. 심각한 행동을 우선하여 표적 행동으로 정하면 좋다. 중재 우선순위는 다음과 같이 정한다.

---

12) 김남진(2023), 위의 책. 특수공방 다해영 https://dahae0.tistory.com/
13) 김남진(2023), 위의 책. 특수공방 다해영 https://dahae0.tistory.com/

우선순위	행동 유형	내용	사례
1	파괴 행동	자신이나 다른 사람에게 피해를 주거나 공격하는 행동	다른 사람에게 공격적인 행동(욕, 때리기, 몸싸움 등)을 함
2	방해 행동	직접 피해를 주지는 않지만, 행동이 지속되면 학습에 방해되고, 나중에 파괴 행동으로 전이될 수 있는 행동	수업 규칙을 어김(잠자기, 자리 이탈, 절차대로 학습 활동을 하지 않음 등)
3	가벼운 방해 행동	다른 사람에게 피해는 주지 않지만, 사회적 수용이 힘든 행동으로 나중에 방해 행동이 될 수 있는 행동	이상한 옷차림, 이상한 행동으로 주변 사람의 관심 끌기

교사가 학생 관찰일지를 기록하여 학생의 행동을 파악하면 좋다. 이때 관찰 가능하고 측정 가능한 용어로 표적 행동을 서술한다. 예컨대, '수업 시간 내내 엎드려 잠을 잠', '수업 시간 중에 친구들과 큰 소리로 떠듦', '자기 자리를 이탈해 다른 친한 친구 옆으로 가서 장난침' 등으로 서술하는 것이다.

• 표적 행동 관련 정보 수집

교사가 표적 행동과 관련한 정보를 직접 관찰하여 기록하는 일이다. 표적 행동이 잠자기라면 '1교시부터 수업 시간 내내 잠을 잠', '3교시 교과 담당 교사가 주의를 해도 무시하고 다시 잠을 잠' 등으로 기록한다. 떠들고 장난치기라면 '수업 10분경 큰 소리로 떠들어서 교사가 주의를 주었으나 이를 무시함', '모둠 활동 시간에 학습 과제를 수행하지 않고, 친구들과 장난침'으로 기록한다. 자리 이탈이면 '5교시 수업 시간에 교사의 허락 없이 총 3회 자기 자리를 이탈함' 등으로 기술하면 좋다. 표직 행동 관련 정보를 수집할 때는 교사가 직접 관찰한 것뿐 아니라 다른 사람들의 의견도 기록하면 좋다.

• **가설 수립**

표적 행동 관찰 후 행동의 패턴을 분석하는 단계이다. 배경 사건, 선행 사건, 추정 기능, 문제행동을 추측하여 가설 문장을 작성하면 좋다.

구분	가설 문장 내용 사례
배경 사건	평상시 가정에서 자기가 원하는 것을 마음대로 하지 못하고, 부모의 눈치를 보면서
선행 사건	아침에 부모에게 야단을 맞거나, 날씨가 흐리거나, 3~4교시에 배가 고프면
학생 이름	민욱이는
추정 기능	부정적인 감정(화)을 잘 절제하지 못하여
문제행동	짜증을 많이 내고 사소한 문제로 친구들과 다툼을 일으킨다.

교사가 세운 가설이 타당한지 아닌지 확인하는 과정을 통해 가설을 검증해야 한다. 이때 A(선행 사건, Antecedents) - B(문제행동, Behavior) - C(후속 결과, Consequences) 관찰 분석 방법을 활용하면 좋다. 표적 행동의 원인과 선행 사건을 살펴보고, 그에 따른 문제행동이 무엇이고, 그 결과 어떻게 영향을 주는지를 분석하는 것이다.

[A-B-C 분석 사례]

- 문제행동 : 친구들과 갈등이 많이 일어남
- A(선행 사건, 원인)
  - 아침 식사를 하지 않음, 주로 갈등이 일어나는 시간대는 3~4교시임 ⇒ 배가 고픔
  - 날씨가 흐리거나 비가 옴 ⇒ 기온과 습도에 민감함
  - 부모가 권위적인 양육 태도를 가지고 있고, 아이가 원하는 것을 잘 수용하지 않음 (배경)
- B(문제행동)
  - 짜증을 많이 내고 사소한 문제로 친구들과 다툼을 일으킴
- C(후속 결과)
  - 주변 친구들이 해당 학생을 싫어하고 기피하는 현상이 나타남

- **긍정적 행동 지원 계획 수립 및 실행**

  긍정적 행동 지원 계획 및 실행은 배경 및 선행 사건 중재, 대체 행동 제시, 문제행동에 대한 반응, 장기 지원으로 진행된다.

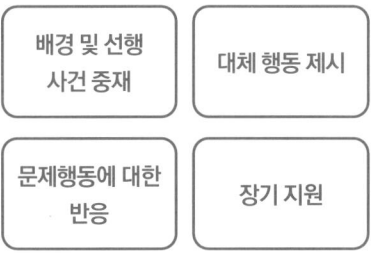

[배경 및 선행 사건 중재]

배경 및 선행 사건 중재란 문제행동 발생을 예방할 수 있도록 환경을 재구성하는 일이다. 예컨대, 주변 친구들과 장난이 심한 학생이라면 친한 친구들

과 가까운 자리를 배치하지 않고, 개별 좌석에 앉아서 물리적 거리두기를 하도록 한다. 배고플 때 짜증을 많이 낸다면 3교시 쉬는 시간에 간단한 간식을 제공한다. 교실에서 자주 뛰어다닌다면 슬리퍼를 착용하도록 할 수 있다. 학습 과제가 어려우면 쉬운 과제를 제시하고, 학습 활동 시 선택의 기회를 제공할 수도 있다.

[대체 행동 제시]

대체 행동이란 문제행동을 대체할 수 있는 바람직한 행동을 말한다. 교사는 해당 학생에게 대체 행동을 제시하고 이를 통해서 표적 행동을 하지 않도록 유도한다. 예컨대, 학생이 수업 활동에 참여하기 힘들다고 느끼면 자발적인 타임아웃을 통해 일정 시간 동안 특정 좌석에 앉아서 다른 활동을 하도록 한다. 수업 시간에 장난을 자주 한다면 혼자서 자기가 좋아하는 그림을 그리도록 할 수 있다. 때로는 기다리고 인내하는 연습이 필요하다.

[문제행동에 대한 반응]

학생이 문제행동을 하는 경우, 교사가 이에 적절한 반응을 보여야 한다. 문제행동에 반응하는 방법으로 교수, 소거, 반응 대가, 타임아웃, 차별 강화 등이 있다. 교수란 교사가 직접 문제점을 이야기하고 주의를 주는 것이다. 소거란 학생이 좋아하는 행동 자체를 하지 않도록 하는 것이다. 모둠 활동을 할 때마다 모둠원과 갈등을 일으킨다면 문제 학생은 모둠 활동에 직접 참여하지 않고 별도로 개별 활동을 하도록 하는 식이다. 반응 대가란 문제행동을 하면 기존에 누리던 강화를 제거하는 방법이다. 수업 시간에 장난치거나 딴짓하느라 수업 과제를 완성하지 못했으면 쉬는 시간에 쉬지 못하게 하고 미완성 과제를 완성하도록 하는 것이다. 타임아웃은 문제행동 시 수업 중 일정 시간 동안 열

외로 하는 것이다. 예컨대, 학생이 1차 주의에 이어 2차 경고도 무시한 경우, 교실 특정 위치로 나가 5분 동안 서서 수업을 참관하도록 한다. 차별 강화란 문제행동을 보이지 않거나 바람직한 대체 행동을 할 때만 긍정적인 강화를 하는 방식이다. 수업 시간에 친구들과 장난치지 않고 열심히 수업에 참여하면 쉬는 시간이나 점심시간에 해당 학생이 좋아하는 행동(공놀이 등)을 할 기회를 주는 것이다. 해당 학생이 긍정적인 행동을 할 때마다 교사가 즉각적으로 칭찬할 수도 있다.

[장기 지원]
장기 지원이란 긍정 행동이 습관으로 자리 잡아 지속적으로 이루어지도록 돕는 일이다. 외부의 긍정적 행동 지원이 이루어지지 않아도 학생 스스로 긍정 행동을 할 수 있도록 하는 방법이다.

• **긍정적 행동 지원의 평가 및 수정**
평가 및 수정은 그동안 진행되었던 긍정적 행동 지원 활동에 대하여 평가하고 수정 보완하는 일을 의미한다. 긍정적 행동 지원 활동이 학생의 문제행동 수정에 큰 도움이 되지 않았다면 표적 행동 선정, 원인 분석 및 가설, 대체 행동, 문제행동에 대한 반응 등을 수정 보완하여 추후 활동에 반영한다.

서울시교육청과 좋은교사운동에서 정서·행동 위기 학생을 위한 긍정적 행동 지원 연구 실천 프로젝트를 수행하여 좋은 성과를 거두었다[14]. 이를 통하여 개발한 정서·행동 위기 학생 지도 방안 사례를 제시하면 다음과 같다[15].

---

14) 서울시교육청 및 좋은교사운동(2023.12.21), 「교실 속 긍정적 행동 지원 프로세스」 발표회 문수정·최경희(2022), 『교실에서 별을 만나다』, 좋은교사
15) 송승현 외(2024), 『교실 속 문제행동 바르게 예방하고 바르게 가르치기』, 서울시교육청

긍정적 행동 지원에 기반한 문제 유형별 대처 방안

문제 행동	수업 중 교실 밖으로 자주 자리를 이탈함	수업과 상관없이 스마트 기기 하기	수업 시간 중 엎드려 자기
문제 이해 (상황과 원인 분석)	·수업 내용이 어려움 ·흥미 부족 ·관심 끌기	·과제 회피 ·스트레스 해소 ·흥미 부족	·수면 부족 ·학업 스트레스 ·흥미 부족 ·정서 문제 등
교수	·수업 중 자리에 앉기, 화장실 이용 요령 제시 ·이름을 부르고 자리에 앉도록 이야기하기	·스마트 기기 활용 규칙 제시하기 ·수업 시간에 스마트 기기 사용 시 주의 및 경고하기	·졸리면 서서 수업에 참여하거나 스트레칭을 하도록 안내하기 ·잠자는 이유를 묻기
규칙과 결과 예고	·규칙을 어기는 경우, 자리를 이동하거나 타임아웃을 할 거라고 이야기하기	·규칙을 어기는 경우, 스마트 기기를 별도의 장소에 보관하고 나중에 돌려주겠다고 이야기하기	·잠자는 경우, 잠이 깰 때까지 입식 책상 위치로 이동할 수 있다고 이야기하기
예방 및 강화 전략	·학습 수준에 맞는 개별 학습지 제공 및 개별 활동하기 ·수업 규칙판에 게시하기 ·적절한 의사 표현하기 ·학급온도계, 칭찬 토큰 부여 등	·수업 규칙판에 게시하기 ·수업 참여 유도하기 ·먼저-다음에 카드를 사용하여 수업 시간에 집중하면 나중에 스마트 기기를 사용할 수 있다는 것을 제시하기 ·경고를 무시하면 스마트 기기를 수거하고 별도 보관 후 나중에 돌려주기 등	·맨 앞줄의 별도 좌석으로 자리 이동하기 ·질문이나 학생 참여 수업을 통해 잠을 예방하기 ·적절한 의사 표현하기 ·일일 행동 점검하기 ·선택 강화(15분 동안 자지 않으면 칭찬하기, 참여 수업 활동, 과제가 힘든 경우에는 직접 표현하기 등) 등

11장
수업 기술에 대한 수업코칭

11장.
수업 기술에 대한 수업코칭

강의식 설명법(발화, 發話)

　강의식 설명법은 일제 학습의 대표적인 수업 방법으로 교사가 개념과 원리, 사실 등을 학생들에게 말로 설명하여 지식을 전달하는 방식이다. 발문법, 협동학습과 더불어 교사에게 필요한 가장 기초적인 수업 기술이다. 강의식 설명법은 가장 익숙한 수업 방법이라서 쉽게 생각하는 경향이 있지만, 사실 가장 어려운 수업 방법이다. 교사의 강의 역량에 따라 수업 만족도 편차가 가장 크게 드러나는 수업 방법이기 때문이다. 한 시간 동안 강의식 설명법만으로 학생들의 몰입을 끌어내기는 힘들다. 교사가 매력적인 강의를 진행하려면 전문 훈련이 필요하다.

강의식 설명법의 장점은 짧은 시간에 많은 내용을 전달할 수 있고, 오개념이 적으며, 경제적이다. 단점은 교사 의존도가 높고, 학생이 수동적인 자세를 가지기 쉽고, 학생이 교사의 설명에 집중할 수 있는 시간이 제한된다. 강의식 설명법과 관련한 수업코칭 질문은 다음과 같다.

• 발성법

"선생님은 선생님이 말하는 속도와 억양에 대하여 어떻게 생각하나요?"

말의 속도는 너무 빨라도, 너무 느려도 문제이다. 적절한 속도가 좋다. 약간 느린 것보다는 약간 빠른 것이 낫다. 말의 속도가 약간 빠르면 학생의 경청 집중도가 올라가기 때문이다. 사투리 억양이 있는 경우, 해당 지역 학교에서는 의사전달에 문제가 없기에 큰 문제가 아니다. 다만 다른 지역 학교에서 특정 사투리를 사용해서 의사전달이 잘 이루어지지 않는다면 문제가 될 수 있다. 말의 속도와 억양에 문제가 있다면 자기 수업 영상을 촬영하여 스스로 확인하도록 한다.

"선생님의 발음 상태를 어떻게 생각하나요?"

교사의 발음이 정확하면 의사전달이 잘 이루어진다. 어떤 교사는 발음과 발성이 좋아서 의사전달이 잘 이루어지지만, 어떤 교사는 발음이 명료하지 않거나 말끝을 흐려서 정확한 의미가 전달되지 않기도 한다. 자기 발음이 명료하지 않은 경우, 입에 펜을 물고 책을 소리 내어 읽는 연습을 하면 어느 정도 교정이 가능하다.

"선생님 목소리 상태가 좋지 않아 보이는데, 현재 성대 사태는 어떠한가요?"

상당수 저경력 여교사는 목소리가 쉬어 있다. 흉식 호흡으로 이야기하느라

목에 힘을 주고 소리를 키웠기 때문이다. 복식 호흡으로 발성해야 자기 성대를 보호하면서 큰 목소리로 의사를 전달할 수 있다. 교직 생활을 오랫동안 하려면, 목소리가 작은 교사는 복식 호흡 훈련을 받을 필요가 있다. 별도로 발성 클리닉의 도움을 받거나 교육연극 등을 통해서 복식 호흡으로 말하는 훈련을 받으면 좋다.

"마이크를 사용하셨는데, 그 이유는 무엇일까요?"
"목소리가 작은 편인데도 마이크를 사용하지 않은 이유는 무엇일까요?"

마이크 사용 여부는 교사의 선택 영역 문제이다. 원칙적으로는 마이크를 사용하지 않고 육성으로 말하는 것이 가장 좋다. 가장 자연스럽게 의사전달을 할 수 있기 때문이다. 다만 교사의 성대 상태가 좋지 않거나 타고난 목소리가 작다면 보조 장치로 마이크를 사용하면 좋다. 이때 마이크 음량이 너무 크면 학생이 듣기 불편하고, 다른 학급에도 소리가 들릴 수 있으므로 주의해야 한다. 일부 학생이 목소리가 작아서 전체 학생에게 발표할 때 문제가 있다면 해당 학생에게 마이크를 사용하게 하거나 말의 내용을 판서해 주면 좋다.

• 스토리텔링(이야기 교수법)

"오늘 수업에서 기본 개념을 설명할 때 예화를 들어 설명해서 참 인상적이었어요. 일상 수업에서 이러한 방법을 자주 사용하나요?"

효과적인 강의식 설명법의 하나는 스토리텔링 기법(이야기 교수법)이다. 개념을 간단하게 설명하는 대신, 개념 이해를 돕는 이야기를 만들거나 예화를 들어서 이해하기 쉽게 말하는 것이다. 교사가 이야기를 만들어 설명하면 학생들이 이해하기 쉽고 오랫동안 이를 기억할 수 있다.

• 선행조직자

"오늘 수업에서는 흥미 유발 단계를 생략하고 바로 개념 설명을 하셨는데, 그 이유는 무엇인가요?"

"선생님은 개념을 설명할 때 주로 어떻게 풀어 가시나요?"

"오늘 수업 도입 단계에서 오늘 배울 내용과 학습 활동을 전반적으로 소개해 주셔서 좋았어요. 다른 수업에서도 이렇게 진행하나요?"

오수벨(David Ausubel)이 제시한 선행조직자 이론에서는 의미 있는 학습을 위해 학생들이 기존에 가지고 있는 인지구조와 관련지어 이야기할 것을 강조한다. 선행조직자에서는 먼저 학습 과제가 의미 있어야 한다. 다음으로 교사가 학습 주제와 관련한 학생의 지식과 경험을 먼저 파악하여 수업에서 이를 학습 과제와 잘 연결해야 한다. 교사가 수업 단계에서 이번 수업 내용과 활동을 전반적으로 소개하면 좋다. 왜냐하면 마치 컴퓨터에서 문서 작업을 할 때 폴더를 만들고 나서 문서를 작성하여 분류하듯이 학생들이 준비된 상태에서 학습에 참여할 수 있기 때문이다.

• 눈 맞춤(eye contact)

"강의식 설명을 할 때 주로 어떤 학생과 눈을 맞추나요?"

"선생님의 시선이 한 학생에게 주로 머물렀는데, 제가 해당 학생이라면 다소 부담스럽게 느낄 수 있었다고 생각해요. 특정 학생에게 주로 시선을 준 이유는 무엇인가요?"

"선생님의 시선에서 사각지대는 어디인가요?"

강의할 때 교사와 학생과의 눈 맞춤이 잘 이루어지면 좋다. 가장 좋은 눈 맞춤 방법은 앞쪽 – 오른쪽 – 뒤쪽 – 왼쪽 등 다이아몬드 형태로 시선을 머무는 방식이다. 교사가 강의식 설명을 할 때는 대개 경청하는 학생과 눈을 맞추면 좋다. 산만한 학생과 눈 맞춤을 하면 강의식 설명이 잘 이루어지지 않을 가능성이 크기 때문이다. 단, 산만한 학생이 교사의 설명에 주목할 수 있도록 잠시 설명을 멈추고 학생과 눈 맞춤을 하는 것은 좋은 집중 방법이다. 교사가 외모가 예쁘고 잘생긴 학생들에게만 시선을 준다면, 학생에게는 편애하는 교사로 비칠 수 있다.

• 매력적인 강의 수업디자인

"학생 설문지를 살펴보니까 학생들이 선생님 수업에 대하여 '좀 더 자세하게 설명해 주면 좋겠어요.'라는 의견이 있었는데, 선생님은 이를 어떻게 생각하나요?"
"선생님의 설명을 학생들이 경청하면서 메모하는 것을 보았는데, 학생들이 선생님 설명에 집중한 이유는 무엇이라고 생각하나요?"
"이번 강의 수업의 재미, 지식, 감동 요소를 분석해 본다면요?"

매력적인 강의식 설명법의 3요소는 재미, 지식(경험), 감동이다. 선생님이 설명하는 방식이 일단 지루하지 않고 재미있어야 한다. 뻔한 내용이 아니라 새로운 지식과 내용을 이야기하면 좋다. 이야기 내용이 학생의 마음을 움직이고 공감을 불러일으킬 수 있으면 더욱 좋다. 강의식 설명법에 학생들이 집중할 수 있는 시간은 나이에 비례한다. 초등학교 저학년 학생은 5분, 고학년 학생은 10분, 중학생은 15분, 고등학생은 18분 정도이다. 해당 집중 시간을 넘겨도 학생들이 교사의 강의식 설명에 집중하고 있다면 교사의 강의 역량이 매우 뛰어나다고 볼 수 있다. 반대로 학생 집중 시간이 그에 미치지 못한다면 교사가 다시 한번 자기 강의 역량을 점검할 필요가 있다.

• 학습 내용 분량, 판서, 프레젠테이션 자료, 요약 학습지

"오늘 강의한 내용 분량이 학생 입장에서 적절합니까?"
"일상 수업에서 판서를 어떻게 진행합니까?"
"프레젠테이션 자료를 작성할 때 어디에 초점을 두나요?"
"수업 한 시간 동안 학습지 분량이 대개 어느 정도인가요?"

강의식 설명법을 사용하면 많은 학습 분량을 짧은 시간에 소화할 수 있다. 하지만 학습 내용이 너무 많거나 어려우면 학생들이 이해하기가 쉽지 않다. 수업코칭 시 학습 분량이 적절한지 확인할 필요가 있다. 강의식 설명법으로 수업을 진행하는 경우, 대개 보조자료로 프레젠테이션(PPT) 자료를 보여 주거나 판서를 한다. 프레젠테이션 자료가 학습 내용을 잘 구조화하여 제시하는지, 글자 크기는 적절한지, 이미지와 도표 등을 적절하게 사용하는지 점검하면 좋다. 판서의 경우, 구조화된 판서인지, 글씨 모양이 식별하기 좋은지, 판서 분량은 적절한지 확인한다. 학생들에게 요약 학습지를 주고 교사의 설명을 메모하게 하는 경우, 요약 학습지가 학생이 이해하기 좋게 직관적으로 구성되었지 등을 점검하면 좋다.

발문법

소크라테스식 발문법(산파술) 이래 발문법은 학생들의 효과적인 배움을 끌어내는 데 유용한 접근법이었다. 발문법(發問法)은 교사가 수업 목표에 도달하기 위해 질문을 던져 학생들의 반응을 끌어내는 방법이다. 교사의 질문에 따라 학생들의 사고 및 학습 방향이 결정된다. 왜냐하면 질문해야 생각하고, 생각해야 학습이 이루어지기 때문이다. 뻔한 질문을 하면 뻔한 답변이 나오고, 낯선 질문을 하면 낯선 답변이 나온다. 수업에서 교사의 질문이 매우 중

요한데도 불구하고, 좋은 발문을 하는 교사는 그리 많지 않다. 피해야 할 질문 사례는 다음과 같다[1].

- **피해야 할 발문 사례**
  - 자문자답하기
  - 습관적으로 학생들에게 질문을 하지만, 학생들이 원하는 반응을 보이지 않으면 별다른 피드백 없이 수업 진행하기
  - 외향적이고 공부 잘하는 학생들에게만 질문하거나 반응을 기다리기
  - 닫힌 질문만 사용하기
  - 유도 질문(열린 질문을 닫힌 질문처럼 사용하기)
  - 추상적인 질문을 던지고, 구체적인 답변을 기대하기
  - 누구나 다 아는 뻔한 질문으로 시작하기
  - 쉬운 내용을 어렵게 질문하기
  - 여러 가지 질문을 동시다발적으로 던지기
  - 공격적으로 질문하기
  - 너무 많이 질문하기
  - 개별 학생이나 모둠을 향한 질문 없이 학급 전체 학생을 향한 질문만 하기
  - 수업 마무리 단계에서만 학생에게 질문 시간을 주기(수업 중간에 질문할 기회를 주지 않음)
  - 질문-대답-평가 방식으로만 수업 대화를 진행하기

좋은 발문을 위한 수업코칭 질문은 다음과 같다.

---

1) 김현섭(2025), 『깊이 있는 수업』, 수업디자인연구소
   김현섭(2015), 『질문이 살아 있는 수업』, 수업디자인연구소

· 질문에 대한 반응

"선생님이 질문은 많이 했지만, 학생들의 반응을 기다리지 않은 경우가 있었어요. 그 이유는 무엇인가요?"

"선생님이 특정 학생에게 발문 후 2~3초만 기다리셨는데, 시간이 더 주지 않은 이유는 무엇인가요? 내성적인 학생들은 좀 더 시간이 필요할 것 같아서요."

　교사 발문의 일차 목적은 학생의 생각을 듣는 것이다. 그런데 학생의 반응을 기다리지 못하고 어색한 침묵을 피하고자 다른 학생에게 질문을 던지는 경우가 있다. 내성적인 학생들은 자기 생각과 정답을 알아도 정리하여 이야기하는 데 6~7초의 시간이 필요하다. 그러므로 교사가 학생에게 질문하면 7초 정도는 기다려야 한다. 그러지 않으면 자칫 공부를 잘하고 외향적인 소수 학생에게만 초점을 맞추어 수업을 진행하기 쉽다.

· 자문자답 습관과 상호작용

"선생님이 질문하고 나서 학생들의 반응이 없자 곧바로 해당 질문의 정답을 말씀해 주셨는데, 그 이유는 무엇입니까?"

　일부 고교 교사는 수업 시간에 자문자답을 한다. 자문자답을 좋다고 생각하는 교사는 없지만, 그런데도 자문자답하는 이유는 학생들이 교사의 질문에 답변하지 않기 때문이다. 학생들이 교사의 질문에 반응하지 않은 이유는 간단하다. 3초만 침묵으로 버티면 교사가 정답을 말하는데, 오답 가능성을 안고 교사의 질문에 즉각 반응하기가 부담스럽기 때문이다. 수업은 가르침과 배움의 상호작용으로 이루어진다. 교사의 질문과 학생의 답변, 그리고 학생의 질문과 교사의 답변, 학생 상호 간의 활발한 상호작용이 있어야 수업이 풍성하게 진행된다. 수업은 일방통행이 아니라 쌍방통행일 때 빛난다. 교사가 질문을 했으면 약간 답답해도 학생들의 반응을 좀 더 기다릴 수 있는 여유가 필요하다.

- **질문 유형의 다양성**

"오늘 수업에서 선생님의 발문 내용을 살펴보니 총 일곱 가지 질문을 사용했는데, 모두 닫힌 질문이었습니다. 열린 질문을 사용하지 않은 이유는 무엇일까요?"

사실을 확인하는 닫힌 질문이 있어야 수업 목표에 도달할 수 있다. 하지만 학생의 참여를 유도하거나 흥미를 유발할 때, 심화 내지 적용 단계까지 나아갈 때는 열린 질문이 필요하다. 결국, 닫힌 질문과 열린 질문이 적절하게 조화를 이루어야 한다. 블룸의 교육목표체계학에 따르면 기억과 이해뿐 아니라 적용, 분석, 종합, 평가도 필요하다. 질문의 가짓수가 많은 것보다 각기 다른 질문 유형을 적절하게 섞어서 수업 진행 단계와 흐름에 맞게 활용하는 것이 중요하다.

- **유도 질문과 플레이밍 질문**

"오늘 선생님이 열린 질문을 사용하긴 했지만, 선생님이 원하는 정답이 나올 때까지 기다리는 것처럼 느껴졌어요. 소연이가 말한 답변은 선생님이 바라던 정답으로 느껴졌어요. 왜냐하면 소연이 답변에 칭찬을 많이 하면서 그 답변을 중심으로 다음 이야기를 이어 가셨거든요. 이에 대하여 어떻게 생각하나요?"

열린 질문에는 다양한 답변이 가능하다. 그런데 교사가 열린 질문을 해 놓고, 닫힌 질문처럼 교사가 원하는 정답으로 학생들의 반응을 이끄는 유도 질문은 좋지 않다. 유도 질문 대신 플레이밍 질문이 좋다. 플레이밍 질문이란 정답이 아니라 방향을 정해 놓고 하는 질문이다. 방향성 없이 산만하게 질문을 던지는 수업은 좋은 수업이라고 보기 힘들다.

유도 질문 사례	플레이밍 질문 사례
교사 : "봄 하면 무엇이 떠오를까요?" 학생들 : "햇살이요.", "개구리요.", 　　　　 "새싹이요.", "희망이요.", 　　　　 "새로운 시작이요." 교사 : "조금만 더 이야기해 볼래요?" 학생 : "벚꽃이요." 교사 : "맞아요. 봄에는 벚꽃이 참 예쁘지요?" 학생 : "……"	교사 : "오늘은 계절의 특징에 대하여 공부하려고 해요. 먼저 봄 하면 무엇이 떠오를까요?" 학생들 : "햇살이요.", "개구리요.", 　　　　 "새싹이요.", "희망이요.", 　　　　 "새로운 시작이요.", "벚꽃이요." 교사 : "좋아요. 이번에는 여름 하면 생각나는 것을 이야기해 볼래요?"

• 순차적인 질문(한 번에 한 가지씩 질문하기)

"오늘 수업에서 선생님이 민철이에게 질문할 때 세 개의 질문을 동시에 했는데, 민철이는 세 번째 질문에만 답변하고, 첫 번째와 두 번째 질문에는 답변을 잘하지 못했어요. 세 개의 질문을 동시에 던진 이유는 무엇일까요?"

　교사가 세 개의 질문을 동시다발적으로 던지면 학생은 세 번째 질문에 답변하다가 첫 번째와 두 번째 질문을 잊어버리기 쉽다. 질문은 하나씩 순차적으로 해야 한다. 교사의 성급함이 학생 배움을 방해할 수 있다.

• 구체적인 질문과 추상적인 질문

"오늘 수업에서 선생님이 '사회정의란 무엇인가?'라고 질문했을 때 대다수 학생은 답변을 잘하지 못하거나 두루뭉술하게 했어요. 선생님이 생각하는 사회정의란 무엇인가요? 학생들이 이해하기 쉽게 질문을 바꾸어 본다면 어떻게 질문할 수 있을까요?"

　교사가 추상적으로 질문하면 학생들은 추상적으로 답변한다. 교사가 구체적으로 질문하면 학생들은 구체적으로 답변한다. 질문 유형에 따라 반응 유형도 달라진다. '사회정의란 무엇인가?' 대신 '우리 사회에 억울한 일은 왜 발생하고, 이를 줄이려면 어떠한 원칙이 필요하다고 생각하는가?'라는 질문이 좋다. 특히 학생 연령이 낮을수록 구체적인 질문이 필요하다. 구체적인 질문으로 시작하여 추상적인 질문으로 자연스럽게 연결하는 흐름이 좋다.

· **어려운 내용을 쉽게 질문하기**

"오늘 수업에서 선생님이 학생들에게 던진 질문은 수업 참관자인 저도 잘 이해가 가지 않았어요. 초등학생이 이해하기에는 단어와 질문 내용이 어렵고, 질문 의도를 파악하기 힘들었다고 생각해요. 선생님은 어떻게 생각하세요?"

교사의 발문은 기본적으로 학생 눈높이에 맞아야 한다. 어려운 내용을 다루지 말라는 뜻이 아니다. 어려운 내용을 학생 눈높이에 맞추어 쉽게 질문하면 된다. 핵심적인 전문 용어는 대체 용어를 쓰기보다 원래 용어 그대로 사용하되, 학생들이 이해하기 쉽게 용어를 설명하면서 질문하는 것이 좋다. 교사가 어려운 내용을 쉽게 질문하려면 해당 지식을 온전히 이해하고 학생 특성을 잘 이해해야 한다.

· **친절하고 안전하게 질문하기**

"선생님이 질문할 때 저는 약간 심리적으로 부담스러웠어요. 선생님이 약간 화가 난 것처럼 보였는데, 실제 화가 났었나요? 그렇다면 그 이유는 무엇인가요?"

약간의 긴장감은 학습을 촉진한다. 하지만 교사의 공격적인 질문은 학생들의 학습을 방해한다. 교사가 학생들에게 공격적으로 질문하면 학생은 긴장해서 아는 것도 잘 표현할 수 없게 된다. 배움과 두려움은 함께 춤출 수 없다. 교사가 친절하고 안전한 공간을 만들어 질문하는 노력이 필요하다.

• 핵심 질문(중심 질문)

"오늘 수업에서 선생님은 질문을 총 여덟 번 하셨는데, 제가 보기에는 한 시간 수업 안에서 풀기에 일단 질문 가짓수가 많았어요. 그리고 오늘 수업 진도만큼 충분하게 나가지 못한 것 같은데, 이를 어떻게 생각하나요?"
"오늘 수업의 핵심 질문은 무엇이었나요?"

교사의 질문 가짓수가 많으면 수업의 핵심이 흐려지고 산만해질 수 있다. 좋은 수업은 수업 목표에 효과적으로 도달하도록 학생들을 안내하는 수업이다. 교사가 핵심 질문과 중심 질문에 초점을 맞추어 수업을 진행하면 수업 목표에 도달하는 데 도움이 된다. 핵심 질문과 중심 질문은 수업 전에 교사가 미리 준비해서 사용하면 좋다. 작은 질문은 수업 상황 및 학생 반응에 따라 유연하게 사용할 수 있다.

• 질문 대상(개별 학생, 모둠, 전체 학생)에 따라 질문하기

"오늘 수업에서 선생님의 질문 대상은 주로 전체 학생이었어요. 선생님 질문에 답변한 학생은 세 명 정도였고요. 다른 학생이 선생님의 질문에 반응하지 않은 이유가 무엇이라고 생각하세요? 일상 수업에서 개별 학생이나 모둠에는 질문을 어느 정도 하나요?"

교사의 발문은 기본적으로 모든 학생을 대상으로 진행되어야 한다. 그런데 학급 전체를 대상으로 질문하면 공부를 잘하거나 외향적인 학생은 반응을 보여도, 그렇지 않은 학생은 반응하지 않을 가능성이 크다. 교사가 자기 질문에

대한 학생 반응을 원한다면 개별 학생을 선택하여 질문하는 편이 좋다. 모둠 활동 시에는 모둠을 향한 질문을 골고루 사용한다.

• **수업 대화 방식(질문-대답-평가 구조에서 심화 질문, 확대 질문으로)**

"오늘 수업에서 선생님의 수업 대화를 분석해 보면 질문-대답-평가로 이루어졌는데, 학생 답변을 심화 질문이나 확대 질문으로 연결하지 않았어요. 그 이유는 무엇인가요?"

대개 교사가 질문하면 학생이 반응을 보이고, 교사가 학생 반응의 정오를 판단하여 다시 반응을 보인다. 정답이면 칭찬하고, 오답이면 수정하거나 야단을 치는 경우가 많다. 그런데 이러한 수업 대화 구조를 심화 질문과 확대 질문으로 연결하면 좋다. 심화 질문이란 반응 답변에 대하여 그 이유를 묻는 것이다. '왜?'라는 질문을 통해 답변의 근거를 다시 한번 생각하도록 하는 방식이다. 확대 질문은 '그리고 또 다른 이유는?' 등의 질문으로 다양한 답변을 유도하는 것이다. 한 학생의 답변에 대하여 다른 학생들의 의견을 물어봄으로써 수업 대화에 많은 학생이 참여하도록 유도하면 좋다.

협동학습

협동학습이란 '공동의 학습 목표를 이루기 위해 학생들이 함께 학습하는 교수전략'을 말한다. 기존 조별 학습(모둠 수업)에서는 모둠 간 경쟁, 무임승차자와 일벌레 학생 문제, 시간의 비효율성, 모둠 간 학습 격차 발생 등의 문제점이 나타난다. 이러한 기존 조별 학습의 문제점을 극복하기 위해서 협동학습이 등장했다. 협동학습에서는 '구조화된 또래 가르치기'를 강조한다. 성공적인 협동학습 운영을 위한 일곱 가지 열쇠를 이해하여 접근하면 좋다[2].

협동학습에 대한 수업코칭 질문은 다음과 같다.

• 협동의 가치

"선생님이 교실에서 협동학습 내지 모둠 활동을 하는 이유는 무엇인가요?"

교실에서 협동학습을 하는 이유가 흥미 유발과 성적 향상 등의 실용적인 목적인지, 학습공동체 철학을 추구하기 때문인지 확인할 필요가 있다. 협동학습을 실천하는 이유에 따라 협동학습을 실천하는 방식이 많이 달라지기 때문이다. 게다가 실용적인 목적으로만 협동학습을 실천하는 경우, 실천 과정에서 문제점이 발생하면 중간에 포기할 가능성이 크다. 협동학습은 일제 학습보다 실천하기가 어렵다.

• 모둠 구성(team)

"모둠 구성의 원칙과 방법은 무엇인가요?"

"일상 수업에서 남학생끼리 모둠을 구성하면 모둠 활동이 잘 이루어지나요? 남학생으로만 이루어진 A 모둠은 모둠 활동 시 자세가 어떤가요?"

기존 모둠 수업에서는 친한 학생끼리 모둠을 구성하는 동질집단 모둠 구성을 하는 경우가 많다. 이러한 동질집단 구성 방식은 모둠 간 학습 편차가 벌어지기 쉽다. 왜냐하면 공부를 잘하는 학생끼리 친하고, 그렇지 않은 친구끼리 친한 경우가 많기 때문이다. 현재 좌석을 중심으로 모둠을 구성하는 무작위 모둠 구성 방식을 사용할 경우, 가벼운 모둠 토의 활동에는 좋아도 팀 프로

---

[2] 스펜서 케이건, 중앙기독초 협동학습모임 역(1999), 『협동학습』, 디모데
김현섭(2012), 『협동학습 1,2,3』, 한국협동학습센터

젝트 활동 등 본격적인 모둠 활동을 할 때 같은 이유로 문제가 될 수 있다. 여학생끼리 모둠을 구성하면 모둠 활동이 원활하게 진행되는 편이지만, 남학생끼리 모둠을 구성하면 모둠 활동 자체가 매끄럽게 진행되지 않는 편이다. 외향적인 학생끼리 모둠을 구성하면 모둠 활동은 활발하지만, 차분하게 모둠 활동을 정리하기가 어렵다. 내성적인 학생끼리 모둠을 구성하면 모둠 활동 자체가 잘 이루어지지 않을 가능성이 크다. 그래서 협동학습에서는 모둠 구성 시 이질적인 학생들을 중심으로 하도록 강조한다. 성적, 성별, 성격 등을 골고루 섞어서 이질적인 모둠을 구성하면 모둠 간 학습 편차를 줄일 수 있다. 모둠 구성 인원도 네 명이 적절하다. 왜냐하면 세 명이나 다섯 명으로 구성하면 짝 활동 시 불편하고, 여섯 명이면 모둠 안에서 무임승차자나 일벌레 학생이 나타날 수 있기 때문이다.

· 협동하려는 의지(will, 모둠 세우기 및 학급 세우기 활동)

"모둠 세우기 활동을 구체적으로 어떻게 진행했나요?"
"일부 모둠은 학습 과제가 어렵지 않은데도 불구하고 모둠 활동이 원활하지 않았는데, 그 이유는 무엇이라고 생각하나요?"
"모둠 퀴즈 활동 시 모둠 경쟁이 심해지는 모습이 보였는데, 이를 어떻게 생각하나요? 제가 보기에 오늘 수업은 협동학습보다는 조별 경쟁학습 같았는데, 어떻게 생각하세요?"

이질적인 모둠을 구성하면 모둠 간 학습 편차를 줄일 수 있어서 좋지만, 친하지 않은 학생끼리 모둠 구성이 이루어지기에 모둠 활동이 잘 이루어지지 않는 경우가 많다. 그래서 모둠 세우기 활동을 통해 모둠원이 서로 정서적 유대감을 형성하고 친밀해지도록 노력해야 한다. 모둠 세우기 활동으로 모둠명 및 모둠 구호 만들기, 꼬마출석부 활동, 풍선치기, 협동의자 게임 등이 있다. 하지만 모둠 세우기 활동은 단순한 잡담이나 재미있는 모둠 놀이 활동으로 그치지 않는다. 모둠 세우기 활동을 통해 모둠원들끼리 협업할 수 있는 마음과 의지를 가지도록 하는 것이다. 다만 모둠 세우기 활동만 하면 모둠 간 경쟁학습으로 변질될 수 있다. 이러한 모둠 세우기 활동의 한계를 극복하려고 한 것이 학급 세우기 활동이다. 학급 세우기 활동은 학급 구성원이 모두 함께 성공하도록 유도하는 활동으로서 학급 공동체 의식을 심어 준다. 학급 세우기 활동으로 교실온도계 등이 있다.

· 운영 기술(Management)

"오늘 수업 자리 배치를 모둠 중심으로 구성한 이유는 무엇인가요?"
"모둠 활동이 잘 이루어졌을 때 어떻게 피드백하나요?"
"오늘 선생님이 사용한 토큰은 수행 평가에 반영되나요? 아니면 어떻게 활용하나요?"
"모둠 활동(협동학습) 평가를 구체적으로 어떻게 진행하나요?"

　협동학습을 잘 운영하려면 교사에게 운영 기술이 필요하다. 전체 수업 시간 중 협동학습 활동 시간 비중이 크면 모둠형 자리 배치가 좋다. 협동학습 활동이 적은 부분을 차지하면 기존 자리 배치를 유지하다가 모둠 대형으로 전환하여 운영하면 좋다. 모둠 자리 배치는 두 명씩 마주 보게 할 수도 있고, 말발굽형이나 V자형으로 할 수도 있다. 전체 좌석을 ㄷ자 형태로 배치하고 필요시 모둠 대형으로 전환할 수도 있다. 모둠 활동이 잘 이루어진 경우, 칭찬이나 박수로 긍정적인 피드백을 할 수도 있고, 토큰을 주고 이를 수행 평가 점수에 반영할 수도 있다. 협동학습 평가 시 개인 역할 기여도에 따라 차등해서 평가하면 좋다. 모둠 단위로만 평가하면 무임승차자나 일벌레 학생이 나와서 서로 불만이 생길 수 있다.

• 사회성 기술(social skll, 관계기술)

"일부 모둠에서 모둠 활동 중 작은 다툼이 발생했는데, 그 이유는 무엇인가요?"

"수업 시간에 사회적 기술(관계기술) 훈련을 어떻게 하고 있나요?"

"한 모둠이 발표할 때 다른 모둠에서 경청하는 것이 인상적으로 보였는데, 다른 수업 시간에도 그러한가요? 친구들의 이야기를 잘 경청한 이유는 무엇인가요?"

사회성 기술(Social skill, 관계기술)이란 다른 학생들과 원만하게 대인관계를 맺는 기술을 말한다. 대표적인 사회적 기술로 칭찬하기, 경청하기, 격려하기, 갈등 해결하기 등이 있다. 모둠 활동을 하면서 자연스럽게 사회적 기술이 생기기를 바라기보다는 교사가 학생들에게 의도적으로 사회적 기술 훈련을 하면 좋다. 교실 안에 별도의 관계기술센터를 설치하고 학생들이 사회적 기술을 생활 습관화하도록 지도하는 것이다. 목표 설정 ⇒ 동기 부여 ⇒ 시범 보이기 ⇒ 연습과 반복 ⇒ 피드백 순서로 진행하면 좋다. 협동학습을 지속해서 안정적으로 운영하려면 사회적 기술을 잘 지도해야 한다.

• 기본 원리(principle)

[긍정적인 상호 의존]

"모둠 퀴즈 활동 시 모둠 안에서 협업하는 모습이 보였지만, 다른 모둠과의 경쟁 분위기가 너무 고조되어 보였는데, 그 이유는 무엇이라고 생각하나요?"

"모둠 활동 시 공부를 잘하는 학생이 그렇지 않은 학생을 잘 도와주었는데, 그 이유는 무엇인가요?"

협동학습의 기본 원리 중 가장 으뜸이 긍정적인 상호 의존이다. 긍정적인 상호 의존이란 '나의 성공이 너의 성공으로 연결되는 것'이다. 과제를 세분화하고, 서로 협업해야만 비로소 과제를 완성할 수 있도록 한다. 긍정적인 상호 의존이 잘 나타난 대표적인 협동학습 모형이 과제 분담 학습이다. 긍정적인 상호 의존이 잘 이루어지려면 학습 활동에서 협동을 선택이 아니라 필수로 만들어야 한다.

긍정적인 상호 의존성의 반대 개념은 부정적인 상호 의존성으로서 경쟁학습이다. 교사가 협동학습을 잘 이해하지 못하면 협동학습을 가장한 모둠 경쟁학습을 하게 된다. 모둠 경쟁학습은 모둠 안에서 모둠원끼리는 협업하지만, 모둠 간에는 치열한 경쟁이 벌어진다. 모둠 간 경쟁 요소를 활용할 수는 있지만, 모둠 간 경쟁이 치열하면 협동학습이라고 보기 힘들다. 그래서 학급 세우기 활동이 필요하다.

[개인적인 책임(개별적인 책무성)]
"○모둠은 무임승차자와 일벌레 학생이 나타났는데, 이에 대하여 어떻게 생각하나요?"

기존 조별 학습 활동에서 발생하는 무임승차자와 일벌레 학생 현상을 극복하기 위해 등장한 원리가 개인적인 책임이다. 개인적인 책임이란 개인의 책임과 역할을 보다 분명하게 세우자는 것이다. 협동학습에서는 개인의 역할을 세부화한다. 예컨대, 각 학생에게 이끎이, 칭찬이, 기록이, 지킴이 등의 역할을 부여하고 각자 자기 역할을 성실하게 하도록 관리한다. 개인 역할 기여도에 따라 점수를 차등 부여할 수 있다. 협동학습은 기본적으로 모둠 활동을 강조하지만, 모둠 속에서 개인의 존재감이 잘 드러나도록 운영한다.

[동등한 참여]
"○모둠은 공부를 잘하고 외향적인 학생이 모둠 활동을 주도하고, 공부를 잘

하지 못하거나 내성적인 학생은 모둠 활동에서 소외되는 모습이 보였는데, 이 문제를 어떻게 생각하나요?"

　모둠 활동을 하다 보면 공부를 잘하는 학생, 외향적인 학생 등 일부 학생이 모둠 활동을 지배하는 경우가 생긴다. 이때 공부를 못하는 학생, 내성적인 학생 등은 모둠 활동에서 소외되기 쉽다. 이러한 문제점을 극복하기 위해 제시된 기본 원리가 바로 동등한 참여이다. 동등한 참여란 누구에게나 참여할 기회를 골고루 주자는 것이다. 돌아가며 말하기 활동처럼 순서대로 이야기하게 하거나, 타이머나 모래시계 등을 사용해 특정 학생이 모둠 활동을 독점하지 못하게 한다.

　[동시다발적인 상호작용]
"오늘 학급 전체 학생 앞에서 모둠별 활동 발표를 진행했는데, 시간이 다소 길고, 뒤쪽으로 갈수록 발표에 대한 집중도가 떨어져 보였어요. 이를 어떻게 생각하나요?"

　기존 모둠 수업은 시간 운영이 비효율적이라는 문제가 있다. 그 이유는 순차적 구조로 이야기하기 때문이다. 20명의 학생이 한 명씩 나와서 1분씩 자기 이야기를 하게 하려면 20분 이상의 시간이 걸린다. 모둠 활동을 하면 동일한 내용도 기존 수업보다 시간이 많이 소요되는 이유를 이러한 맥락에서 이해할 수 있다.

　동시다발적인 상호작용은 동시에 여기저기서 활동하는 방식이다. 순차적 구조가 아니라 동시다발적인 구조로 운영된다. 예컨대, 짝을 지어 짝토의를 하면 1인당 1분씩 2분 만에 모든 학생이 말할 수 있다. 모둠 활동에서 이야기한다면 4분 만에 네 명의 학생이 이야기할 수 있다.

· **활동 및 모형(activity, model, structure)**

"오늘 수업에서 활용한 협동학습 활동은 무엇인가요?"

"오늘 수업에서 과제 분담 학습 모형을 사용했는데, 전반적으로 개별 학습지 내용이 다소 어려워 보였어요. 학습 수준이 낮은 일부 학생은 개별 학습지를 이해하는 데 어려움을 느꼈어요. 이에 대하여 어떻게 생각하나요?"

"오늘 수업에서 사용한 수업 활동과 모형 대신 다른 수업 활동과 모형으로 새롭게 수업디자인을 한다면 어떻게 할 수 있을까요?"

협동학습에서 개발된 수업모형과 기법은 120개가 넘는다. 이 중에서 자기 교과 내용이나 교사의 수업 유형에 맞는 수업모형과 기법을 20여 개만 추려서 배워 교실에서 실천해도 수업 활동이 매우 풍성해진다. 수업모형 유형은 과제 중심 모형[과제 분담 학습(Jigsaw) 모형, 협동을 위한 협동(co-op co-op)모형 등], 보상 중심 모형[모둠 성취 분담(STAD) 모형, 모둠 게임 토너먼트(TGT) 모형 등], 교과 중심 모형[사회과 일화를 활용한 의사결정 모형, 수학과 개별화 보조(TAI) 모형 등], 구조 중심 모형[돌아가며 말하기, 플래시카드 게임 등], 기타 모형[온라인 협동학습, 찬반 논쟁 수업모형 등]이 있다[3].

이 가운데 구조 중심 모형은 누구나 손쉽게 수업에서 활용할 수 있다. 교사가 다양한 수업모형과 활동, 기법을 잘 알면 수업 활동을 풍성하게 진행할 수 있다.

토의 토론

토의(討議)는 단순히 자기 이야기를 하는 것이 아니라 자기 의견을 말하면서 전체 생각을 모아 가는 활동이다. 토론(討論)은 말싸움이 아니라 자기주장

---
[3] 정문성(2006), 『협동학습의 이해와 실천』, 교육과학사

으로 다른 사람을 설득하는 활동이다[4].

실제 교실에서 토의 토론 활동은 따로 진행되기보다는 복합적으로 연결되어 진행되는 경우가 많다. 토의하다가 토론으로, 토론에서 토의로 진행된다. 토의 토론 수업은 학생들의 참여를 유도하고, 토의 토론 과정에서 논리적 사고력, 비판적 사고력, 협업 역량 등을 자연스럽게 발전시킬 수 있다.

• 토의 토론의 목적과 전략

"오늘 토의 토론 수업의 주제를 ○○로 선정한 이유는 무엇입니까?"
"오늘 토의 토론 주제가 ○○문제라고 했는데, 여기에서 ○○은 구체적으로 무엇을 의미합니까?"
"오늘 토론 수업을 통해서 학생들이 도달하고자 한 수업 목표와 주안점은 무엇입니까?"
"오늘 토론 수업의 초점은 토론 과정에서 학생들의 논리적 사고 역량을 기르는 것이었을까요, 토론에서 이길 힘을 기르는 것이었을까요? 아니면 상대방 입장에서 토론 주제를 바라보면서 공동체 차원에서 문제해결력을 기르는 것이었을까요??"

토의 토론 수업의 목적에 따라 수업 진행 방식과 강조점이 달라진다. 토론은 경쟁식 토론과 비경쟁식 토론으로 구분할 수 있다. 경쟁식 토론은 토론의 승자와 패자를 구분하여 승자가 될 만한 토론 역량을 기르는 데 초점을 둔다. 비경쟁식 토론은 기존 경쟁식 토론을 비판하고, 상대방 입장에서 토론 주제를 이해하도록 하여 공동체 관점에서 문제 해결에 초점을 맞추어 토론을 진행한다. 토의 토론 수업의 목적에 따라 교사의 피드백과 수업 마무리 활동도 달라진다. 토의 토론의 주제는 다양한 이야기가 나올 수 있도록 선정해야 풍성하

---

4) 정문성(2008), 『토의·토론 수업방법 36』, 교육과학사

게 토의 토론 활동이 진행될 수 있다. 주요 개념과 용어를 다르게 해석한다면 토의 토론이 원만하게 진행되기 힘들다. 그러므로 토의 토론 전에 개념과 용어의 정의를 정리하고 시작하도록 한다.

• 토의 토론 모형의 이해

"오늘 토의 토론 수업모형은 무엇이고, 이 모형을 통해 선생님이 의도한 것은 무엇일까요?"

"이번 토의 토론 수업의 규칙은 구체적으로 무엇입니까? 규칙을 어기는 경우, 어떻게 지도합니까?"

"토의 토론 수업이 잘 진행되기 위해서는 먼저 학생들이 해당 주제를 깊이 이해해야 하는데, 토의 토론 활동 전에 이 문제를 어떻게 풀어 가나요?"

"오늘 CEDA 수업에서 찬성 측 입론과 반대 측 입론은 잘 이루어졌지만, 교차 질문은 활발하지 않았어요. 그 이유는 무엇이라고 생각하나요?"

"오늘 찬반 논쟁 수업의 역할 교환 토론 단계에서 토론 활동이 잘 이루어지지 않았는데, 그 이유는 무엇이라고 생각하나요?"

"오늘 모둠 토의 토론 내용을 학급 전체에서 칠판 나누기 활동으로 정리하여 발표하도록 했는데, 그 이유는 무엇입니까?"

현재 알려진 토의 토론 수업 방법은 100가지가 넘는다[5]. 다양한 토의 토론 수업 방법 중 수업의 목표와 의도, 학생 특성에 따라 적절한 것을 찾아 활용할 수 있어야 한다. 토의 토론 수업모형마다 그에 맞는 규칙이 존재한다. 해당 규칙을 잘 지켜야 토의 토론 수업을 원활하게 진행할 수 있다. 또한 토의 토론 수업모형의 단계에 따라 교사가 토의 토론 수업을 잘 진행할 수 있어야 한다. 그러려면 본격적인 토의 토론 활동 전에 학생들이 해당 주제를 깊이 학습해야

---

5) 정문성(2022), 『토의·토론 수업방법 99』, 교육과학사

한다. 그래서 사전 활동이 매우 중요하다.

• 모두를 위한 토의 토론

"오늘 토의 토론 수업에서 일부 학생은 열심히 토의 토론에 참여했지만, 나머지 학생은 잘 참여하지 않았어요. 그 이유는 무엇이라고 생각합니까?"
"오늘 토의 토론 주제는 학생이 다루기 쉽지 않은 내용인데, 생각보다 학생들이 열심히 참여했어요. 그 이유는 무엇입니까? 사전 수업을 어떻게 진행했습니까?"
"오늘 토의 토론 수업에서 반대 측 학생들이 찬성 측 학생들에게 다소 밀리자 선생님이 반대 측 입장에서 토론에 참여하셨는데, 그 이유는 무엇입니까?"

　토의 토론 수업은 공부를 잘하고 외향적인 학생에게 유리한 수업 방법이다. 그래서 토의 토론 수업에서는 공부를 잘하지 못하거나 내성적인 학생은 소극적인 반응을 보이기 쉽고, 구경꾼 역할을 하는 경우가 많다. 이를 최소화하기 위해 교사는 비구조화된 토의 토론 수업 방법보다는 구조화된 토의 토론 방법을 통해 모든 학생이 토의 토론 활동에 적극적으로 참여하도록 유도해야 한다. 경쟁식 토론 활동 시 한쪽이 다른 쪽에게 토론에서 밀리는 경우, 교사가 의도적으로 개입하여 토론의 균형감을 맞출 수도 있다.

• 토의 토론 마무리

"오늘 토의 토론 수업에서 해당 주제에 대하여 선생님의 입장을 밝히는 것이 좋을까요? 밝히지 않는 것이 좋을까요? 그 이유는 무엇입니까?"
"오늘 토의 토론 수업 마무리 단계에서 선생님이 자기 입장을 밝히지 않고, 각 입장 정리와 토론 과정에 대한 피드백을 하셨는데, 그 이유는 무엇입니까?"

"선생님, 오늘 토의 토론 수업 마무리 단계를 어떻게 마무리하는 것이 가장 좋았을까요?"

교사의 토의 토론 수업 전문성은 마무리 단계에서 드러난다. 토의 토론 수업은 대개 교사가 학생들의 토의 토론 입장을 요약하고, 학생들이 토론 과정에서 보인 자세와 태도 등을 피드백하면서 마무리된다. 이때 교사가 입장별 논리를 검증하고 정리하는 것도 필요하지만, 좀 더 나아가 논리 속에 숨은 주체 및 입장별 이해관계를 분석하고, 그 결과 어떠한 후속 영향이 나타날 수 있는지 드러내는 것이 좋다. 이런 식으로 토의 토론 수업을 마무리하려면 교사가 해당 주제를 심층적으로 이해하고 숨은 이해관계까지 바라볼 수 있는 식견을 지녀야 한다.

토의 토론 활동의 마무리 단계에서 교사의 입장과 견해를 제시할 필요성은 토의 토론 수업의 주제와 성격에 따라 달라진다. 주제에 따라 교사가 자기 입장을 제시할 수도 있고, 그렇지 않을 수도 있다. 옳고 그름의 가치 판단 문제라면 교사가 자기 입장을 제시할 필요가 있지만, 주제 자체가 논쟁적이고 선택의 문제라면 교사가 자기 입장을 제시하지 않는 편이 나을 수 있다. 독일 민주시민교육에서는 보이텔스바흐 합의 원칙을 강조한다[6].

첫째, 교사가 자신의 견해를 학생들에게 강제로 주입하거나 교화하려고 해서는 안 된다. 둘째, 정치적, 학문적 논쟁점이 있는 주제는 수업에서도 논쟁적으로 다루어야 한다. 셋째, 학생들의 정치적 판단 능력과 참여를 돕는 교육이 이루어져야 한다.

---

[6] 보이텔스바흐 수업연구회(2020), 『보이텔스바흐 수업』, 학교도서관저널

프로젝트 수업

프로젝트 수업은 교사가 제공한 학습 목표에 따라 학습 단원 내용을 학습하는 형태가 아니라 학생들 스스로가 문제의식을 가지고 주제 선정부터 조사, 연구, 발표 및 평가에 이르기까지 학습의 전 과정에 참여하는 수업모형이다. 프로젝트 수업을 성공적으로 진행하려면 여섯 가지 핵심 요소[7]와 전제 조건을 잘 확인하고 적용해야 한다.

- **주제에 대한 흥미 유무**

"프로젝트 주제가 학생들에게 흥미 있겠다고 생각한 이유는 무엇인가요?"
"프로젝트 주제에 대해 학생들의 흥미를 유발하기 위해 어떻게 노력했나요?"

프로젝트 수업은 학생 주도성 교육을 극대화한 접근이다. 학생들의 관심사에 따라 깊이 탐구하면서 문제를 해결할 수 있도록 접근한다. 그런데 학생들이 프로젝트 수업의 주제(테마)에 관심이 없다면 프로젝트 수업 활동을 원활하게 진행하기 힘들다. 그러니 가급적 학생들의 관심사에 맞추어 프로젝트 수업 주제를 정하면 좋다. 하지만 학습 주제가 학생들의 관심사가 아니더라도 교사가 학생들이 해당 주제에 관심을 가지도록 학습 동기를 잘 유발할 수 있어야 한다.

- **프로젝트를 수행할 수 있는 배경지식과 기능**

"프로젝트 주제와 관련하여 학생들의 선행 지식이 어느 정도인가요? 프로젝트 과제 수행 경험이 어느 정도인가요?"
"수업 시간에 보고서 작성이나 프레젠테이션 자료 작성, 설문조사 등 프로젝

---

7) 존 라머 외, 최선경 외 공역(2017), 『프로젝트 수업, 어떻게 할 것인가?』, 지식프레임

트 수행 연구 방법을 별도로 지도했나요?"

　프로젝트 주제가 학생 관심사이거나 주제에 대한 학생들의 흥미 유발이 잘 이루어졌어도, 학생들이 학습 주제에 대한 배경(선행)지식이 없거나 프로젝트 활동에 필요한 연구방법론을 잘 모르면 프로젝트 수업이 원활하게 진행될 수 없다. 그래서 본격적인 프로젝트 수업 활동 전에 해당 주제 관련 기본 지식을 습득하고, 보고서 작성, 설문조사, 면담조사, 프레젠테이션 자료 작성법, 영상 콘텐츠 제작법 등 다양한 연구 방법을 익히도록 해야 한다.

· 어려운 문제

"이번 프로젝트 수업 주제가 1학기 동안 진행할 정도로 어려운 문제인가요?"
"이번 프로젝트 수업의 난도가 어느 정도라고 생각하나요?"

　프로젝트 수업 주제 자체가 어려운 문제 및 질문이어야 한다. 대개 프로젝트 수업은 1~2차시 수업으로 진행되지 않고, 많은 시간과 수업 차시를 통해 진행된다. 프로젝트 수업 주제로 난도가 낮고 쉬운 문제를 다룬다면 비효율적인 교육활동이 된다. 상대적으로 짧은 시간 안에 해결할 수 있는 문제라면 문제 중심(Problem-Based Learning, PBL) 수업으로 진행하는 것이 좋다. 예컨대, 고교에서 지역문제 해결 프로젝트 수업을 간단한 지역 홍보 포스터 만들기 활동으로 진행한다면 프로젝트 수업이라고 보기 힘들다.

· 지속 가능한 탐구

"이번 프로젝트 수업 주제가 지속적으로 탐구 활동하기에 적절했나요?"
"선생님은 학생들이 프로젝트 활동을 하면서 지속적인 탐구 활동이 이루어지도록 어떻게 지도하고 있나요?"

"이번 프로젝트 수업의 진행 단계와 기간은 구체적으로 어떠한가요?"

프로젝트 수업 활동은 지속 가능한 탐구 활동으로 진행되어야 한다. 주제가 다소 어렵고 의미가 있어야 지속 가능한 탐구 활동으로 이어질 수 있다. 교사는 학생들이 지속 가능한 탐구 활동을 할 수 있도록 수업을 세밀하게 구조화하여 진행해야 한다. 또한 학생들의 탐구 활동이 수업 목표에 맞게 진행되도록 관리해야 한다.

• 학생 선택권

"학생들이 프로젝트 수업 소주제(토픽)를 어떻게 선택했나요?"
"팀 프로젝트 활동의 세부 역할 분담은 주로 어떻게 이루어지나요?"
"프로젝트 활동 중간에 학생들이 주제 자체를 바꿀 수 있나요?"
"프로젝트 평가 시 동료 평가를 어떻게 진행하고 있나요?"

프로젝트 수업에서는 학생 선택권을 보장해야 한다. 학생 선택권이 보장되어야 학생들의 자발성과 주도성이 나올 수 있다. 교사가 학생들에게 소주제나 과제 방식을 제시하면 프로젝트 수업이 아니라 기존 과제 발표식 수업이다. 학생들이 소주제(토픽)를 정하고, 프로젝트 활동의 방향을 잡으며, 과제 수행 방식 및 발표 방법도 스스로 선택해야 한다. 프로젝트 수업 평가에서도 발표 태도 및 반응 요소는 동료 평가 방식으로 진행하면 좋다. 학생들의 시행착오 경험도 프로젝트 수업에서는 중요한 부분이다.

• 실제성

"이번 프로젝트 수업 주제가 실생활과 어느 정도 연관된다고 생각하나요?"
"이번 프로젝트 수업 진행 중 현실적으로 어려웠던 점은 무엇인가요?"

프로젝트 수업 주제는 실제 생활과 밀접한 주제로 선정한다. 프로젝트 수업에서는 이론과 현실의 분리, 앎과 삶의 분리를 극복하려고 노력한다. 그래야 학생 흥미 유발도 잘 이루어지고, 학습이 일상생활의 개선으로 이어져야 의미 있기 때문이다. 교사는 프로젝트 수업 과정과 결과가 실제 생활에도 반영되도록 노력해야 한다.

• **성찰**

"이번 프로젝트 수업 활동 후 성찰 활동을 진행하나요? 성찰 활동을 진행한다면 구체적으로 어떻게 진행하나요?"

"프로젝트 수업 활동에 대한 학생 성찰지 내용을 평가나 생활기록부에 어떻게 반영하나요?"

　프로젝트 수업 활동이 잘 진행되기 위해서는 학생들이 학습 활동을 잘 성찰해야 한다. 프로젝트 수업 활동과 관련하여 참여 소감, 좋았던 점, 힘들었던 점, 배운 점, 모둠원 간 소통 문제 등을 기록하여 이야기할 수 있어야 한다. 학생들이 프로젝트 수업 활동의 포트폴리오를 만들고, 이를 평가에 반영하면 좋다. 교사도 수업 성찰일지를 통해 프로젝트 수업의 준비, 진행, 마무리 단계를 정리하고, 학생들의 학습 활동을 잘 관찰하여 기록해야 한다. 학생과 교사의 성찰 내용을 토대로 추후 학생생활기록부를 기록하면 좋다.

• **피드백**

"이번 팀 프로젝트 수업 활동에서 모둠별 피드백을 몇 회 정도 하셨나요? 단계마다 어디에 초점을 두어 피드백하나요?"

"교사로서 학생 피드백 활동 시 힘든 점은 없었나요?"

"교사의 피드백을 학생들이 반영하지 않은 경우, 추후 조치는 어떻게 이어지나요?"

피드백이란 개선을 위한 정보를 말한다. 교사는 피드백을 통해서 학생들이 수업 목표에 도달할 수 있도록 도와주어야 한다. 프로젝트 수업이 원활하게 이루어지려면 교사의 적절한 피드백이 주기적으로 진행되어야 한다. 교사의 피드백 정도에 따라 프로젝트 수업 과제 완성도가 결정된다. 피드백 방식도 목표 참조 피드백, 비계식 피드백, 자기 참조 피드백 방법을 활용하면 좋다[8].

단, 다른 학생의 프로젝트 수업 활동 상황과 비교하거나 공격적으로 피드백 하는 일은 피해야 한다.

· 결과물

"이번 프로젝트 수업의 최종 산출물은 어떠한 형태로 나오게 되나요?"
"오늘 수업은 융합 수업이지만 프로젝트 수업이라고 하기에는 다소 아쉽네요. 결과물 수준이 단순한 것 같은데, 이에 대하여 어떻게 생각하나요?"
"이번 프로젝트 수업 활동의 포트폴리오는 어떻게 정리하나요? 이에 대한 평가 방안은 무엇인가요?"

프로젝트 수업은 학생들의 결과물이 명료하게 나와야 한다. 최종 산출물이 수준 높은 결과물로 나와야 한다. 최종 산출물은 보고서, 영상 콘텐츠, 연극, 춤, 그림, 작품, 포트폴리오 등 다양한 형태로 나올 수 있다. 최종 산출물이 없거나 수준이 낮다면 프로젝트 수업이라고 보기 힘들다. 높은 수준의 결과물은 학생들의 자발성과 교사의 피드백을 통해서 이루어진다.

---

8) 김선·반재천(2024), 『학생의 배움과 성장을 지원하는 과정 중심 피드백』, 세담북스

· **평가**

"이번 프로젝트 수업 평가는 어떻게 이루어지나요?"
"프로젝트 수업 평가 채점기준표(루브릭)는 구체적으로 어떻게 구성되어 있나요? 프로젝트 수업 도입 단계에서 학생용 루브릭을 제시했나요?"
"이번 프로젝트 수업 결과를 생활기록부에 어떻게 반영하고 있나요?"
"프로젝트 수업 평가 시 힘든 점과 개선 방안은 무엇인가요?"

프로젝트 수업은 다른 수업모형에 비해 학생 입장에서 많은 노력과 에너지가 필요하다. 그런데 프로젝트 수업 활동이 평가로 이어지지 않는다면 현실적으로 좋은 결과물을 기대하기 힘들 것이다. 팀 프로젝트 수업의 경우, 무임승차자와 일벌레 학생을 예방하기 위해 개인 역할 기여도에 따라 점수를 차등하여 부여하는 조치가 필요하다. 프로젝트 수업 평가를 위한 학생용 루브릭(채점기준표)을 수업 도입 단계에서 미리 제시하면 학생들이 이를 참고하여 프로젝트 활동에 참여할 수 있다. 프로젝트 수업 과정과 결과를 생활기록부에 꼼꼼하게 기록하는 것이 좋다[9].

개념 기반 탐구학습

개념 기반 탐구학습은 개념 기반 학습과 탐구학습을 결합한 수업모형이다. 개념 기반 학습은 개념 자체를 이해하는 것을 넘어 개념을 통해 심층적인 사고를 할 수 있도록 접근한다. 개념 기반 학습은 개념적 렌즈를 강조한다. 개념적 렌즈란 개념을 통해 사실과 기능, 일반화를 통합하여 세상을 바라보는 관점을 말한다. 탐구학습은 질문, 문제 등을 제시하며 시작하는 능동적인 학습으로 학생들의 탐구적 사고능력을 키우기 위한 교수학습 전략이다. 과학자가

---

9) 김현섭(2025), 『깊이 있는 수업』, 수업디자인연구소

문제에 직면하면 해당 문제를 해결하기 위해 가설을 세우고, 관련 자료 수집, 실험, 입증, 조직, 일반화를 거친다. 개념 기반 탐구학습은 교실에서 학생들이 과학자처럼 탐구 활동을 할 수 있도록 접근한 수업모형이다. 관계 맺기 ⇒ 집중하기 ⇒ 조사하기 ⇒ 조직 및 정리하기 ⇒ 일반화하기 ⇒ 전이하기 ⇒ 성찰하기 순서로 진행된다[10].

• 수업 목표와 진행 방식

"이번 단원을 개념 기반 탐구학습 모형에 따라 수업디자인 한 이유는 무엇일까요?"

"오늘 주제에 대한 학생들의 선행 지식과 기능 수준은 어느 정도인가요?"

"추후 전이하기 단계를 어떠한 방향으로 진행할 예정인가요?"

개념 기반 탐구학습은 학생들의 깊이 있는 사고를 향상하는 데 도움이 되는 수업이다. 개념 기반 탐구학습 모형에 따라 수업디자인을 하려면 교사가 학습 주제에 대하여 깊이 생각하고 분석해야 한다. 또한 개념 기반 탐구학습 진행 단계에 따라 학생들이 잘 참여하도록 유도해야 한다.

• 사실, 개념적 렌즈, 일반화

"이번 주제의 사실에 해당하는 것은 무엇인가요?"

"이번 주제의 개념적 렌즈는 무엇인가요? 어디에 초점을 두고 수업디자인을 했나요?"

"이번 주제의 매크로 개념과 마이크로 개념은 무엇인가요?"

"이번 수업의 일반화 사례는 무엇인가요?"

---

10) 칼라 마샬·레이첼 프렌치, 신광미·강현석 공역(2021), 『개념 기반 탐구학습의 실천』, 학지사

주제는 학습의 구체적인 맥락을 제공한다. 사실은 인물, 장소, 상황, 물건의 구체적인 사례를 말한다. 개념이란 여러 대상이나 현상의 공통 특성에 기초한 보편적이고 추상적인 단어다. 일반화란 개념 사이의 상관관계를 설명한 보편적인 진술로서 탐구 과정에서 알게 된 것을 의미한다. 예컨대, 기후위기가 학습 주제라면, 탄소배출, 지구 온난화가 개념에 해당한다. 기후와 생태계의 연계성은 개념적 렌즈라고 볼 수 있다. '지구 온난화 현상을 극복하기 위해서는 모든 사람이 탄소제로를 목표로 탄소배출을 과감하게 줄여야 한다.'는 일반화 사례라고 할 수 있다.

- **핵심 질문과 안내(길잡이) 질문**

"이번 수업의 핵심 질문은 무엇입니까?"

"이번 수업의 안내 질문은 무엇입니까? 오늘 수업에서 안내 질문이 어떻게 활용되었습니까?"

핵심 질문은 개념 기반 탐구학습의 기본 방향을 제시한다. 핵심 질문은 탐구 질문 형태로 구성되면 좋다. 안내 질문은 핵심 질문에 도달하도록 도와주는 길잡이 질문이다. 안내 질문 유형에는 사실적 질문, 개념적 질문, 논쟁적 질문 등이 있다. 예컨대, 핵심 질문이 "현재 한국 사회는 경제적으로 부유한 편임에도 불구하고 많은 사람이 행복하다고 생각하지 않는 이유는 무엇인가?"라면 안내 질문은 "한국인의 행복지수는 어느 정도인가?"(사실적 질문), "행복의 조건은 무엇인가?"(개념적 질문), "행복은 목표에 도달할 때 느끼는 성취감인가? 목표를 추구하는 과정에서 느끼는 것인가?", "행복해지려면 객관적인 조건과 주관적 조건 중 무엇이 더 소중할까?"(논쟁적 질문) 등이 될 수 있다.

· 탐구학습

"학생 흥미 유발을 어떻게 진행했습니까? 학생 흥미 유발이 잘 이루어졌다면 (또는 그렇지 않았다면) 그 이유는 무엇입니까?"

"학생들이 탐구 활동할 때 좋았던 점과 힘들었던 점은 무엇인가요?"

"모둠 탐구 활동 시 개인별 역할 구분이 잘 이루어졌나요? 모둠원 갈등이 생기면 어떻게 해결하도록 도와주나요?"

"탐구 활동 결과를 어떠한 형태로 발표하도록 하나요?"

　탐구학습은 주제에 대한 학생 흥미 유발과 학생들의 선행 지식과 기능 문제가 중요하다. 탐구학습은 학생 주도성을 강화하는 데 큰 도움이 된다. 다만, 귀납적 수업 설계 방식으로서 한국 상황에서는 익숙한 수업 설계 방식이 아니다. 그래서 교사가 개념 기반 탐구학습을 잘 진행하려면 전략적으로 구조화하여 접근하는 노력이 필요하다. 학생들이 탐구 활동에 몰입할 수 있도록 교사가 잘 관리하고 피드백해야 한다.

· 평가

"논서술형 평가 시 예상 평가 문항은 무엇인가요?"

"논서술형 평가 시 평가 요소와 채점기준표(루브릭)는 구체적으로 어떻게 제시하나요?"

"논서술형 평가 결과에 대하여 어떻게 피드백하나요?"

　개념 기반 탐구학습은 객관식 선다형 평가로 마무리하기 힘들다. 개념 기반 탐구학습에서 다루었던 주제와 내용을 그대로 논서술형 평가로 연결하면 좋다. 논서술형 평가의 객관성과 신뢰성을 확보하기 위해 채점기준표(루브릭)를 세밀하고 꼼꼼하게 작성해야 한다. 출제 및 채점뿐 아니라 그에 따른 피드백도 적절하게 이루어져야 한다.

인공지능 활용 수업

　인공지능이란 인간의 학습 능력, 추론 능력, 지각 능력과 같은 인지적 능력을 인공적으로 구현한 컴퓨터 시스템이다. 인공지능 활용 교육이란 인공지능을 다양한 교과 수업 상황에서 교육의 도구로 활용하는 교육을 말한다. 인공지능 활용 수업은 학생들의 흥미 유발이 잘 이루어지고, 학생들이 수준 높은 산출물을 손쉽게 얻을 수 있고, 진화하는 인공지능 기술 속도에 맞추어 지속적인 수업 개선을 이룰 수 있다. 교사 입장에서는 인공지능을 활용한 평가와 피드백이 가능하다.

- **개별학습**

"오늘 수업에서 인공지능을 활용한 진단평가를 실시하고 그에 맞는 수준별 문제를 풀도록 했는데, 선생님은 추후 개별 피드백을 주로 어떻게 하시나요?"
"오늘 수업 과제를 마친 학생들은 나머지 시간을 주로 어떻게 활용하나요?"
　인공지능 활용 수업은 개별화 수업의 좋은 도구이다. 개별화 수업은 학생 수가 적은 학급에서만 가능하고 예산이 많이 들어간다. 그런데 인공지능을 활용하면 각 학생의 성적과 특성에 맞추어 개인 맞춤형 접근이 가능해진다. 진단평가와 그에 따른 수준별 맞춤형 과제 제시가 가능하고, 인공지능을 활용한 학생들의 학습 활동에 개별 피드백을 줄 수 있다. 개별학습의 장점을 구현할 수 있도록 인공지능을 활용하면 좋다.

- **협동학습**

"오늘 수업을 살펴보니 인공지능 도구 활용 역량이 뛰어난 학생과 그렇지 않은 학생들이 보였어요. 역량이 다른 학생끼리 짝이나 모둠을 구성하여 상호 피드백할 기회를 제공하고 있나요?"
"인공지능 활용 수업에서 협동학습을 어떻게 구현하고 있나요?"

　인공지능 활용 수업이 개별학습에 최적화된 부분이 있다. 하지만 그러기에 개별학습의 한계에 빠지기 쉽다. 예컨대, 학생 간의 상호작용이 잘 이루어지지 않는다. 자기 과제 속도를 의도적으로 늦추어서 진행할 수 있다. 학생 역량에 따라 학습 수준 차가 벌어지기도 한다. 그래서 협동학습 맥락에서 인공지능 활용 수업을 진행하면 좋다. 모둠 활동을 통해 잘하는 학생과 그렇지 않은 학생 간에 상호작용이 일어나도록 유도하면 좋다. 어려운 과제를 해결할 때 집단 지성의 힘을 경험하도록 하면 좋다. 인공지능 활용 수업에서도 긍정적인 상호 의존, 개인적인 책임, 동등한 참여, 동시다발적인 상호작용의 원리가 잘 드러나도록 할 필요가 있다.

・탐구학습

"오늘 인공지능 수업을 통해 선생님이 학생들에게 원했던 부분이 구체적으로 무엇인가요? 블룸의 교육목표분류체계학 관점에서 오늘 수업에서 강조한 사고력 단계는 어디일까요?"
"오늘 수업 마무리 단계에서 띵커벨을 활용하여 퀴즈 게임을 하셨어요. 기존 도전 골든벨 퀴즈 수업과 띵커벨 활용 퀴즈 수업의 차이점은 무엇인가요?"
"오늘 인공지능 활용 수업을 개념 기반 탐구학습 맥락에서 수업디자인 하여 진행했는데, 선생님이 생각한 오늘 수업의 개념적 렌즈는 무엇인가요?"

　인공지능 활용 수업이 학생 사고력 향상에서 기억과 이해 수준에 머물지 않고, 적용, 분석, 종합, 평가, 창조까지 나아가야 한다. 탐구학습의 도구로 인공지능 도구를 활용해야 한다. 인공지능 활용 수업이 단순한 정보 탐색에 그치거나 인공지능 도구 활용법을 익히는 것이 아니라 인공지능을 통해 탐구적 사고능력을 향상하고 실제 문제 해결에 초점을 맞추어 진행되어야 한다.

• 피드백

"오늘 인공지능 활용 수업에서 일부 학생은 자기 과제를 잘 수행하지 못했어요. 이러한 학생에게 선생님은 주로 어떻게 피드백하나요?"

"학생 개별학습 활동 피드백은 어떻게 이루어지고 있나요? 인공지능 피드백 활동은 어떻게 진행하고 있나요?"

    인공지능 활용 수업은 티칭 기반 수업이 아니라 코칭 기반 수업이다. 인공지능 활용 수업 시 교사는 학생들의 학습 활동을 점검하고 이에 맞는 피드백을 할 수 있어야 한다. 인공지능 활용 수업의 장점은 인공지능을 활용한 피드백이다. 교사가 교실에서 수업 시간마다 개별 피드백을 하기는 쉽지 않다. 그러므로 교사가 인공지능을 활용하여 피드백하면 좋다.

• 인공지능 도구 및 플랫폼 활용

"선생님이 주로 사용하는 플랫폼과 인공지능 도구는 무엇인가요?"

"학생들의 인공지능 활용 능력을 향상하기 위하여 일상 수업에서 어떻게 지도하고 있나요?"

"인공지능 도구 활용 능력이 다른 학생들을 어떻게 지도하고 있나요?"

"해당 플랫폼이나 도구를 사용하는 데 필요한 예산은 어느 정도이고, 어떻게 충당하고 있나요?"

    인공지능 플랫폼과 도구를 수업 목표에 맞게 활용하면 좋다. 생성형 인공지능 플랫폼인 챗GPT, 제미나이, 뤼튼 등이 유용하다. 글쓰기는 키위티나 자작 등을 활용할 수 있고, 과제 탐구 보고서는 마이베스트 등을 사용할 수 있다. 프레젠테이션 자료를 만들 때 감마, 미리캔버스 등을 활용하면 좋고, 작곡할 때는 수노 등을 사용하면 좋다. 수업 목표와 방향에 맞게 해당하는 인공지능 플랫폼과 도구를 적절히 활용하도록 한다.

· 질서 세우기

"노트북이나 태블릿 사용 시간 규제와 관리는 구체적으로 어떻게 하고 있습니까?"
"일부 학생이 학습 과제를 다 마치지 않았는데도 불구하고 서핑이나 SNS를 하고 있었는데, 이를 알고 계셨나요?"
"오늘 수업에서 선생님의 동선은 주로 교실 앞쪽 교사 컴퓨터 주변에 머물렀는데, 학생들의 활동을 어떻게 파악하시나요?"

수업 시간에 딴짓하기 좋은 수업이 인공지능 활용 수업이다. 인공지능 활용 수업이 잘 진행되려면 질서 세우기가 먼저 이루어져야 한다. 교사는 학생들이 수업 목표에 맞게 학습 활동에 잘 참여하고 있는지 관리해야 한다. 스마트 기기 사용 방법, 사용 시간, 관리 방법, 담당자, 페널티 등을 포함한 스마트 기기 활용 규칙을 만들어 운영해야 한다. 학생들과 함께 인공지능 활용 수업 규칙을 만들어 운영해도 좋다.

논서술형 평가

서답형 평가 문항은 학생이 직접 답을 작성하는 문항 형태이다. 서답형 평가의 유형으로 서술형 평가와 논술형 평가가 있다. 서술형 평가는 학생이 직접 응답을 구성하되, 응답 내용, 주제 범위, 응답 방식, 시간 등에 제한이 있다. 논술형 평가는 응답 비제한형 평가로서 정답이 하나로 정해지지 않는다. 서술형 평가에 비해 학생이 작성할 분량이 많고, 개인의 생각이나 주장을 창의적이고 논리적이면서 설득력 있게 조직하여 작성하는 것을 강조한다. 서술형 평가와 논술형 평가가 함께 출제되는 경우가 많아서 서·논술형 평가 내지 논·서술형 평가라는 표현을 많이 사용한다. 객관식 선다형 평가가 기억과 이해에 초점을 둔 평가라면, 논서술형 평가는 분석, 종합, 평가, 창조 등에 초점을 두어 평가한다.

• 평가 목표와 타당도

"이번 논서술형 평가 문항의 평가 목표는 무엇인가요? 교과별 성취 기준과는 어떻게 연결될까요?"
"이번 논서술형 평가 문항이 수업 시간에 충분히 다룬 주제인가요? 수업 내용과 평가 문항이 어떻게 연결되었나요?"
"학생들이 이번 논서술형 평가 문항을 잘 풀려면 수업 시간에 독서 토의 토론이 충분히 이루어져야 했을 것 같은데, 수업 시간에 어떻게 진행되었나요?"
"교육과정의 정상적 운영을 기할 수 있게 출제되었나요?"
"변별력 문제로 인하여 지엽적인 내용, 특수한 내용에 초점을 맞추어 출제했나요? 아니면 전체 내용을 잘 알아야 풀 수 있는 문항이었나요?"

논서술형 평가는 수업 목표, 평가 목표, 성취 기준과 일치해야 한다. 논서술형 평가는 객관식 선다형 평가에 비해 타당도가 높은 평가 유형이다. 타당도란 측정하고자 하는 바를 실제로 측정하고 있는가의 문제이다. 수업 시간에 다루지 않은 내용을 논서술형 평가로 출제하는 일은 되도록 피해야 한다. 논서술형 평가가 잘 이루어지려면 수업 방식을 독서 수업, 글쓰기 및 논술 수업, 토의 토론 수업, 프로젝트 수업 등으로 운영해야 한다. 특정 학생에게 유리한 형태로 논서술형 평가가 출제되지 않아야 한다. 모든 학생이 참여할 수 있는 논서술형 평가가 이루어져야 한다.

• **채점기준표(루브릭)**

"평가 요소별로 등급 간 점수 간격을 이렇게 둔 이유는 무엇입니까?"
"채점기준표에서 상중하를 구분하는 표현을 살펴보니 '잘 작성하였다', '그저 그렇다', '제대로 작성하지 못했다' 등 형용사적 표현을 사용하였는데, 3단계의 차이점이 구체적으로 무엇일까요?"
"모범 답안을 제시하지 않았는데, 그 이유는 무엇인가요? 채점 후 피드백을 구체적으로 어떻게 진행하나요?"
"해당 채점기준표에서 정성 평가를 위한 요소는 무엇인가요?"

　논서술형 평가의 단점은 신뢰도, 객관도, 실용도가 객관식 선다형 평가에 비해 떨어진다는 것이다. 논서술형 평가의 문제점을 보완하기 위해 강조하는 것이 채점기준표(루브릭)이다. 채점기준표 안에 평가 요소, 등급 간 점수, 채점 기준, 점수 및 등급 산출 방법, 유의 사항 등이 포함된다. 채점기준표를 작성할 때 형용사적 표현보다는 행동 관찰이 가능한 표현을 진술해야 한다. 두루뭉술한 표현보다는 명료하고 측정 가능한 표현을 사용한다. 모범답안지는 피드백의 기초 자료이므로 교사 입장에서 모범답안지를 작성하기가 힘들더라도 꼭 작성하도록 한다. 기존 채점기준표(루브릭)는 정량 평가 요소를 강조하는 경향이 있지만 정성 평가 요소도 반영해야 한다. 즉, 답안의 창의성과 관점의 참신성, 논증 전개 방식이 뛰어난 경우, 또 답안의 길이가 긴 경우에 가산점을 부여하면 좋다.

• **논서술형 평가 문항 세부 검토사항**

"발문에 묻고자 하는 내용을 정확하게 물었나요?"
"발문과 관련하여 답지의 의도가 분명하게 드러났습니까?"
"발문이 너무 길어 학생들이 해석하는 데 부담을 주지 않았나요?"

"보기는 문제 해결에 필요한 내용만 담고 있나요?"

"관점에 따라 다양한 반응이 나올 가능성이 있나요? 다양한 반응이 예상되는 경우, 이를 어떻게 채점기준표(루브릭)에 반영했나요?"

"예상하는 문항 해결 시간은 적절한가요?"

"사회적으로 민감한 내용이 포함되었거나 외부 민원의 소지가 있나요?"

"문항의 난도는 적절한가요?"

"문항이 학생들의 학습 동기를 유발할 수 있고 참신한가요?"

논서술형 평가 시 유의 사항이 있다. 발문의 명료성, 의도성, 난도, 반응의 다양성, 문항 해결 시간, 사회적 민감성 등을 고려하면 좋다.

· 성장 중심 평가

"논서술형 평가 결과에 대하여 어떻게 학생들에게 개별 피드백을 진행하나요?"

"수업 시간에 글쓰기 활동 시 재도전의 기회가 어느 정도 주어질까요?"

"논서술형 평가에서 하위권 학생들이 백지를 내지 않도록 하려면 어떻게 지도해야 좋을까요?"

"논서술형 평가에서 중위권 학생들이 적극적으로 참여할 수 있도록 어떻게 지도하나요?"

성장 중심 평가란 학생의 잠재력과 가능성을 확인하고 이를 현실화하기 위해 다양한 기회와 도움을 제공하여 모든 학생이 성장할 수 있도록 돕는 평가이다. 성장 중심 평가는 학생의 전인적 성장을 중시하고 이를 구현하기 위해 다양한 기회와 도움을 제공한다. 서열화를 통한 학생 선발을 강조하는 선발적 평가관과 달리 학생의 전인적 성장을 지원하는 발달적 평가관을 제시한다. 기존 평가 관행과 성장 중심 평가의 가장 큰 차이점은 '피드백'과 '재도전'의 유무이다. 성장 중심 평가에서 학생들은 피드백을 통해 자신의 부족한 면을 알게 되고, 재도전을 통해 목표에 도달할 기회를 얻는다[11].

평가 시 재도전의 기회를 부여한다는 것은 현재 채점 등급과 점수를 말하고 그 이유를 설명한 뒤, 부족한 부분을 보완할 기회를 부여하는 것이다. 학생이 피드백 받은 대로 평가산출물을 수정 보완하면, 등급과 점수를 올려 준다. 재도전의 기회를 주려면 애초에 평가 기준을 높게 설정해야 한다. 논서술형 평가에서 재도전의 기회를 주기는 현실적으로 쉽지 않으니, 수업 시간 중에 글쓰기 및 논술 활동에서 과정 중심 피드백을 하면 좋다[12].

수업 기술에 대한 수업코칭을 할 때는 해당 수업 담론을 먼저 이해해야 한다. 해당 수업 담론의 핵심 아이디어와 원리가 무엇이고, 장단점이 무엇인지, 진행 단계와 특징은 무엇인지, 유의 사항이 무엇인지 등을 잘 알고 접근해야 한다. 해당 수업 기술과 전혀 다른 수업 담론 입장에서 피드백하면 수업자가 이를 있는 그대로 수용하기 힘들기 때문이다. 수업코치는 다양한 수업 담론을 연구하고, 실천하고, 반성하고, 비판적인 입장에서 다시 바라보는 안목을 지녀야 한다.

---

[11] 이형빈·김성수(2022), 『백워드로 설계하고 피드백으로 완성하는 성장 중심 평가』, 살림터
[12] 김선·반재천(2024), 『학생의 배움과 성장을 지원하는 과정 중심 피드백』, 세담북스
김현섭(2025), 『깊이 있는 수업』, 수업디자인연구소

참고문헌

1장
김영수(2009), 『성공하는 당신은 지금, 코칭을 합니다』, 교보문고
김현섭(2013), 『수업을 바꾸다』, 수업디자인연구소
변영계·김경현(2005), 『수업장학과 수업분석』, 학지사
진동섭·홍창남·김도기(2008), 『학교경영컨설팅과 수업컨설팅』, 교육과학사

2장
김정규(2025), 『게슈탈트 심리치료(개정판)』, 학지사
김태현(2012), 『교사, 수업에서 나를 보다』, 좋은교사
김현섭(2013), 『수업을 바꾸다』, 수업디자인연구소
김현섭(2018), 『수업공동체』, 수업디자인연구소
토마스 암스트롱, 전윤식·강영심 역(1997), 『복합지능과 교육』, 중앙적성출판사
파커 파머, 김성환 역(2024), 『가르칠 수 있는 용기』, 한문화

3장
김현섭(2016), 『수업 성장』, 수업디자인연구소
김현수(2024), 『교사 상처(개정판)』, 미류책방
서근원(2013), 『수업, 어떻게 볼까?』, 교육과학사
이혁규 외(2014), 『수업 비평의 이론과 실제』, 교육공동체벗
이혁규(2007), 『수업, 비평을 만나다』, 우리교육
존 반 다이크, 김성수 역(2003), 『가르침은 예술이다』, IVP
파커 파머, 김성환 역(2024), 『가르칠 수 있는 용기』, 한문화

4장
김선·반재천(2024), 『학생의 배움과 성장을 지원하는 과정 중심 피드백』, 세담북스
김현섭 외(2021), 『관계수업』, 수업디자인연구소
김현섭 외(2021), 『미래를 여는 온오프라인 수업』, 수업디자인연구소
김현섭 외(2024), 『에듀코칭』, 수업디자인연구소
김현섭(2013), 『수업을 바꾸다』, 한국협동학습센터

데일 카네기, 김병민 역(2012), 『칭찬의 기술』, 해피앤북스
토니 스폴츠푸스, 김환영·송관배·김주희 역(2010), 『코칭 퀘스천』, 동쪽나라
토마스 고든, 김홍옥 역(2003), 『교사 역할 훈련』, 양철북

5장

김현섭 외(2024), 『에듀코칭』, 수업디자인연구소
김현섭·김성경(2018), 『욕구코칭』, 수업디자인연구소

6장

김성경(2024), 『크리스천 욕구코칭』, 수업디자인연구소
김현섭·김성경(2018), 『욕구코칭』, 수업디자인연구소

7장

김현섭(2016), 『수업 성장』, 수업디자인연구소
김현수(2014), 『교사 상처』, 에듀니티
리처드 서스킨드 외, 위대선 역(2016), 『4차 산업혁명 시대, 전문직의 미래』, 와이즈베리
밥 버포드, 이창신 역(2009), 『하프 타임』, 국제제자훈련원
손성호 외(2017), 「초중등 교사의 생애 주기별 핵심 역량 및 역량 기반 교육과정 개발 연구」, 한국교육공학회
제인 넬슨 외, 김성환 외 공역(2014), 『학급긍정훈육법』, 에듀니티

8장

게리 보리크, 박승배 외 역(2006), 『효과적인 교수법』, 아카데미프레스
김태현(2012), 『교사, 수업에서 나를 만나다』, 좋은교사
김현섭(2015), 『질문이 살아 있는 수업』, 수업디자인연구소
김현섭(2018), 『수업공동체』, 수업디자인연구소
남경운 외(2014), 『아이들이 몰입하는 수업디자인』, 맘에드림
스펜서 케이건, 중앙기독초 협동학습모임 역(1999), 『협동학습』, 디모데
존 반 다이크, 김성수 역(2003), 『가르침은 예술이다』, IVP

9장

김미경(2019), 『행동수정 및 긍정적 행동 지원의 이해』, 박영스토리
김선자 외(2020), 『별별학습코칭』, 함께교육

김현섭 외(2007), 『아이들과 함께 하는 협동학습2』, 한국협동학습센터
김현섭 외(2012), 『협동학습3』, 한국협동학습센터
김현섭 외(2024), 『에듀코칭』, 수업디자인연구소
데보라 스티펙, 전성연 외 역(1999), 『학습동기』, 학지사
정순례 외(2004), 『행동수정의 이론과 실제』, 문음사
제키 턴불, 이영만 역(2014), 『교사를 위한 학습코칭』, 학지사

10장

김미경(2019), 『행동수정 및 긍정적 행동 지원의 이해』, 박영스토리
김현섭·김성경(2018), 『욕구코칭』, 수업디자인연구소
문수정·최경희(2022), 『교실에서 별을 만나다』, 좋은교사
송승현 외(2024), 『교실 속 문제행동 바르게 예방하고 바르게 가르치기』, 서울시교육청
양명희(2016), 『행동수정 이론에 기초한 행동지원(2판)』, 학지사
정호중, 「친절하면서도 단호한 교사로 거듭나기 위한 학급긍정훈육법」, 『서울교육』 2019 가을호
제인 넬슨 외, 김성환 외 공역(2014), 『학급긍정훈육법』, 에듀니티

11장

김선·반재천(2024), 『학생의 배움과 성장을 지원하는 과정 중심 피드백』, 세담북스
김현섭(2012), 『협동학습1,2,3』, 한국협동학습센터
김현섭(2015), 『질문이 살아 있는 수업』, 수업디자인연구소
김현섭(2025), 『깊이 있는 수업』, 수업디자인연구소
보이텔스바흐 수업연구회(2020), 『보이텔스바흐 수업』, 학교도서관저널
스펜서 케이건, 중앙기독초 협동학습모임 역(1999), 『협동학습』, 디모데
이형빈·김성수(2022), 『백워드로 설계하고 피드백으로 완성하는 성장 중심 평가』, 살림터
정문성(2006), 『협동학습의 이해와 실천』, 교육과학사
정문성(2008), 『토의·토론 수업방법 36』, 교육과학사
정문성(2022), 『토의·토론 수업방법 99』, 교육과학사
존 라머 외, 최선경 외 공역(2017), 『프로젝트 수업, 어떻게 할 것인가?』, 지식프레임
칼라 마샬·레이첼 프렌치, 신광미·강현석 공역(2021), 『개념 기반 탐구학습의 실천』, 학지사

교육디자인네트워크 (www.edudesign21.net)

교육디자인네트워크는 교육 혁신을 위한 씽크 및
액션 탱크 역할을 지향합니다.

- 현장 교원과 연구자를 중심으로 따뜻한 전문가주의와 실천연구 조직
- 교사는 연수받는 존재에서 연구하고 공유하는 존재
- 이론과 경험, 정책과 현장, 교육과 연구, 초등과 중등의 이분법 극복
- 각 영역별 연결과 협업, 소통과 나눔이 있는 플랫폼 조직
- 학습공동체, 연구공동체, 역량공동체, 실천공동체
- 연구자, 학부모, 교원, 전문 직원 등이 함께 어우러지는 공동체를 지향합니다.

현재 교육디자인네트워크는 수업디자인연구소, 교육과정디자인연구소, 교육리더십디자인연구소, 교육정책디자인연구소, 부모교육디자인연구소, 보건교육디자인연구소, 유아교육디자인연구소, 사회정서학습디자인연구소, 특수교육디자인연구소, 평화교육디자인연구소 등 10개 연구소가 함께 하는 수평적인 플랫폼 조직입니다.

사단법인 교육디자인네트워크는
- 네트워크 협의회 운영을 통한 각 연구소별 소통과 협업, 연대 강화
- 성장 단계별 아카데미 공동 운영
  (예 : 새내기, 수석교사, 전문 직원, 학부모 등)
- 연구소의 연구 및 실천 성과 홍보
  (예 : 뉴스레터, 블로그, 페이스북 페이지 등)
- 논문과 보고서, 저서를 통한 출판 운동
- 각 연구소의 콘텐츠를 결합한 학교 혁신 운동
- 분야별 컨설팅(예 : 연구, 수업 등)
- 정기 모임을 통한 학습
- 각 연구소 사업 홍보 및 지원 등의 사업을 추진하고 있습니다.

앞으로 뜻을 같이 하는 사람들과 단체와 협력하면서 교육 혁신의 꿈을 함께 이루어가고자 합니다.

- 서울 광화문센터 : 서울특별시 종로구 세종대로23길 47
                  미도파빌딩 411호
- 군포 대야미센터 : 경기도 군포시 대야2로 147, 201호
- 연락처 : 변미정 실장 (031-502-1359), eduhope88@naver.com

수업디자인연구소(www.sooupjump.org)는
수업 혁신과 교사들의 수업 성장을 돕기 위해 수업 관련 콘텐츠를
지속적으로 연구 개발하고, 연수와 출판을 통해 콘텐츠를 확산하고,
수업 전문가를 지속적으로 양성하고
수업공동체 운동을 지원하고자 합니다.

활동 방향

1. 수업 혁신을 위한 다양한 콘텐츠 개발 및 보급
2. 지속적인 수업 성장을 위한 수업코칭 활동
3. 수업 전문가 양성
4. 수업공동체 지원 및 좋은 학교 만들기 활동
5. 교육디자인네트워크 활동 및 교육 관련 단체들과의 연대 활동

활동 내용

1. 수업 혁신 콘텐츠 개발 연구
   (질문이 살아 있는 수업, 수업공동체 만들기, 철학이 살아 있는 수업 등)

2. 수업 혁신 콘텐츠 보급 (출판 및 학습도구 제작 등)

3. 외부 연구 프로젝트 추진
   (교육부 주관 인성교육 및 자유학기제 자료 개발, 비상교육 주관『질문이 살아 있는 교과수업』자료집 시리즈 등)

4. 교원 대상 연수 활동
   (서울 강남, 경기 광명, 구리남양주, 군포교육지원청 등 주관 연수,
   각종 교사 학습공동체 및 일선 학교 대상 연수,
   온라인 원격 연수(티스쿨원격연수원, 티쳐빌원격연수원 등))

5. 수업 혁신 콘텐츠 온라인 홍보
   (홈페이지, 블로그 및 각종 SNS 활동 등)

6. 수업코치 양성 및 수업 전문가 양성 프로그램
   (수석 교사 및 일반 교사 대상 수업코칭 양성 아카데미 운영)

7. 수업콘서트(교사들을 위한 수업 이벤트)

8. 수업코칭 활동
   (개별 및 단위학교, 교육청 주관 수업코칭 프로그램 수업코치 및 헤드코치)

9. 학교 내 교사 학습공동체 지원 및 외부 교육 단체 및 기관연대

10. 해외 교육 협력 사업 및 교류 활동

변미정 실장
・연락처 : 031-502-1359, eduhope88@naver.com